中国电子商务协会互联网金融研究院

互联网金融年鉴

2016

ALMANAC OF CHINA'S INTERNET FINANCE 2016

主　　编：宋　玲

执行主编：添　一　陈　文

副主编：李建华　王　征

经济管理出版社

ECONOMY & MANAGEMENT PUBLISHING HOUSE

图书在版编目（CIP）数据

互联网金融年鉴 2016/宋玲主编. —北京：经济管理出版社，2016.9

ISBN 978-7-5096-4520-8

Ⅰ.①互… Ⅱ.①宋… Ⅲ.①互联网络—应用—金融—中国—2016—年鉴 Ⅳ.①F832.2-54

中国版本图书馆 CIP 数据核字（2016）第 169048 号

组稿编辑：宋　娜
责任编辑：宋　娜
责任印制：黄章平
责任校对：王　淼

出版发行：经济管理出版社
　　　　　（北京市海淀区北蜂窝 8 号中雅大厦 A 座 11 层　　100038）
网　　　址：www. E-mp. com. cn
电　　　话：(010) 51915602
印　　　刷：三河市延风印装有限公司
经　　　销：新华书店
开　　　本：720mm × 1000mm/16
印　　　张：16.25
字　　　数：275 千字
版　　　次：2016 年 9 月第 1 版　　　2016 年 9 月第 1 次印刷
书　　　号：ISBN 978-7-5096-4520-8
定　　　价：98.00 元

编写组成员

主　　编：宋　玲

执行主编：添　一　陈　文

副 主 编：李建华　王　征

编　　委（按姓氏笔画排序）：

王文杰　朱英伦　刘　怡　刘建奇　纪　元　陈　东

孟祥岩　赵　茜　张泽华　侯义茹　姚天颐　贾智舒

夏梦圆　顾莹莹　栾大鑫　龚　丽　童　甘

前言
Preface

　　《互联网金融年鉴2016》是一本反映我国互联网金融2015年发展情况的专业年鉴。其涵盖网络借贷、互联网非公开股权融资、互联网保险、互联网消费金融等互联网金融主要业态，京津冀、长江三角洲、珠江三角洲等互联网金融发展领先的地区，并梳理了国家和地方过去一年里出台的互联网金融相关政策，集资料性、实用性、文献性于一体。

　　本书由中国电子商务协会发起成立的中国互联网金融研究院组织编写。电子商务与互联网金融密切相关。随着电子商务发展而崛起的互联网支付是互联网金融的重要业态，而互联网金融其他业态也越来越离不开互联网支付；互联网消费金融近两年迅速发展，成为互联网金融新的重要领域；由电商支付场景向其他金融业态拓展水到渠成，电商巨头基本也都是互联网金融巨头，很多传统金融企业也把电子商务作为其重要业务来发展。因此，中国电子商务协会高度重视互联网金融相关研究，于2015年1月成立中国互联网金融研究院。中国互联网研究院以促进我国互联网金融的健康发展为宗旨，同时，进行与互联网金融相关业务的调查和研究，为政府部门制定相关法律法规和政策提供参考建议。

　　本书编写材料来自从业机构、网络资讯平台、权威媒体报道和编写人员整理等，内容真实可靠，背景材料恕不一一注明出处。需要说明的是，由于互联网金融主要业态尚缺乏官方统计数据，主要依据第三方的不完全统计，不同口径可能存在差异，我们对此做了自己的取舍。

　　本年鉴由经济管理出版社出版，面向全国发行，适合互联网金融从业人员、金融监管部门工作人员、科研院所研究人员、高等院校师生及对互联网金融感兴趣的读者参阅。

由于编写时间仓促，编研水平有限，本书难免有疏漏和差错之处，敬请广大读者批评指正。

目录
Contents

地 方 篇

政 策 篇

大 事 记 篇

综述篇

第一章
2015 年我国互联网金融发展述评

2015 年是我国互联网金融发展进程中关键的一年。起步较早的网络借贷、互联网支付等行业快速发展，互联网消费金融、互联网信托等新兴行业崭露头角，无论是投资、融资还是支付，互联网金融都给金融业带来了实实在在的改变。互联网和金融等行业的巨头加快布局互联网金融，行业的集中度和专业化水平日益提升。政府对互联网金融的发展给予鼓励和引导，特别是央行等十部委发布了《关于促进互联网金融健康发展的指导意见》，使互联网金融有了"基本法"。互联网金融行业快速发展的同时也伴随着一些风险事件，例如，拥有约 90 万投资人、非法集资 500 多亿元的 e 租宝的倒下，启示我们良好的秩序对于互联网金融行业发展的重要性。

一、规模持续扩张，行业快速成长

2015 年，互联网金融多个行业均实现了规模的快速扩张。据统计，2015 年全年 P2P 网贷交易额近万亿元，年末贷款余额超过 4000 亿元，相对于 2014 年约 2500 亿元和 1000 亿元的规模翻了约两番。互联网保险规模超过 2200 亿元，同比增长超过 160%。2015 年第三方互联网支付交易规模达 11.9 万亿元，同比增长近 50%。基金销售方面，2015 年末货币基金规模超过 4.4 万亿元，增长超过

110%，其中对接互联网的货币基金产品规模就超过 2.2 万亿元；某基金网销平台2015 年的基金销售额是 2014 年的 3 倍还多。据估计，2015 年互联网非公开股权融资交易规模同比增长 4~5 倍。

互联网金融的规模之所以能够持续扩张，根本原因在于其借助互联网媒介和技术创新，成为现有金融体系的有益补充。我国的金融体系为经济发展提供了重要支持，但也存在许多不容忽视的问题，如中小金融机构发展不足，中小微企业融资难、融资贵问题突出；存款利率长期受到管制，股票市场较不成熟，居民财富保值增值手段不够丰富；支付转账不够便利或成本过高，消费金融等服务覆盖面不足等。而互联网金融中的网络借贷、非公开股权融资，既在一定程度上解决了个人和小微企业的融资难问题，又给投资者提供了新的投资渠道。互联网基金和互联网保险，使人们以更便捷的方式、更低的成本购买这些产品，购买网络货币基金和万能险也成为投资理财的重要方式。互联网支付场景日益丰富，移动支付渗透到生活的各个方面，支付的安全性总体上并未滞后于便利性。

互联网金融有利于克服实体金融网点受到的空间限制，服务更为广泛的地区和人群；有利于降低物理网点伴随的较高经营成本，提高金融服务对象的福利水平；有利于发挥大数据优势，提高金融服务的运行效率。无论从受益面的广度还是受益的深度来看，作为传统金融体系补充的互联网金融都有很大的提升空间。同时，传统金融和互联网金融将在一些领域相互融合。因此，我国互联网金融未来的发展空间仍然十分广阔。

二、创新发展模式，试探业务边界

互联网金融本身就是对传统金融的创新和发展。2015 年，创新仍然是互联网金融发展的一条主线。更多 P2P 网贷平台结合供应链金融开展业务，有助于持续获得优质资产，对于降低实体经济融资成本也有帮助。某股权融资平台推出"轻领投"模式，由平台承担更多事务性工作，让专业领域出身的领投人能够更加专注于投资。大数据基金发展加快，除了早前上市的基于网民搜索量的指数型基金，基于电商数据的主动管理型基金也进入市场。

互联网信托和互联网消费金融作为新兴业态，在 2015 年的发展也体现了创新的元素。一些平台推出的信托受益权质押融资，既能够盘活信托产品的流动性，也丰富了投资者的投资选择，同时规避了违反监管规定的信托受益权直接拆分模式。电商平台推出的消费金融服务，通过挖掘消费者网上消费行为等信息，合理确定赊购额度，通过资产证券化等手段拓宽融资渠道，这就明显扩大了消费金融的覆盖面，对拉动居民消费具有积极作用。

不过，由于金融风险具有明显的外部性，金融业的创新比其他多数行业面临更加严格的监管。而作为金融业的新生力量，互联网金融的发展尚有较多灵活空间，其创新也常常游走在政策的模糊地带。例如，一些 P2P 平台为股市和楼市配资，可能会影响证券市场和房地产市场的稳定健康发展。网销基金平台采取的赠送代金券、积分兑换基金份额等营销方式，有助于提高销量，但奖励可能和基金本身的收益混同，影响投资者的合理决策。信托收益权转让及定向委托理财等对投资标的进行事实上拆分的模式，可能违反非特定对象、不超过 200 人等规定，标的资产可能并不适合投资者的风险承受能力。第三方支付平台推出的扫码支付、免密支付改善了用户的支付体验，却也带来了更多的安全隐患。互联网金融企业在发展和扩张的同时，也在监管红线不够明确的一些领域试探着业务的边界。

三、巨头攻城略地，壁垒日益提高

互联网金融曾经给人"草莽"的印象，似乎英雄不问出处，只要搭建一个网络平台、招募若干人马，就可以在行业占领一席之地。2015 年，随着更多互联网巨头进入行业、业务布局日益完善，互联网金融的进入壁垒已经明显提高。

2015 年，拥有技术优势的互联网巨头把触角更多地伸向金融行业。BAT 三巨头中，阿里巴巴、腾讯的支付宝、微信支付持续扩展支付场景，占据大部分市场份额；百度则以"会返现的钱包"为卖点，争取提高其移动支付的竞争力。在"宝宝类"货币基金收益率持续下降的情况下，BAT、京东、网易等互联网巨头

通过理财基金、指数基金、万能险、个人贷和企业贷等产品为投资者提供更多投资选择和更高期望收益，努力留住更多资金。百度、蚂蚁金服、京东均布局了互联网众筹业务。消费金融行业也成为互联网巨头角逐的场所，蚂蚁花呗推出后迅速取得骄人成绩，京东白条的使用场景持续扩围。

业内深耕多年、业务资源充足、风控经验丰富的金融企业也在互联网金融方面发力。早前上线的民生易贷、开鑫贷等平台持续发展。中融信托、嘉实基金等知名金融企业旗下的互联网金融平台上线运营。平安陆金所注册用户 2015 年内先后突破 1000 万人、1500 万人大关，活跃投资人超过 300 万人；包括 P2P、委托贷款收益权转让、票据、保险、基金等的产品线不断丰富并扩展到平安体系之外，陆金所日渐成为综合性的投融资平台。2015 年，陆金所在国内网上理财市场的份额估计在 25%~30%左右，龙头地位凸显。

与互联网、金融等行业的巨头相比，草根平台的技术、人才、项目资源等较为薄弱，也缺乏有力的信用背书。行业巨头进入之前已经崛起的一些平台仍将在行业中占据重要位置，2015 年年末，宜人贷在纽交所成功上市就是一个很好的例证。但行业集中度提高是比较确定的趋势，网贷行业前十大平台的市场份额就已经由 2014 年的 35%左右提升至 2015 年的 50%以上。市场份额较小及未来试图进入市场的草根平台，其生存和发展将面临更加严峻的挑战，只有寻找细分市场并不断提升专业能力才有生存和发展的希望。

四、金融本质未变，风险不容忽视

互联网金融的本质还是金融，只是把借贷、股权投资、保险销售、基金销售、支付等活动转移到互联网上完成。风险与金融始终相伴相生，并不会因为金融业务转到线上而消失。由于业态不够成熟、监管体系不够完善，互联网金融的风险问题在很多情况下更为突出。

很多 P2P 借款人是因为无法从传统金融机构获得贷款才选择网络借贷，从海外经验看，这部分人的违约概率是比较高的，只是当前行业还处于快速扩张阶段，贷款余额的快速膨胀使得坏账问题总体上暂不突出，但已有一些较新的平台因为经营不善而被迫退出。一旦行业增速放缓，坏账比率提高，风险管理能力较差的平台将更多地出现经营危机。其他业态方面，互联网非公开股权融资要求投资者对行业和企业有较深入的了解，否则可能本金不保；具有理财功能的万能险成为中小保险公司开拓市场的利器，但短期高收益万能险有脱离保险本质的倾向，流动性风险突出；基金通过互联网销售更加便捷，但风险评估和投资咨询的缺乏，可能使投资者选择并不适合自身的产品；互联网信托的发展在一定程度上倚仗信托的刚性兑付，一旦刚性兑付被打破，风险事件的处理将是棘手问题。

以上讨论的还主要是合规经营前提下行业的固有风险。在行业监管尚存空白的情况下，违规经营甚至诈骗也频频出现。e 租宝和大大集团作为超百亿规模的平台先后倒下，两家平台都涉嫌违规开展自融。2015 年，问题 P2P 平台达数百家之多，年末出现平台跑路高峰，很可能与相关平台搞资金池、期限错配有关。实体店股权融资也出现风险，出现了筹资完成后跑路和假冒其他品牌筹资的事件。第三方支付出现了挪用客户备付金的事件，身份认证较弱带来诈骗、洗钱的隐患。这些现象在损害人们的合法权益的同时，也严重影响了人们对互联网金融行业的信心。"无规矩不成方圆"，互联网金融不能成为法外之地。

五、告别"野蛮生长"，步入监管时代

在过去的一段时间内，互联网金融的"互联网"特征明显大于"金融"。P2P作为互联网金融的代表，就在无准入门槛、无行业标准、无监管机构的环境中成长起来。"烧钱获客"的玩法大行其道，许多平台都对新手给予补贴，对推荐新用户者给予奖励；各种媒体上的互联网金融广告也层出不穷。互联网金融依靠互联网基因得以迅速成长，但监管的缺乏也导致行业秩序缺失。P2P 平台未广泛实行客户资金的第三方存管，而许多平台的自我担保使其成为实质上的信用中介；一些搞庞氏骗局的平台混迹行业之中，破产跑路事件屡屡触动人们的神经。即便是在行业规范更加严格的保险行业，尽管在 2014 年已有一次下架潮，但短期万能险销售仍在缺乏具体指引的情况下快速扩张，这难免会引发"长险短卖"的担忧。此外，互联网金融行业的产品信息披露缺乏规范，信息透明度的不足不利于投资者权益保护。

对于发展初期的新兴行业，多看少动、提供宽松环境是政府的明智选择，但当行业达到一定规模，影响面日益广阔，开展监管的必要性就会提高。2015 年 7 月，央行等十部委发布《关于促进互联网金融健康发展的指导意见》（以下简称《意见》），按照"鼓励创新、防范风险、趋利避害、健康发展"的总体要求，以"依法监管、适度监管、分类监管、协同监管、创新监管"为原则，确立了互联网金融主要业态的监管职责分工。《意见》的出台标志着我国互联网金融将由"野蛮生长"走向规范发展。2015 年，针对互联网支付、保险、众筹、借贷等具体业态的监管规定也相继出炉或公开征求意见，互联网金融机构的业务边界和业务规范越来越清晰。

值得指出的是，互联网金融行业虽然发展较快，但整体实力仍然不足；作为新兴行业，经营模式的创新和变化较为频繁。如果监管部门设定的门槛过高，制定的规则缺乏一定的灵活性，将不利于互联网金融的发展，不利于其对金融体系积极作用的发挥。因此，在互联网金融发展的新阶段，从业机构应更加讲究规范经营，监管也需要落实适度原则，与市场约束和行业自律相互补充，而不是彼此取代。此外，政府在信用信息共享、数据统计监测等方面应提供更多公共服务，为行业发展提供更加有力的保障。

行业篇

第二章
2015 年网络借贷发展情况

一、发展概述

P2P（Peer to Peer）网贷是一种点对点的提供贷款平台服务的互联网融资模式，根据 2015 年十部委出台的《关于促进互联网金融健康发展的指导意见》，P2P网络借贷（个体网络借贷）被定义为"个体和个体之间通过互联网平台实现的直接借贷"，同时认定在个体网络借贷平台上发生的直接借贷行为属于民间借贷范畴。P2P 网贷的典型模式是网络信贷公司提供平台，借款者自行发布借款信息，借出者根据借款人发布的信息，自行决定借出金额，借贷双方自由协商订立合同，网贷公司通过收取中介服务费作为收益。随着我国行业发展和运营模式的创新，一些平台将垫付、风险备用金、第三方担保等引入 P2P，这样网络借贷平台实际上需要担负起包括线下对借款人进行尽职调查、扣押借款人一定的保证金、引入担保机构等职责。

2007 年"拍拍贷"在上海成立，拉开了我国 P2P 网贷行业大发展的序幕，2007~2012 年是我国 P2P 行业的起步阶段，2012 年以后，社会关注度显著上升，P2P 行业的从业者与用户规模迅速扩大，各类 P2P 网贷平台开始爆发式增长，P2P 行业迎来了快速增长阶段，仅 2012 年就成立了超过 200 家平台，形成了约

30 亿元的成交金额。由于相应的制度保障和监督体系没有跟上 P2P 网贷平台的"野蛮增长"，到 2013 年年底出现了"倒闭潮"，平台倒闭的新闻不断被报道出来，一批运作不规范的平台逐步被淘汰，P2P 行业增长速度有所放缓。2014 年上半年以来，在国家明确鼓励金融创新的背景下，P2P 平台又迎来了新的发展，行业进入稳定发展期，平台数量和交易规模持续增长，监管部门开始积极开展监管研究。2015 年，网贷成交量及网贷贷款余额创历史新高，行业体量实现突破性扩张，同时，监管部门进一步出台了 P2P 网贷平台的相关制度规范，行业发展受到了空前的重视，P2P 平台的运作逐步走向阳光化。

2015 年可谓 P2P 网贷行业发展迅猛的一年，行业成交量、贷款余额较 2014 年大约都翻了两番。截至 2015 年 12 月底，P2P 网贷平台方面数据显示（数据来源：网贷之家 www.wdzj.com），全国 P2P 网贷运营平台数量达到了 2595 家，全年绝对增长量再创历史新高；从地域分布来看，在东部沿海地区平台数量增长最为显著，基本呈现出地域集中态势，除西藏外，其他地区也都出现了快速的发展；民营企业、上市公司、国资国企、银行等背景的平台不断涌现；同时，行业内外因素综合起来导致了全年问题平台的数量大幅增加，达到 896 家；2015 年 P2P 网贷行业发展迅速而依然受资本热捧，融资事件发生次数创新高。P2P 参与人方面数据显示，2015 年 P2P 网贷投资人与借款人数量分别达 586 万人和 285 万人，网贷行业人气飙升；将投资人与借款人分级，显露出 P2P 网贷仍以小额为主。交易规模及贷款余额方面数据显示，2015 年全年网贷成交量达到了 9823.04 亿元，至年底 P2P 网贷行业贷款余额已达 4394.61 亿元，行业体量实现了突破性增长。网贷综合利率及平均借款期限方面数据显示，2015 年网贷行业总体综合利率为 13.81%，较 2014 年下降了 405 个基点，这表明网贷利率随着金融市场环境的变化逐步回归理性。

2015 年 P2P 网络借贷行业发展呈现出众多亮点。首先，从行业规模及市场需求方面概括，行业体量突破万亿，融资需求缺口较大。相较于传统金融，P2P 网络借贷行业体量增长速度相当强劲，由此显示出中小微企业及个人的融资需求尚未完全满足。即使 2015 年我国经济面临转型压力，全年社会融资规模增量较 2014 年有所减少，但支持实体经济的人民币贷款和直接融资都大幅增加，其中以 P2P 网络借贷形式的直接融资增长蕴含重要意义。其次，从资产端来看，优质资产争夺加剧，细分市场规模扩大。2015 年以来 P2P 网贷行业"资产荒"现象凸显，优质信贷资产相对短缺，一些 P2P 平台向综合金融服务转型，一些 P2P 平台聚焦于垂直细分领域实现竞争突围，消费金融和供应链金融成为 P2P 平台争夺优质资产端的新焦点。再次，从投资端来看，行业定位去担保化，网贷基金初步发展。2015 年 P2P 网贷行业监管的重点开始转向了推进 P2P 平台回归信息平台定位，打破投资要求担保的约束，一定程度上促进了投资端网贷投资基金发展，有利于项目精选及分散投资。另外，从平台端发展角度看，平台变革趋势明显，行业面临升级整合。P2P 平台通过拓宽融资渠道、参与平台间资源整合、向综合金融服务转型等途径实现平台端的变革与升级。最后，从互联网金融环境看，线上征信市场放开，行业规范逐步明确。P2P 网贷的征信体系、监管制度、行业协会等建设在 2015 年均有重大举措。

2015 年 P2P 网络借贷行业尚未形成几家独大的格局，而行业集中度明显提高。从平台背景看，民营系平台仍为主流平台，但随着实力雄厚的银行、国资企业、风投资本等机构入场，行业格局呈现出"新进老退"的变化。从主要 P2P 平台所占的市场份额来看，以贷款余额及成交额衡量的行业集中度不断提高，行业前 50 大平台的市场份额占整个行业的比重显著上升。从地域集中情况来看，广东、北京、上海和浙江是网贷行业规模最大的四个省市区域，占据了全国 85% 以上份额。

2015 年 P2P 网络借贷行业快速发展的同时，问题平台数量也相应上升，风险事件的暴露相对集中。2015 年影响力较大的典型风险事件包括里外贷、盛融在线、e 租宝等问题平台事件，这些平台大多触犯了违规自融、平台自身提供担保、建立资金池、非法吸收公共存款等 P2P 监管红线。平台的利息水平、单笔借款额度、借款人集中度及信息披露、团队运营能力等方面的表现可作为问题平台的基本判断条件。综合来看，2015 年网贷问题平台以新平台为主，问题平台发生率比较稳定，与行业的规模增长基本同步。

二、统计数据

（一）P2P 平台数据

1. 平台数量总计

据第三方网贷咨询平台——网贷之家（www.wdzj.com）统计，截至 2015 年 12 月底，全国 P2P 网贷运营平台数量达到了 2595 家，相比 2014 年年底增长了

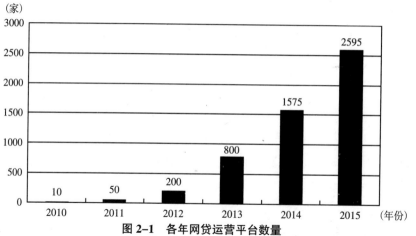

图 2-1　各年网贷运营平台数量

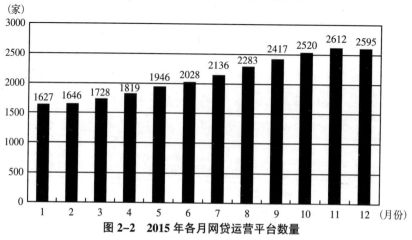

图 2-2　2015 年各月网贷运营平台数量

1020家，其绝对增长量再创历史新高。

2. 平台地域分布

网贷平台主要分布在东部沿海民间借贷发达的地区。广东（476家）、山东（329家）、浙江（300家）、北京（302家）、上海（213家），三省两市共计1620家P2P网贷平台，超过了全国网贷平台总数的62%，其中山东的运营平台数量相比2014年增长了100%，广东、北京的运营平台数量相比2014年分别增长了36.39%和67.78%。

随着各地逐步出台支持互联网金融的发展政策，2015年湖北、四川、贵州等内陆省的网贷也出现了快速的发展，其中湖北省运营平台数量相比2014年增长幅度超过了100%。目前，全国除西藏自治区无P2P网贷平台外，每个省份都有P2P网贷平台。

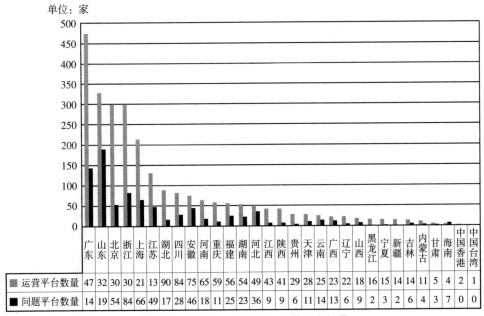

单位：家

	广东	山东	北京	浙江	上海	江苏	湖北	四川	安徽	河南	重庆	福建	湖南	河北	江西	陕西	贵州	天津	云南	广西	辽宁	山西	黑龙江	宁夏	新疆	吉林	内蒙古	甘肃	海南	中国香港	中国台湾
运营平台数量	47	32	30	30	21	13	90	84	75	65	59	56	54	49	43	41	29	28	25	23	22	18	16	15	14	14	11	5	4	2	1
问题平台数量	14	19	54	84	66	49	17	28	46	18	11	25	23	36	9	9	6	11	14	13	6	9	2	3	2	6	4	3	7	0	0

图2-3　2015年各省份网贷运营平台数量

3. 各背景平台数量

我国首批P2P平台以民营背景起家，截至2015年年底，民营系平台达2413家。2015年以来，银行、国资企业、上市公司、风投资本不断地涌入网贷行业，加速了网贷行业的布局。据不完全统计，网贷行业获得风投青睐的平台已经达到了 68 家，上市公司、国资国企入股的平台分别为 48 家、68 家，银行背景平台数量为 14 家。

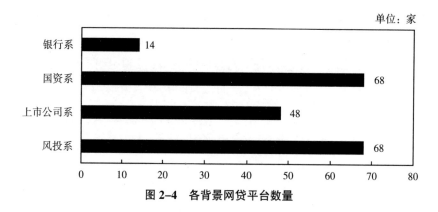

图 2-4　各背景网贷平台数量

4. 问题平台

2015 年全年问题平台达到 896 家，是 2014 年问题平台数量的 3.26 倍。2015 年新上线的平台数量大增，导致各大中小平台竞争更为激烈，同时受股市大幅波动的影响，众多平台面临巨大的经营压力，停业平台数量不在少数。随着监管的落地，不少违规平台加速跑路也进一步增加了问题平台的数量。

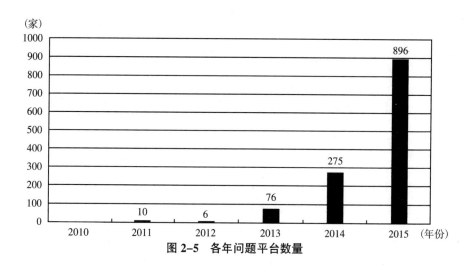

图 2-5　各年问题平台数量

在年中、年末资金面容易出现紧张的状况，债务结构不合理的借款人资金尤其紧张，逾期现象频繁，同时，大量新股的发行，对 P2P 网贷平台形成了巨大的抽资效应，中小平台由于挤兑现象导致无法生存。2015 年 6 月、7 月、12 月问题平台数量最多，分别达到 125 家、109 家、106 家，3 个月的问题平台数量总数超过 2014 年全年问题平台数量。

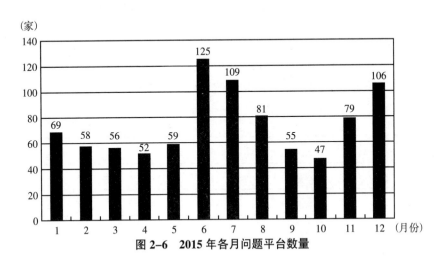

图 2-6　2015 年各月问题平台数量

5. 平台融资情况

2015 年，风投、上市公司、国资企业等加速涌入 P2P 行业，P2P 行业愈发受到资本及机构的青睐。据不完全统计，2015 年 P2P 借贷行业共发生 104 次融资事件，涉及 96 家平台，融资总额在 130 亿元以上。从融资阶段来看，获 A 轮融资的达到 61 家·次，占 2015 年 P2P 平台融资总次数的 58.6%。发生 B 轮和 B+轮融资 15 家·次，占总融资数的 14.4%。获得 C 轮融资的仅有 5 家·次，占总融资数的 0.4%。目前尚未有平台获 D 轮融资。从融资发生的月份来看，2015 年 1 月发生融资 11 起；2 月发生融资 2 起；3 月发生融资 7 起；4 月发生融资 10 起；5月发生融资 6 起；6 月发生融资 6 起；7 月发生融资 9 起；8 月发生融资 9 起；9月发生融资 10 起；10 月发生融资 9 起；11 月发生融资 10 起；12 月发生融资 15起。上半年共发生融资 42 起，下半年共发生融资 62 起。

相对于 2014 年，P2P 平台在 2015 年受资本青睐次数更多。2014 年，P2P 借贷平台共发生融资事件 44 起，涉及金额 5.2 亿元。其中 A 轮 29 例，涉及金额 3.4 亿元；B 轮 7 例，涉及金额 1.6 亿元；其余为天使轮，所涉金额不到 2000 万元。融资次数与规模显示，P2P 行业依然受资本追捧。

（二）P2P 参与人数据

1. 投资人及借款人数量

2015 年 P2P 网贷投资人与借款人数量分别达 586 万人和 285 万人，较 2014 年的 116 万人和 63 万人分别增加 405%和 352%，网贷行业人气明显飙升。2015 年 12 月单月活跃投资人数和借款人数分别达 298.02 万人和 78.49 万人，相较于 2014 年的投资人数和借款人数都达到了两倍以上的增长。

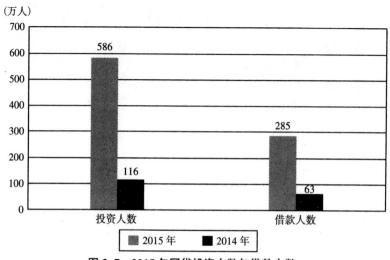

图 2-7　2015 年网贷投资人数与借款人数

2. 投资人分级

选取运营较为稳定、成交量较为活跃的网贷平台作为样本，2015 年单月单个平台投资金额介于 0~1 万元的投资人数最多，占比高达 65.65%；投资金额为 1~10 万元的人数次之，占比高达 27.65%。单月单个平台投资金额在 100 万元以上的投资人数占比为 0.34%。

3. 借款人分级

从借款人角度来看，2015 年单月单个平台借款金额介于 0~10 万元的借款人最多，占比高达 84.28%；借款金额为 10~100 万元的借款人数次之，借款人数占比高达 13.53%；100~1000 万元与 1000 万元以上的借款人数占比分别为 2.01%和 0.18%。

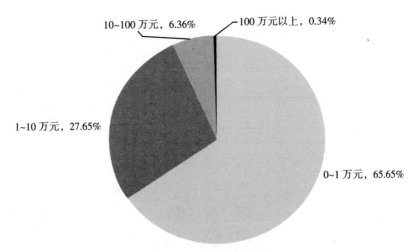

图 2-8 网贷投资人分级

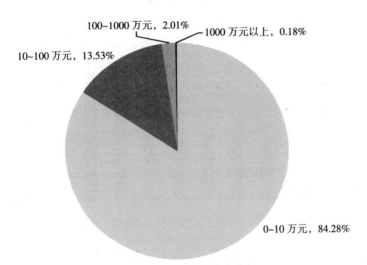

图 2-9 网贷借款人分级

(三) 交易规模及贷款余额

1. 成交额

截至 2015 年年底，2015 年全年网贷成交量达到了 9823.04 亿元，相比 2014
年全年网贷成交量（2528 亿元）增长了 288.57%。2015 年 10 月，网贷历史累计
成交量首次突破万亿元大关。截至 2015 年 12 月底，历史累计成交量已经达到了
13652 亿元，其中 2015 年完成的交易额占比超过了 71.9%。

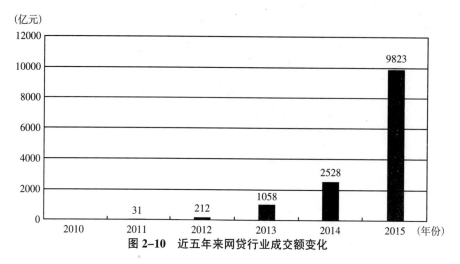

图 2-10 近五年来网贷行业成交额变化

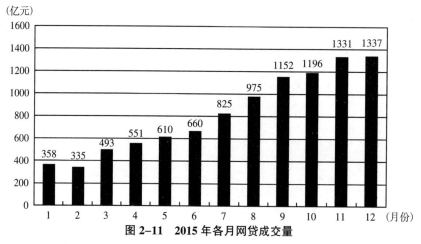

图 2-11 2015 年各月网贷成交量

　　2015 年网贷成交量居前五位的省市分别是广东、北京、浙江、上海、江苏，累计成交量占据全国的 87.17%，相比 2014 年 81.72%的占比数值更高，表明网贷成交正在向这些省市集中。其中，广东省以 3109.63 亿元的成交量居首位，相比 2014 年的成交量增长近 3 倍。北京、浙江居第二位、第三位，2015 年全年累计成交量分别为 2850.07 亿元、1204.81 亿元。

　　2. 贷款余额

　　截至 2015 年 12 月底，P2P 网贷行业贷款余额已增至 4394.61 亿元，而 2014 年年底，贷款金额为 1036 亿元，即贷款余额中的 74%是 2015 年新增的。

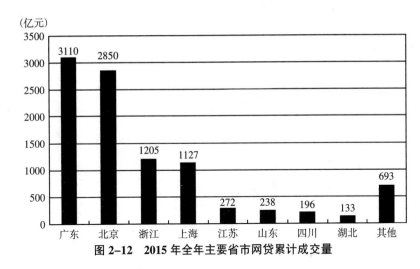

图 2-12 2015 年全年主要省市网贷累计成交量

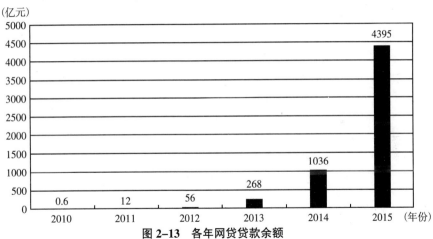

图 2-13 各年网贷贷款余额

截至 2015 年年底，网贷贷款余额排名前三位的省市仍然为北京、广东、上海，累计贷款余额达到 3498.18 亿元，占全国贷款余额总数的 79.6%，其中北京的贷款余额超过 1800 亿元。2015 年年底网贷贷款余额在 5 亿元以上的平台已经达到 128 家，而 2014 年同期仅为 36 家，增长幅度超过 256%。

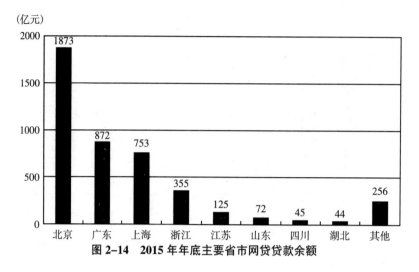

图 2–14　2015 年年底主要省市网贷贷款余额

（四）网贷综合利率及平均借款期限

1. 网贷综合利率

2015 年网贷行业总体综合利率为 13.81%，相比 2014 年网贷行业总体综合利率下降了 405 个基点（1 个基点 = 0.01%）。综观 2015 年 12 个月综合利率走势，前 11 个月几乎呈现单边下跌的态势，主要原因在于 P2P 网贷逐步成为资产配置的一部分，越来越多的投资人开始进入 P2P 网贷，借款端增长不如投资端的情况下，供需结构持续失衡导致网贷综合利率持续下降。同时伴随着全年央行多次降准、降息所造成的宽松的货币市场环境，网贷综合利率持续下行。而受年末因素

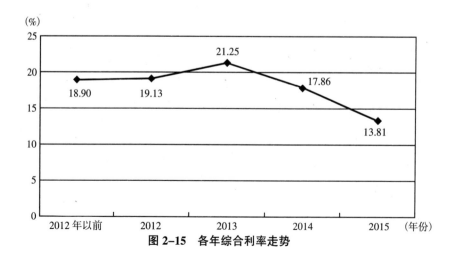

图 2–15　各年综合利率走势

影响，投资人资金需求较大；同时，12 月有多次股票打新机会，各大平台出于资金挽留考虑，有不同程度的加息，这就带动了 2015 年 12 月网贷平台综合收益率的上升。

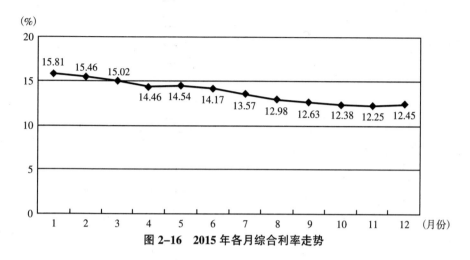

图 2-16　2015 年各月综合利率走势

从不同背景的平台来看，民营系的网贷综合利率最高，其次是风投系、上市公司系、国资系，最低的是银行系，这表明不同水平的风险溢价会导致不同的综合利率。

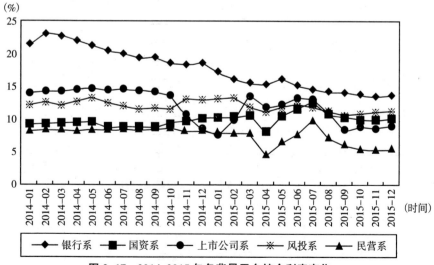

图 2-17　2014~2015 年各背景平台综合利率变化

2. 网贷借款期限

2015 年网贷行业的平均借款期限为 6.81 个月，相比 2014 年的平均借款期限增加了 0.69 个月。行业平均借款期限主要被一些成交量过 10 亿元且平均借款期限在半年以上的平台拉高。从 2015 年 12 个月的平均借款期限走势看，基本介于6.5 个月到 7 个月波动。

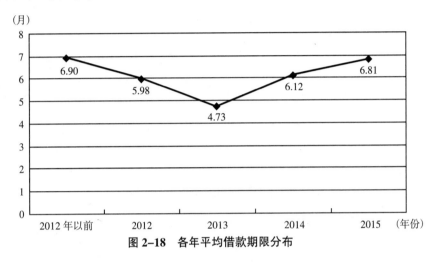

图 2-18　各年平均借款期限分布

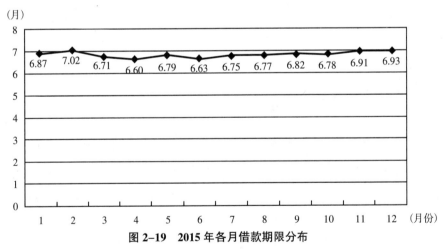

图 2-19　2015 年各月借款期限分布

三、发展亮点

（一）行业体量突破万亿元，融资需求缺口较大

P2P 网络借贷作为普惠金融的典型代表，行业体量尚小但发展迅速。相比于传统金融，P2P 网贷普遍具有覆盖面广、投资门槛低、操作简便等优点，在 2015 年展现出巨大发展潜力，行业体量增长速度相当强劲。2015 年 10 月，网贷历史累计成交量首次突破万亿元大关。截至 2015 年 12 月底，历史累计成交量已经达到了 13652 亿元，其中 2015 年完成的交易额占比超过了 71.9%。与此同时，P2P 网贷行业贷款余额也迅速增长，截至 2015 年 12 月底，P2P 网贷行业贷款余额已增至 4394.61 亿元，而 2014 年年底，贷款余额为 1036 亿元，即贷款余额中的 74% 为 2015 年新增。

我国经济处于转型期，逐步去杠杆，下行压力较大，但中小微企业融资需求仍然旺盛。2015 年以来，央行进行了五次降准、降息，资金面整体较为宽松，虽然央行一直在释放流动性，降低信贷利率，然而顶层设计传导周期较长，货币政策放松效果并不理想，并且中小微企业通常会缺乏获得银行贷款所需要的足够的抵押资产、以往的信用记录、规范的财务报表以及充分的信息披露，中小微企业融资难问题依旧存在，融资需求的缺口仍然巨大。据央行公布的金融统计数据，2015 年全年社会融资规模合理增长，对实体经济的人民币贷款和直接融资大幅增加，显示出实体企业融资需求远未得到满足。具体来说，2015 年全年社会融资规模增量为 15.41 万亿元，比 2014 年减少 4675 亿元；分结构看，其中外币贷款大幅减少，表外融资明显萎缩，而对实体经济的人民币贷款和直接融资大幅增加，2015 年，对实体经济发放的人民币贷款增加 11.3 万亿元，为历史最高水平，比 2014 年多 1.52 万亿元，占同期社会融资规模增量的 73.1%，这比 2014 年高 11.7%。此外，非金融企业债券和股票融资都有较大幅度增加，直接融资占比明显上升，2015 年占同期社会融资规模增量的 24%，占比创历史最高水平。

显然，在多种融资方式中，P2P网络借贷在满足中小企业及个人的融资需求方面发挥着不可替代的作用，作为参与实体经济的直接融资形式之一，其融资规模增长蕴含重要的经济意义，其行业体量在未来持续扩张仍具有较大可能性。

（二）优质资产争夺加剧，细分市场规模扩大

虽然P2P借贷行业至今保持着高速发展，但P2P网贷平台所连接的资金和资产两端态势已然发生逆转，2015年"资产荒"现象凸显，其实质是优质信贷资产相对短缺。据网贷之家数据显示，2015年全行业借款人数量仅为投资人数量的48.6%，资金的供给方远远超过需求方，而优质资产的获取和借款人在网贷行业的占比息息相关；从P2P平台角度看，资产端的获客成本远高于资金端，分别为2000元左右和10000元左右。随着存量资产逐步消化、公司规模逐步增长，众多平台难觅优质资产，有的甚至寻求转型综合资产管理平台，引入其他固定收益类金融产品以丰富现有资产端。从客观因素分析，首先，P2P行业市场规模扩大直接导致信贷资产市场的优质存量资产被迅速消化，剩下的信贷资产风险点高、质地较差，开发难度大。其次，近几年国内实体经济增速放缓，而P2P行业有很大一部分借款项目是直接来自中小微企业，实体经济困难越突出，中小企业的经济效益越差，爆发风险事件的概率也越大。再次，央行政策也是P2P行业形成"资产荒"的助推剂之一。2014年10月，央行颁布了关于推广信贷资产质押再贷款试点的公告，被一致解读为是变相实行货币宽松政策，直接导致社会融资成本的降低。银行等更低成本的融资渠道对中小企业的重新开放，原本P2P行业的优质借款用户就会流失。最后，2015年发布的《网络借贷信息中介机构业务活动管理暂行办法（征求意见稿）》禁止了P2P平台混业经营，P2P平台此后或无法销售债权资产以外的金融产品，可能使"资产荒"更加严峻。

在优质"资产荒"、监管等压力下，部分P2P平台向综合金融服务转型，一些大平台尝试引入财富管理、股票、基金以及证券等，开启集团化模式，这不失为一个方向；与此同时，P2P平台聚焦于垂直细分领域也成为行业竞争突围的关键，P2P领域资产依然有广阔的增量空间。P2P网贷平台产品业务类型不局限于信用贷款、车贷、房贷，如今许多平台已经拓展到票据、融资租赁、商业保理、资产证券化等垂直化业务，将P2P网贷市场体量不断扩大。消费金融和供应链金

融成为 P2P 平台争夺优质资产端的新焦点。

近年来，我国互联网消费金融迅速崛起，为 P2P 平台发展提供了新的业务点。2010 年开始，北银、锦程、中银和捷信四家消费金融公司获批成立；2013 年，消费金融公司试点进一步扩大；2014 年京东白条的上线和天猫分期的推出，标志着大型电商平台正式介入消费金融领域。众多互联网金融平台开始大举拓展消费金融业务，逐渐成为消费金融服务的新兴力量。进军消费金融领域对于 P2P 平台来说是一个新的增长点，但受限于特殊的客户群体及较小额的消贷商品，P2P 平台在消费金融领域的交易量上还无法与获得牌照的消费金融公司及已开展消贷业务的电商巨头匹敌。部分 P2P 平台正在有意识地探索垂直化、专业化、精细化的形态，改变过去那种纯平台的经营模式。以拍拍贷为例，为了更有针对性地满足网购人群的消费需求，对于此特定人群开放了身份认证；在放款审核、额度批准等机制上，都提供一定程度的简化和便利；拍拍贷还创新地与更多机构合作，针对性地推出消费类贷款项目，如货车贷和教育类贷款。消费信贷具有额度较小、授信快、周期短、无抵押、无担保等特点，与 P2P 具有自然的融合特性，在 P2P 的模式下，线上对接有投资需求的投资人，线下对接有消费需求的借款人，双向打通理财端和借款端，有利于打造更符合国家消费转型的商业模式，但由于客户通常是没有信用卡的社会基层，缺少央行征信记录，再加上贷款无抵押、无担保的属性，消费金融比传统金融面临更高的信用风险，P2P 平台介入消费金融需要采取适应性的风控模式。

供应链金融作为金融业服务于实体经济的又一新形式，通过与互联网技术相结合更好地实现产品精细化，推进了金融创新并有助于开拓资产端市场规模。基于互联网技术的 P2P 供应链金融，其本质是 P2P 平台凭借核心企业与上下游企业交易过程中所订立的货物销售或服务合同所产生的应收账款介入供应链体系，与核心企业、供应商（或渠道商）签订三方认可的契约并依此为企业提供金融服务。比如，供应商以核心企业开具给自己的应收货款债权进行质押，便可向 P2P 平台申请融资。供应链金融型 P2P 平台的融资行为以企业间的真实贸易为基础，而且其信息中介性质不增加中间环节，可为供应链上的中小微企业融资降低 10% 左右的融资成本，有利于减少结构性风险并提升整体的融资效率。2015 年以前，国内主要做供应链金融的 P2P 代表平台有爱投资、电网贷、银湖网等，其中爱投资是供应链金融业务和抵押担保借贷业务各占一半，电网贷则完全专注于国有电网行业和上市企业供应链金融业务，银湖网则依托于熊猫烟花供应链做相关产业的融资业务。在项目风控模式上，专业的供应链金融 P2P 平台大多采取与成熟的商业保理公司合作，以保证在对应收账款的真实性核实和风控流程的操作上更规范，信息披露更透明。比如，爱投资与多家保理公司都有合作，电网贷则与国内知名的保理公司深圳国投商业保理有限公司达成了战略合作，银湖网主要与大秦商业保理有限公司合作。2015 年以来，有至少数十家 P2P 公司包括中瑞财富、金联储、投哪网、挖财、胖胖猪、运盈 e 贷、普惠理财等开始深耕供应链金融领域。

（三）行业定位去担保化，网贷基金初步发展

在八年的发展历程中，我国 P2P 平台的模式在不断做出改变和调整，基本上分为三种模式：一是无担保纯信息平台模式，投资人自主选择出借项目，平台作为信息中介平台存在，不承诺本息保障，出借人承担项目自身的违约风险。二是平台本息保障模式，计提平台风险准备金以对出借人贷款本息给予保障，当出现坏账时，平台从风险准备金划款垫付给出借人，这使得投资者的放贷风险主要取决于平台自身的担保实力。三是引入第三方担保模式，为转嫁信贷风险及降低运营成本，平台积极开展与第三方担保机构的合作，此时投资者的放贷风险主要取决于第三方担保机构的担保实力。

由于我国债务市场受到"刚性兑付"的制约，大多数 P2P 平台都推出了本息保障，通常会采取平台直接垫付或平台回购债权处理逾期贷款以保障投资人的本息收益，这在本质上就相当于承担了一定的信用中介职能，偏离了 P2P 去信用中介的本意。本息保障模式很大程度上为平台带来信贷风险积聚的问题，自有资金有限的平台无力充分保障投资者的本息：一方面，国内 P2P 项目具有类夹层融资的性质，存在较高违约风险，随着宏观经济增长的趋缓，当大量恶性违约事件降临，许多平台将难以承担本息兑付的重负。另一方面，由于没有资本金约束，如果 P2P 平台的信贷资产规模的扩张没有伴随相应资本金的追加，信贷规模越大的平台自身蕴含的风险往往越大。

对于我国 P2P 行业背离去信用中介的倾向以及信用问题频发的情况，2015

年监管的重点开始转向了推进 P2P 平台回归信息平台定位。2015 年 7 月央行等十部委联合发布的《关于促进互联网金融健康发展的指导意见》(以下简称《指导意见》) 明确了 P2P 平台的信息中介地位，P2P 平台去担保将是必由之路。

随着 P2P 项目去担保化，散户参与 P2P 投资的方式也会发生转变，精选项目分散投资将成为必然。去担保后，投资人面临的风险不再是平台的跑路风险，而是具体项目的违约风险，倒逼投资人需要综合考虑投资收益与风险以选择优质债权项目；对于投资人而言，会在选择几家优质平台的基础上精选项目进行分散投资，但个人能投入 P2P 网贷投资及研究的时间和精力有限，考虑到交易成本问题，无论散户投资人还是机构投资者都有借助一些专业的投资基金为其提供 P2P 债权项目投资管理的需要。

我国准 P2P 投资基金作为新鲜事物初步发展，"网贷基金"总体规模较小，产品种类有限，整个网贷基金的成交量不到 100 亿元，很多投资人还处于尝试状态。以火球网、米袋 360 等为代表的平台率先推出了 P2P 债权组合产品。由于其先以自有资金购买资产组合再进行债权转让，与先募资再投资的基金运作全然不同，严格意义上不能称为"基金"，可算作"准 P2P 投资基金"。这种准 P2P 投资基金基于风险评级，使用一定的筛选和组合模型，由自然人（平台负责人）购买大量 P2P 平台的债权资产，再将这些债权资产打包出售给投资人。准 P2P 投资基金投资机制的核心在于"优选平台"与"投资分散"两点，通过后台模型的智能计算，债权组合每日都会自动重组，在补充和优化债权结构的同时增加债权分散度。在重组过程中，投资人持有的旧的类公募基金债权会自动出售，同时又买入新的债权，通过买卖差价实现每日派息。准 P2P 投资基金的收益率会随着其每日债权结构的调整发生变动，投资人每天可以自由申购和赎回基金份额，与开放式基金相类似。目前市场主流的网贷基金有火球网、米袋计划、旺财猫、真融宝、懒财、PP 宝、乐投宝、投之家、星火钱包、银多资本等。

（四）平台变革趋势明显，行业面临升级整合

P2P 平台融资渠道进一步拓宽，先行者叩开资本市场大门。2015 年 7 月 18 日，《指导意见》指出，需要拓宽从业机构融资渠道，改善融资环境；鼓励符合条件的优质从业机构在主板、创业板等境内资本市场上市融资。P2P 网贷行业之前

由于监管问题，无法进行 IPO 或者新三板挂牌。随着监管的出台，P2P 网贷行业资本融资渠道进一步打开。平台上市不仅出于融资等资本运作考虑，为公司现有和潜在的股东提供退出和进入渠道，还能提升品牌价值，帮助平台增信和吸引更多的借款端与投资端客户而提高平台竞争力。目前 P2P 网贷平台上市途径主要有四种：一是谋求海外 IPO 上市；二是通过借壳行为再资产注入；三是通过上市公司控股收购；四是挂牌新三板待创业板转板制度出台。2015 年 12 月 18 日，宜信旗下 P2P 公司——宜人贷在纽交所上市，成为中国 P2P 平台独立海外上市第一股。宜人贷 IPO 定价为每股 10 美元，发行 750 万股美国存托股票，上市首日收于 9.10 美元，总市值达到 5.32 亿美元。宜人贷在纽交所上市对后续冲刺海外 IPO 的平台具有良好借鉴意义，同时，随着中概股的回归潮以及国内上市环境的好转，P2P 网贷平台国内上市需求也不断升温。我国 A 股市场目前尚没有单独上市的 P2P 平台，但有近 70 家上市公司分别采取了自建平台、收购控股、参股、间接关联等形式涉足 P2P 行业，如万好万家、熊猫金控、绵世股份、腾邦国际、用友网络、新希望、海宁皮城等上市公司自建平台，凯瑞德、康达尔、中天城投、浩宁达、盛达矿业等收购控股 P2P 平台，报喜鸟、大金重工、证通电子、海能达等以参股形式涉足 P2P，民生银行、明泰铝业、爱施德、海南海药、瑞茂通、万里股份等与 P2P 进行间接关联。此外，受制于监管政策的不明朗，目前新三板也没有直接挂牌的 P2P 平台，但是有 7 家挂牌公司涉足 P2P 概念，均为 2015 年通过收购或参股等形式曲线登陆，具体涉及的平台为安心贷、金蛋理财、九信金融、温商贷、钱呗多、恒富在线、PPmoney。

　　P2P 市场逐渐回归理性，行业整合序幕拉开。从互联网行业各细分领域发展走向来看，一般都会经历自由探索、行业整合、规范发展、市场成熟四个阶段，目前中国 P2P 正处于由自由探索走向行业整合的关键性时期。首先，P2P 平台经历了两年爆发式增长，跑路、倒闭、提现困难等问题充分暴露出来，综合利率现已趋于理性，全方位的激烈竞争加速了行业洗牌：截至 2015 年年底，正常运营平台数量为 2595 家，问题平台数量达到 896 家；2015 年 8 月以后，新增平台绝对数量基本上逐月递减，增速放缓，平台数量或已趋饱和。其次，随着互联网金融监管措施逐步落地，特别是 P2P 行业的监管细则即将出台，行业开始规范发展，监管套利时代行将结束，缺乏核心竞争力、实力薄弱或与 P2P 本质背道而驰的平台将被淘汰或整合，2015 年年底《网络借贷信息中介机构业务活动管理暂行办法（征求意见稿）》（以下简称《办法》）出台，预示着 P2P 新一轮的洗牌即将到来，预计 P2P 平台的数量会在 5 年内收缩到 200 家以内。另外，行业的规范发展也意味着更多的大资本强势进入，优势向大平台集中。正如传统金融机构开始布局互联网金融，商业银行借助互联网工具进行业务下沉，逐步介入 P2P 领域。多家股份制商业银行已在资金托管、支付结算、财富管理等多个位面与 P2P 平台达成战略合作协议。1 月 8 日，中信银行联手宜信，双方将在资金结算监督、财富管理、大数据金融云、供应链金融、创新业务等领域达成战略合作。1 月 29 日，招商银行上海分行与你我贷签署战略合作协议，双方将在交易资金委托管理、财富管理、融资租赁业务、个人金融服务等多个领域开展合作。同时，2015 年 P2P 行业兼并收购序幕也已揭开，9 月 25 日，团贷网联合其股东九鼎投资、久奕投资完成了对融金所的战略控股，团贷网与融金所的贷款余额分别超过 30 亿元和 10 亿元，这场大平台对大平台的控股堪称行业标志性事件，通过合并整合资源以创造更大的价值，给行业的发展路径做出一次示范。

部分 P2P 平台尝试向综合金融服务方向转型。为寻求更多的增长空间和业务覆盖，一批老牌的 P2P 平台已经走在了转型的路上，比如，陆金所、积木盒子、投哪网、团贷网、人人贷、红岭创投、诺诺镑客、91 旺财等。2015 年以来，陆金所先后推出 P2P "人民公社"、基金平台、跨境交易平台等多个领域的开放平台；9 月 15 日，陆金所再发布全新战略规划，宣布与餐饮 O2O 平台饿了么、两性健康品牌杜蕾斯、影视公司东方梦工厂签订了跨界合作协议，提出了互联网投资的跨界合作，将金融生活场景化，使投资理财更贴近用户日常生活，其最终目标是作为一站式理财平台形成完备的互联网金融生态体系。10 月 13 日，人人发布全新理财品牌，并正式启用全新域名 WE.com，宣布人人贷由单一 P2P 平台向多元化、全方位的财富管理平台过渡。12 月 16 日，积木盒子正式宣布进军综合理财平台，积木盒子现已上线包括固定收益理财、基金、股票三大类别的投资渠道，以及个人信用贷款、资产抵押贷款等融资渠道。目前很多 P2P 网贷平台发展规划为 "互联网金融超市"、"一站式理财平台"，还有些平台为了解决资金站岗的问题，引入 "货币基金" 产品，但《办法》规定 "不得发售银行理财、券商资管、基金、保险或信托产品；不得从事股权众筹、实物众筹"，这些新业务在未来可能会受到一定冲击。

（五）线上征信市场放开，行业规范逐步明确

央行逐渐放开企业和个人征信市场，允许民间机构入场参与。近年小额信贷行业的发展和互联网金融的兴起，特别是 P2P 网络信贷平台的爆发式增长，对征信体系提出了更高要求。作为开展信贷业务的基石，征信系统建设是 P2P 网络借贷健康发展的必不可少的部分。然而，目前我国互联网金融征信系统建设缺位，互联网金融的信用信息尚未被纳入人民银行征信系统。征信系统的数据主要来源并服务于银行业金融机构等传统意义上的信贷机构，P2P、小额贷款机构等新型信贷平台的信贷数据游离于征信体系之外，无法利用征信系统共享和使用征信信息，从而导致对借款人的信用缺乏了解，导致风险加大。对此，市场上已做出了一些有益尝试。上海资信于 2013 年 6 月正式上线"网络金融征信系统（NFCS）"，服务于人民银行征信系统尚未涉及的互联网金融领域，为网络金融机构业务活动提供信用信息支持。而金融创新的高速发展，使得现行央行征信系统无法满足市场的需求，其以银行信贷数据为主，企业或个人的社会融资纪录缺乏。由此，央行逐渐放开企业和个人征信市场，允许民间机构入场参与。2015 年 1 月 5 日，央行首次放开个人征信系统的准入门槛，允许商业机构介入，芝麻信用管理有限公司、腾讯征信有限公司、深圳前海征信中心股份有限公司、鹏元征信有限公司、中诚信征信有限公司、拉卡拉信用管理有限公司、北京华道征信有限公司等8 家机构成为首批涉足个人征信领域的民间机构。此 8 家民营机构可以分为两类：一类是以互联网大数据或互联网支付为基础的民营征信机构，另一类是传统的民营征信机构，这样的配置让征信系统走向市场实现多元化发展。

中国互联网金融协会筹备挂牌，多家 P2P 平台接入风险信息共享系统。互联网金融领域的纲领性文件《指导意见》提到，"由中国人民银行会同有关部门，组建中国互联网金融协会，协会要按业务类型，制定经营管理规则和行业标准，推动机构之间的业务交流和信息共享"。2014 年，中国人民银行开始牵头组建中国互联网金融协会，2015 年 8 月，协会正式通过民政部上报国务院批准筹建。其作为互联网金融行业最高的自律管理组织，属于央行下属的一级协会。相比之前被誉为"中国互联网金融领域最高水准的行业自律机构"——中国支付清算协会

（一级协会）下设的互联网金融专业委员会，还要更高一级。协会的建立，对互联网金融规范发展，统筹协调各地相关协会辅助监管，加快行业自律、自净化方面将发挥重要作用。首批明确加入成功的互联网金融协会P2P成员，乃为首批接入由央行支付清算协会主导的互联网金融风险信息共享系统的13家P2P机构，包括翼龙贷、宜信、人人贷、红岭创投、拍拍贷、网信、开鑫贷、合力贷、积木盒子、财路通、玖富、信而富、有利网。在前期试运行的基础上，互联网金融风险信息共享系统于2015年9月正式上线。目前通过系统共享的数据主要分为三类：一是不良贷款信息，指逾期超过90天的贷款；二是逾期贷款信息，指逾期90天以内的贷款；三是正常贷款信息，指未结清且尚未逾期的贷款。互联网金融风险信息共享系统的上线运行，能够将各个P2P网贷机构零散分散的数据有机地整合起来，彼此间分享贷款信息，降低P2P机构与借款人之间的信息不对称，将有力提升P2P网贷行业的整体风险控制水平。

四、行业格局

（一）"新进老退"，行业集中度上升，"二八"格局渐显

总体来看，目前我国P2P网贷行业参与市场竞争的平台数量众多，行业格局仍呈现碎片化特征。目前，前10大平台占据了约一半的份额，但从具体平台来看，还没有出现一家独大的现象，行业巨头也尚未出现。目前排名靠前的平台份额占比均低于10%，龙头平台虽然建立起了一定的先行优势，但优势并不明显。从股东背景看，目前民营系平台仍占据绝对主流，不过随着P2P的快速发展，银行、国资企业、上市公司、风投资本等开始青睐网贷行业，通过自主设立、收购等多种形式加速加入行业，行业格局已呈现出"新进老退"的发展趋势。

与2014年相比，前50大平台份额一年内迅速上升，行业集中度提高。据盈灿咨询研究，选取2014年12月、2015年6月、2015年11月为观察期，分别选取成交额最大的10家、20家和50家平台以及累计贷款余额最大的10家、20家

和 50 家平台。

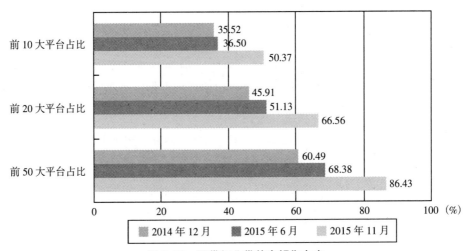

图 2-20　网贷行业贷款余额集中度

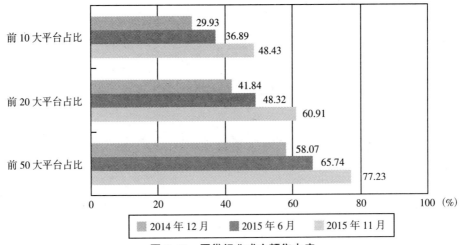

图 2-21　网贷行业成交额集中度

如图 2-21 所示，从 2014 年 12 月到 2015 年 6 月，再到 2015 年 11 月，网贷行业的大平台在整个行业的份额占比不断上升。

从贷款余额看，网贷行业前 10 大平台在 2014 年末的总贷款余额为 367.99 亿元，占整个行业贷款余额 1036 亿元的 35.52%，而到了 2015 年 11 月，全行业的贷款余额增长到 4005.43 亿元，但前 10 大平台的总贷款余额则增长至 2017.55 亿元，因此占比进一步上升到了 50.37%。同一时间段，行业前 50 大平台贷款余额占整个行业的比，从 60.49%上升到了 86.43%，集中度非常明显。

成交额数据也是如此。比如，2014 年 12 月，网贷行业前 10 大平台的总成交额为 110.98 亿元，当月整个行业的成交额为 370.77 亿元，前 10 大平台占比为 29.93%。到了 2015 年 11 月，网贷行业前 10 大平台的总成交额为 644.78 亿元，当月整个行业的成交额为 1331.24 亿元，前 10 大平台占比上升为 48.43%。同一时间段，行业前 50 大平台总成交额占整个行业的比，从 58.07%上升到了 77.23%。

对比贷款余额和成交额数据发现，贷款余额的集中度更高。这也说明，大平台沉淀资金的能力更强，而中小型平台通过多发短期标的，吸引成交量，搞活了人气，但贷款余额的增长却无法同步。

在整个行业的份额向大平台集中的同时，在区域上也呈现集中趋势，特别是进入 2015 年后，更为明显，四大省市抢占了全国 85%以上的份额。广东、北京、上海和浙江是目前网贷行业规模最大的四个省市区域。如图 2-22 所示，选取 2014 年 1 月、6 月、12 月和 2015 年 6 月、10 月 5 个观察月份，把这四个区域作为一个整体，对其当月成交量、当期末的贷款余额和运营平台数量做了对比，发现在 2015 年，四大区域的成交额和贷款余额占整个行业的比例在不断增加，同时运营平台数量占比却在下降。

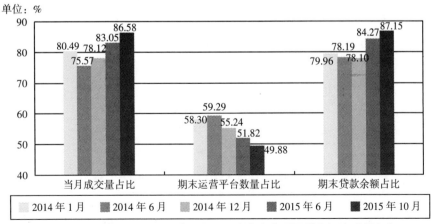

图 2-22　广东、北京、上海、浙江四省市占全国网贷市场比重的变化

以当月成交额为例，2014 年的 1 月、6 月和 12 月，四大区域总成交额占全

国的比重分别为 80.49%、75.57% 和 78.12%，稍有下降趋势，但到了 2015 年，6 月和 10 月的占比分别达到了 83.05% 和 86.58%，上升趋势明显。

贷款余额的数据则更为明显，在 2014 年的三个观察月份末，四大区域的贷款余额占全国比重分别为 79.96%、78.19% 和 78.1%，小幅下降，但到了 2015 年的 6 月和 10 月末，这一占比上升到了 84.27% 和 87.15%。

四大区域的规模占比不断上升，但其平台数量占比却在不断下降。2014 年 6 月，四大区域的运营平台数量达到全国的 59.29%，但到了 2015 年的 10 月，这一占比下降到了 49.88%。2015 年 10 月，全行业正常运营的平台为 2520 家，四大区域的平台数为 1257 家。这说明，2015 年上述四大区域的新增平台速度远远慢于全国水平，这些区域以大平台为主，大平台的规模扩张更快。

（二）代表性平台概述

1. 拍拍贷

拍拍贷成立于 2007 年 6 月，其网站隶属于上海拍拍贷金融信息服务有限公司，总部位于上海。拍拍贷是中国首家 P2P 纯信用、无担保网络借贷平台。

与国内其他 P2P 平台相比，拍拍贷的最大特点在于采用无担保纯信息平台模式运作，借贷双方通过网络平台匹配后即可放贷，无须平台提供本息保障或第三方担保机构介入。这种平台模式最为接近 Lending Club、Prosper 等美国 P2P 网络借贷平台。借款人在平台发布借款申请，出借人可以通过查询借款人的背景、经历、交易记录等信用信息后来决定是否能够承担此项贷款。但是英、美等国的征信体系比较完善，个人的信用记录等较透明，网络贷款有条件通过这种无担保的方式进行，而中国社会信用体系的缺乏和诚信意识的淡薄使得没有担保的拍拍贷遇到了发展"瓶颈"。目前，拍拍贷积极尝试自建征信体系。其收集的信息主要包括以下三类：①用户的基本信息，如性别、年龄、学历、婚姻状况等。②互联网信息，如微博、Qzone、微信以及登录拍拍贷的各种行为数据等。③用户的历史借款和还款记录。

拍拍贷的主要产品是个人小额信用贷款。根据平台提供的数据可知，拍拍贷的借款标的金额一般是 10 万元以下的小额信用标。2015 年，单笔 1 万元以下的借款占比 95.46%，笔均借款额为 4630.43 元，符合大众小额的消费借款需求；一

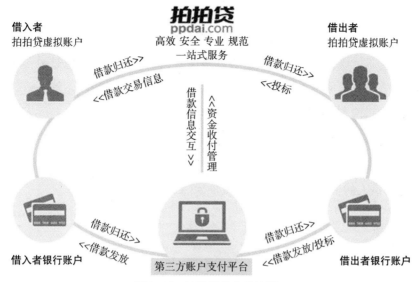

图 2-23　拍拍贷的业务流程

年期以下的借款占比 98.9%，平均借款期限为 7.49 个月，能够满足借款人短期资金周转和高频次的消费借贷需求。2015 年，P2P 行业收益率整体趋于理性，拍拍贷平均年化收益为 12.52%，投资回报率处于行业的中等水平。尽管拍拍贷不提供平台本息保障，但由于其整体逾期率控制在低位水平，投资人的投资风险相对可控。

2015 年拍拍贷平台新发展：在平台风控方面，2015 年 1 月，拍拍贷推出"拍钱包"业务，率先实现平台资金银行托管。3 月，拍拍贷正式发布"魔镜系统"，这是行业首个真正基于征信大数据的风控系统。9 月，拍拍贷与阳光财产保险集团达成战略合作，进一步保障用户资金安全。11 月，拍拍贷与招商银行达成资金存管协议。在业务方面，8 月，拍拍贷灵活型理财产品"拍活宝"正式上线。9 月，无锡拍拍贷金融信息服务有限公司正式开业。在平台资本方面，4 月，拍拍贷正式公布成功完成 C 轮融资，成为行业首个完成 C 轮融资的 P2P 平台。5 月，拍拍贷注册资本增至 1 亿元。

2. 人人贷

人人贷（renrendai.com），系人人友信集团旗下公司及独立品牌，成立于 2010 年 5 月，注册资本为 105 万元，是中国最早的一批基于互联网的 P2P 信用

借贷服务平台。人人贷作为 2015 年中国互联网百强企业，首批加入互联网金融征信系统。人人贷不要求借款人提供抵押物，而是通过了解他们的身份信息、银行信用报告等，确定借款申请人的贷款额度及贷款利率。然后通过平台将这些信息提供给资金出借人，由借贷双方直接达成借款协议。借贷关系确立后，借贷人承担还本付息的责任，资金出借人则按照协议约定获取贷款利息。人人贷从中国信用体系不完善、网络借贷双方信息严重不对称的实际问题出发，对国外 P2P 模式进行了适应性修改，广泛介入担保，推出本金保障计划并设立"风险备用金账户"，为出借人的资金安全提供了制度性保障。

图 2-24　人人贷的业务模式

　　人人贷属于无抵押，利用平台风险保障金制度保障投资风险的模式。该模式下，人人贷公司不是纯粹的信息中介，而是承担了债务转移人的角色，一方面人人贷利用平台的风险保证金对出借人的资金提供保障，一旦出现借款不能按时偿付的情况，将按照合同规定，赔偿出借人本金和利息；另一方面人人贷介入借款人的信用评级及利率的确定，并负责贷后资金的管理。人人贷将国外 P2P 运营模式与中国的实际情况相结合，同时扮演担保人、联合追款人、利率指定人复合中介角色。这种模式的风险控制力度较大，投资风险相对较小，但由于平台对所有出借人的出借资金进行保障、审核等相关运营成本较高，所以投资收益率也相对较低。

截至 2015 年年底，人人贷累计成交额达到 132.1 亿元，2015 年全年成交金额超过 75 亿元，成交额同比增长 102%。2015 年，人人贷的平均投标利率为 11.58%；贷款期限为 25~36 个月的居多，占比为 68.03%；债权转让笔数达 4932121 笔，债权成交金额超过 33 亿元；风险备用金增至 2 亿元。截至 12 月 31 日，人人贷风险备用金余额与待还本金之比为 2.71%，高于网站 0.37% 的坏账率。

2015 年人人贷平台新发展：在资金存管方面，2 月 10 日，人人贷携手民生银行开展 P2P 平台资金存管深度合作，7 月 23 日，人人贷与民生银行就风险备用金存管达成协议。在信用评级方面，人人贷在 2015 年的前两个季度都获得"中国网贷评价体系"网贷 AAA 最高评级，第三季度获得"中国网贷评价体系"平台第二名。在业务方面，人人贷扩大金融服务，10 月 13 日，发布全新理财品牌，推出升级版理财平台 Wealth Evolution，宣布人人贷由单一的 P2P 平台向多元化、全方位的财富管理平台过渡，并正式启用由 800 万美元购买的域名 WE.com，为下一步品牌战略布局做准备；11 月 5 日，WE 理财基金产品上线开售。除了固定收益类 P2P 之外，WE 理财积极扩展不同风险收益组合、不同期限的多元投资产品，同时在智能算法和顾问服务支持下，为用户提供综合理财服务。人人贷开展财富管理业务，在没有牌照的情况下，须符合监管要求——《办法》规定网络借贷信息中介机构不得发售银行理财、券商资管、基金、保险或信托产品，因此人人贷目前只通过给其他基金公司导流量的方式进行，基金销售服务由北京钱景财富投资管理有限公司提供。

3. 爱投资

爱投资是国内首创 P2B 互联网金融交易模式的平台，于 2013 年 3 月 31 日上线。爱投资的 P2B（Peer to Business，即个人对企业）借贷，是通过与传统金融机构的战略合作，为投资用户提供高收益的投资渠道，让投资者将富余资金通过平台出借给有良好实体经营、有借款需求的企业。这种 P2B 对接投资与融资的形式和信托相近，类似于一种微型信托，属于脱离银行媒介实现了资金直接流通，减少了中间环节与成本。

对于其借贷项目，爱投资不进行自担保，而是与传统金融领域中的融资性担

保公司、融资租赁公司等进行合作，由合作伙伴严格筛选借款项目，承担对投资本息全额担保的职责。除此之外，爱投资风控团队对实体经营企业进行实地考察、材料审核，并将企业的资金用途、经营情况、盈利能力、反担保物等信息在网站上公示。为了防范可能出现的风险，爱投资始终坚持两套平行的风控体系，即爱投资及合作保障机构分别对借款项目进行风控，以此实现低坏账率。以"爱担保"产品为例，爱投资的业务模式如图2-25所示。

图2-25 "爱担保"产品的业务模式

爱投资自成立以来已将业务开展到了全国，成为互联网金融行业中的全国性业务平台。爱投资的总投资呈快速增长的趋势，爱投资的累计交易额在2015年2月25日突破50亿元，截至11月2日，突破110亿元。2015年，爱投资产品年化收益率在10%~14%；投资产品包括2~24个月多种周期产品，短、中、长期投资皆可满足；资金兑付方式较为灵活，债权转让成功率为91.69%。

2015年爱投资新发展：2月3日，爱投资携手北京青年报集团下属企业"北青投资·三维基金"，发布爱投资新产品"省心计划—爱影视系列"的影视投资战略。3 月 2 日，爱投资与汉能集团合作打造供应链金融，降低集团融资成本，并达成了长期合作伙伴关系。6 月 12 日，宣布拟引入苏州春兴精工股份有限公司战略入股。

4. 红岭创投

红岭创投（www.my089.com）为红岭创投电子商务股份有限公司旗下的互联网金融服务平台，于 2009 年 3 月正式上线运营，是国内成立最早的民营互联网金融服务平台之一。红岭创投最早提出本金垫付制度，也最先尝试"债权 + 股权投资"、高调宣布转型"类银行模式"开展大额融资业务。

2009 年，红岭创投全年成交额 900 多万元，注册人数不足 1 万人，截至 2015 年 12 月 31 日，平台总成交额达 1092 亿元，投资人达 82 万元，投资人已赚取收益 26 亿元，待赚取收益 23 亿元，完成借款笔数 261 万笔，其中 2015 年新增投资人 48 万人，完成借款笔数 209 万笔，2015 年总成交额为 905 亿元。

2014 年以来，红岭创投自其开始发布大额标的已引得诸方纷纷争论，而后其创始人又主动曝光巨额坏账更是置红岭于风口浪尖，8 月 1 日的"福建 1 号"项目、8 月 29 日的 1 亿元坏账、2015 年 2 月 9 日再曝光 7000 万元坏账，在这些事件中，红岭本着透明、公开、垫付等态度赢取投资人的信任，启用风险准备金进行逾期垫付，成功化解大单坏账危机，获得了良好的危机公关效果并巩固了群众基础。

2015 年 8 月 16 日，红岭创投本标金融超市上线，作为行业第一家推出垫付模式的老牌 P2P 平台，首次推出不垫付的产品，接入去担保化转型的实践。本标·金融超市所推出的各类理财产品均是与银行、信托公司、保理公司、资产管理公司、证券公司、基金公司等机构合作，其收益率、投资期限和风险等级都有所差异，投资者可以根据自身需求挑选适合自己的投资组合。本标·金融超市是红岭创投回归互联网金融本质的新尝试，原有产品业务继续开展，垫付规则维持不变，进行新老产品双线发展。

5. 宜人贷

宜人贷作为 P2P 信用借款与理财咨询服务平台，由宜信公司于 2012 年推出。2015 年 12 月 18 日，宜人贷在美国纽交所上市，成为纽交所中国互联网金融第一股，股票交易代码为 YRD，向公众公开募集最高 1 亿美元。

宜人贷在上市前做了多方面的准备以提高综合竞争力。在资金托管方面，

2015 年 6 月，宜人贷与广发银行合作建立资金托管的创新模式，宜人贷成为拥有业界首个资金托管账户的 P2P 平台，实现了 P2P 资金托管模式由银行全程监督出借端和借款端的交易处理。宜信公司在广发银行开立了包括 P2P 交易资金托管账户、风险备用金托管账户和服务费账户三类账户，并由银行对用户 P2P 交易资金进行全面托管，并对宜人贷风险备用金进行监控预警，使得平台自有资金和 P2P 交易资金完全隔离，平台运营信息更加透明可循。其后，越来越多的平台开始参考宜人贷模式，建立与传统银行的新型资金托管模式，提升平台自律能力。

在运营能力及风控方面，宜人贷依托宜信多年来累积的风控经验与数据积累，运用大数据技术，于 2014 年推出全球第一款手机借款 APP，颠覆了传统信审方式，使得用户可仅仅依靠手机就能在 1 分钟之内获得授信额度，10 分钟完成批贷审核，最快几个小时就能收到借款，同时，每一笔借出资金都签署有受法律保护的债权合同。系统根据用户的授权对征信数据进行抓取和分析，能在短时间内确认用户的信用状况，并将零散数据集中起来形成征信资料。快速安全的征信机制既作为平台高效运营的基础，也为日后合法解决违约经济纠纷提供前提。宜人贷的极速模式为其奠定了领先的市场地位，也推动了行业内各类借款端及投资端轻应用的发展。

在宜人贷的招股书中，首次披露了宜人贷的经营数据，自 2012 年成立以来至 2015 年 6 月底，宜人贷共撮合了近 62 亿元的贷款。2013 年，宜人贷亏损 834 万元，2014 年亏损 450 万元，到了 2015 年 6 月末，仅半年时间宜人贷总净营收 7900.7 万美元，净利润为 1730.4 万美元，成功扭亏为盈。招股书显示，宜人贷的收入来自其平台收取的来自借款端的交易费及投资端的服务费，其中借款端的交易费占其中的大部分。此外，宜人贷业务主要依靠线下项目支撑：2014 年全年，宜人贷完成的借款达到 3.59 亿美元，其中线上渠道为 1.44 亿美元，线下渠道为 2.15 亿美元。2015 年上半年，线上和线下渠道交易额差距进一步拉大，分别为 1.92 亿美元和 4.06 亿美元，即在宜人贷借款端的构成中有 60% 左右的项目来源于线下。在不良率方面，根据招股说明书，截至 2015 年 6 月末，宜人借款逾期 60~89 天的借款占比 0.40%，逾期 30~59 天的贷款占比 0.70%，逾期 15~29 天的借款占比 0.90%，较快的借款增长速度以及较长的还款周期可能是宜人贷前期超低逾期率的原因。

五、风险事件与发展"瓶颈"

（一）风险事件

1. e租宝非法集资事件

2015 年年底，多地公安部门和金融监管部门发现 e 租宝经营存在异常，随即展开调查。公安机关发现，截至 2015 年 12 月 5 日，"钰诚系"可支配流动资金持续紧张，资金链随时面临断裂危险；同时，钰诚集团已开始转移资金、销毁证据，数名高管有潜逃迹象。2015 年 12 月 8 日，公安部指挥各地公安机关统一行动，对丁宁等"钰诚系"主要高管实施抓捕。

e 租宝是"钰诚系"下属的金易融（北京）网络科技有限公司运营的网络平台。2014 年 2 月，钰诚集团收购了这家公司，并对其运营的网络平台进行改造。2014 年 7 月，钰诚集团将改造后的平台命名为 e 租宝，打着"网络金融"的旗号上线运营。

据网贷之家和盈灿咨询监控，平台方面的整体数据明显异常。成交额、待收、投资人数都非常高，总成交量为 745.68 亿元，待售本息为 703.97 亿元，平均利率为 11.95%，平均期限为 9.09 月，借款人数为 1506 人，投资人数为 90.95 万人，人均借款金额为 4951.39 万元，人均投资金额为 8.20 万元，人均待收金额为 9.83 万元，待收投资人数为 71.57 万人。e 租宝的人均借款额明显过高。自 2014 年 1 月至 2015 年 11 月，行业单月人（企业）均借款金额最高为 39.50 万元，而 e 租宝借款企业平均借款 4951.39 万元，远远高于行业的平均水准。另外，e 租宝借款人方面数据显示，e 租宝平台的借款人（企业）中，借款金额为 5000 万元的最多，达到了 811 家。

据警方调查，"钰诚系"以高额利息为诱饵，虚构融资租赁项目，持续采用"借新还旧"、自我担保等方式大量非法吸收公众资金，将吸收来的资金以"借道"第三方支付平台的形式进入自设的资金池；资金运用上，除了一部分吸取的

资金用于还本付息外，相当一部分被用于"钰城系"高管的挥霍、维持公司的巨额运行成本、投资不良债权以及广告炒作。

2. 盛融在线违规自融

2015年5月14日，广州志科电子商务有限公司涉嫌非法吸收公众存款案已被刑事立案，该公司正是广州最大的P2P平台盛融在线的运营方，自2015年2月提现困难后最终倒闭。

盛融在线是广州成立最早且规模最大的P2P平台，数据显示，截至2015年2月10日，盛融在线总成交量为126.63亿元，待收本息共计达9.21亿元。其中，待收的投资人达10837人，人均待收金额为8.5万元。

关于盛融在线提现困难，多位业内人士指出，盛融在线出问题的真正原因在于逾越了假标自融、设立资金池、违规担保等多条红线，"刘志军本人借多个账号在平台上融资，是最大的借款人"。盛融在线暴雷后，投资人曾主动发起成立"投资者监管委员会"与刘志军进行交涉，获悉平台资金的兑付缺口是4.3亿元，大部分流向刘志军在江苏省宿迁市的一个科技园项目，但因仍处于前期投入阶段，尚无法回笼资金，盛融在线资金链就此断裂。

除了自融，违规担保也一直伴随盛融在线。2012年，盛融在线网站显示，其隶属于广东盛融融资担保公司，刘志军是该公司总经理。当年6月，广东盛融融资担保公司退出，公司更名为广州志科电子商务公司，此后相当长一段时间内，盛融在线的借款项目都是由这家公司担保。结束自我担保后，盛融在线的合作公司变更为刘志军担任过总经理的广州联炬科技企业孵化器。工商资料显示，联炬科技企业孵化器不是融资性担保公司，不具备担保资质，担保的数额也远远超过公司注册资本3333万元的10倍。

3. 里外贷高息"猝死"，曝出与房地产的"危险联姻"

2015年1月22日，北京P2P平台里外贷的法人代表孙友卫（同时担任执行董事）对外发布消息称，由于借款人未能归还款项并失联，该平台已无力继续垫付。年化40%的超高收益、高杠杆自融都成为压垮平台的最终"稻草"。

网贷之家研究院数据显示，截至2015年1月21日，里外贷总成交量22.48亿元，待收本息共计9.34亿元；平均借款期限为5.56个月，综合收益率为39.77%。数据显示，该平台有待收的投资人数为1830人，人均待收金额为51.06

万元。待收金额前 40 名的投资人，金额均超过 340 万元。其中，待收排行第一的投资人，待收金额为 1.74 亿元。数据同时显示，有待还的借款人数仅为 8 人，待还金额最高的借款人（即尚未还清款项的借款人），待还金额高达 3.2 亿元。上述 8 名借款人的人均待还金额达 1.17 亿元。业内人士同时指出，里外贷的新站加老站，待收合计或达 10 亿元以上。里外贷事件成为当时 P2P 行业涉及金额最大的一次兑付危机。

里外贷或涉嫌房地产开发商"自融"。据大公国际统计，截至 2014 年 11 月 21 日，该平台一共存在 150 个标的，其中同一借款人发布 60 个房地产相关标的，总计金额约 759 万元，且平台在 60 个不同债项中反复披露同一份协议。资金密集流向同一房地产公司，里外贷可能实为该房地产开发商所控制，具有为该公司自融的嫌疑。

过去两年多，受中国房地产行业转型压力，各房企、中介等机构为提早回收资金或提高房屋成交效率，均在不同程度上开展过类似首付贷、垫资买房等行为。房产类 P2P 平台、众筹项目遍地开花，根据网贷之家数据，2015 年正常运营的有房贷产品的 P2P 平台至少 644 家，房贷产品总成交量为 1155.32 亿元。实际上，现行的许多房产类 P2P 平台存在自担、自融、资金池风险。同时，房地产项目相较于短期小额的常规 P2P 平台项目有更高的信息错配、资金错配、债权错配风险。此外，这种 P2P 平台与房地产的关联加大了居民购房杠杆，还削弱了宏观调控政策的有效性，增加了金融和房地产市场的双层风险。

（二）2015 年问题平台情况

网贷问题平台数量多，以新平台为主，问题平台发生率比较稳定。首先，问题平台数量上升，同比增长率下降：据网贷之家的统计，2015 年全国网贷行业出现了 896 家问题平台，2014 年出现 275 家，2013 年出现 76 家；2015 年网贷问题平台同比增长了 226%，2014 年则增长了 262%。显然，2015 年问题平台在绝对数量上大幅上升，而同比增幅下降。其次，问题平台发生率比较稳定：在 2015 年，月问题平台发生率（一个月内问题平台的发生数量占全部平台数量之比）维持在 2%~6%，6 月问题平台的发生率达到了 5.81%，为全年最高。当月 125 家平台出问题，主要是和股市暴跌、投资人资金抽离有关。最后，问题平台涉及的投资人和贷款余额占比下降：在 2013 年及以前、2014 年、2015 年三个时间段，问题平台涉及的投资人数分别为 0.9 万人、5.5 万人和 17.8 万人，虽然人数在增加，但占网贷行业总投资人数的比分别为 3.7%、4.7% 和 3.1%，占比在下降。在上述三个时间段，问题平台涉及的贷款余额分别为 14.7 亿元、50.5 亿元及 87.6 亿元，占行业贷款余额的比例从 5.5%、4.9% 到 2%，也是明显下降。此外，四成多问题平台都是半年之内的新平台：2015 年，提供了成立月份及暴雷时间的问题平台中，有 492 家成立时间不超过半年，占比达到 43%，而成立时间在两年以上的老平台只有 38 家，占比仅 3.3%；对于成立半年之内的新平台来说，除了一些诈骗平台外，很多都还是试探性经营，发现不如预期最终关闭网站或者宣布停业，新公司不断试错，经营不善的导致关闭在很多行业都是普遍现象。

将问题平台情况与整个行业发展进行对比，2015 年，问题平台的发生数量增加与行业的规模增长基本同步。2015 年网贷行业迅猛发展，2015 年全年网贷行业成交量达到了 9823.04 亿元，相比 2014 年全年网贷成交量（2528 亿元）增长了 288.57%，网贷行业总体贷款余额已经达到了 4394.61 亿元，增长幅度为 324%。同时，网贷行业人气明显上升，2015 年网贷行业投资人数与借款人数分别达 586 万人和 285 万人，较 2014 年分别增加 405% 和 352%。此外，银行、上市公司、国资企业等实力机构纷纷布局 P2P 平台为网贷行业发展提供了一定背书，促进了行业规范。因此，从整个行业的多个维度综合考虑，关于问题平台的情况与影响应理性看待。

（三）行业发展难题

平台去担保化遇"瓶颈"。由于我国"刚性兑付"的金融环境，大多数 P2P 平台都推出了本息保障，通常会采取平台直接垫付或平台回购债权处理逾期贷款以保障投资人的本息收益，这在本质上就相当于承担了一定的信用中介职能，偏离了 P2P 去信用中介的本意。本息保障模式虽然是应对债务市场"刚性兑付"的现实选择，但实际上为平台带来信贷风险积聚的问题，自有资金有限的平台将难以充分保障投资者的本息。一方面，国内 P2P 项目具有类夹层融资的性质，其违约风险并不低，随着宏观经济增长的趋缓，当大量恶性违约事件发生，很多平台都将难以承担本息兑付的重负。另一方面，由于没有资本金约束，P2P 平台的信贷资产规模的扩张没有完全伴随相应资本金的追加，其抵御风险的能力与银行相去甚远，信贷规模越大的平台自身蕴含的风险往往越大。尽管有些 P2P 公司身后有国资企业，上市公司或者实力风投的强势支持，一旦平台遭遇巨额坏账，其"后盾"在法律范围内只承担有限责任，P2P 投资人会承担最终的损失。

信息披露制度尚不规范。P2P 网络借贷的信息披露应包含两个方面：第一是借款人的信用情况，第二是平台公司的经营情况。原则上平台应向投资人披露有助于其进行投资决策的全部信息，但从我国的实践来看，信息披露严重不足，且存在大量误导行为。对于借款人的信用情况，目前大部分平台披露了借款人的姓名与身份证号等信息，但此类信息对于评估风险几乎没有任何帮助，此外，部分平台甚至未做任何披露。实际上，大部分平台的保障能力有限，借款人的信用状况作为第一还款来源，对投资风险起到最为重要的保障。对于平台公司的经营情况，仅有部分业内领先公司披露了其基本的商业模式与公司的审计报告，但对于运作细节、交易文件以及不良率等敏感指标几乎都没有披露。不断规范信息披露制度，是改变平台自融和平台兜底状况的关键。

P2P 借入银行存管签约多落实少。截至 2015 年 12 月 24 日，至少有 25 家银行布局资金存管业务，超过 70 家 P2P 平台与银行签订资金存管协议。不过，正式完成银行存/托管系统对接的 P2P 平台，目前仍不超过 10 家。P2P 平台与银行之间的资金存管之路难走的原因在于：一方面，当前 P2P 平台的业务量并不算大，风险较高，银行对选择 P2P 平台开展资金存管业务十分谨慎，在注册资金规模、风控水平、高管资质等条件上都有严格要求；另一方面，相关监管细则未出台，一些 P2P 平台也在观望，毕竟接入银行资金存管系统，必须对原有的业务做出重度改造。

风险预警机制不完善。P2P 问题事件频发说明了建立 P2P 等高风险互联网金融业态的风险预警机制的必要性，尤其是建立负面信息向上汇报的渠道。构建风险预警机制的难点在于：对于高风险平台能够做到提前风险防范，减少事后风险处理的被动；不对健康经营的风险带来干扰，防止健康运营平台因为被错误风险警示而陷入危机。

第三章
2015 年互联网非公开股权融资发展情况

一、发展概述

　　互联网非公开股权融资，一段时间内也被称为互联网股权众筹。2015 年，央行等部委出台的《关于促进互联网金融健康发展的指导意见》将股权众筹定义为通过互联网形式进行公开小额股权融资的活动，但试点并未真正展开，因此我们关注的主要是互联网非公开股权融资。互联网股权融资中介机构为融资方提供诸如互联网网站或其他类似的电子媒介的融资平台。互联网非公开股权融资的融资方主要是小微企业，在融资过程中，企业会通过中介机构向投资人如实披露企业的商业模式、经营管理、财务、资金使用等关键信息。而投资人通过这些信息判断融资活动的风险，进行相应的投资行为。

　　2015 年，互联网非公开股权融资发展势头良好。截至 2015 年年底，累计上线平台达 117 家，覆盖 25 个城市，年内新增平台 54 家。2015 年交易规模约为 98 亿元，相较于 2014 年增长超 5 倍，其中 17 家中大型互联网非公开股权融资平台占据了市场约 80% 的份额，筹资额最多的 5 家平台分别为天使汇、爱创业、众投邦、京东东家、人人投。2015 年上线的部分平台发展速度远超之前上线的平台，如京东东家累计融资额约 7 亿元、36 氪累计筹资额约 3 亿元。此外，目前有 13 家互联网非公开股权融资平台有移动端 APP 入口。2015 年，互联网非公开股权融资领域总计获投就有 19 起，获投金额明显高于 2011 年至 2014 年。其中，36 氪获得的融资额最高，高达 1.5 亿美元。①

2015 年行业内有以下发展亮点值得关注。首先，随着一系列引人注目的互联网非公开股权融资项目融资成功，单个项目的参与人数、项目估值屡创新高，社会影响不断扩大。其次，行业规范化发展趋势明显：随着一系列监管政策的出台，互联网非公开股权融资行业的界定范围进一步明确；行业的管理模式更为规范；对以股权众筹名义进行的非法活动的治理也更具有针对性和突击性。最后，2015 年多个互联网非公开股权融资平台进行了模式上的创新，推动了资金管理的合理化发展，促进了投后和筹后管理的发展，完善了资金的退出渠道。

行业内另一值得关注的发展趋势是巨头渗入，互联网巨头纷纷进军互联网非公开股权融资，诸如京东金融、36 氪、蚂蚁达客、奇虎 360 等。此外，平台投资领域不断扩展，目前投资主要集中于生活服务、文化传媒、智能硬件、企业服务四大领域并且开始逐步向行业垂直领域发展。并且，随着行业的发展，一系列行业组织相继成立，继而带动行业内部交流加深。

2015 年中国互联网非公开股权融资行业快速发展，机构呈现多元化发展趋势。一些互联网非公开股权融资平台借助原有平台的影响力和资本等优势，发展十分迅猛，如京东东家、36 氪等；一些平台专注于投资领域的专业细分，挖掘自身竞争优势，如众投邦、人人投、大家投等；也有平台在行业竞争中销声匿迹，如奇点集众筹、魔方众筹等。随着行业竞争的加剧，互联网非公开股权融资行业的发展也从"草根探路"阶段走向专业与综合大平台掳夺的阶段。目前行业内已形成了具有一定特色和代表性的平台，如起步最早、规模最大、融资最快的天使汇；逐步培育起在新三板互联网非公开股权融资项目专业优势的众投邦；依托庞大电商平台和新媒体平台的京东东家和 36 氪；以及国内身边店股权融资行业的代表平台人人投。

随着 2015 年互联网非公开股权融资行业的快速发展，风险事件和发展"瓶颈"也随之显现。2015 年，我国出现了首例股权众筹案。此外，出现大量实体

---

① 资料来源：鸣金网 http://www.mingin.com/。

店股权众筹项目融资成功后跑路的现象，为该类互联网非公开股权融资带来巨大的风险。

目前，互联网非公开股权融资平台的发展面临以下"瓶颈"制约：优质项目有限、项目估值定价难、项目与投资人以及投资人内部的信任难以建立、投资人专业投资能力不足、项目审核和资金监管存在不足、难以保护融资项目的知识产权、由于缺乏有效的退出机制带来的流动性风险和机会成本，以及触犯法律的风险。这些既是目前行业发展所遇到的"瓶颈"，也是未来实现跨越式发展的突破口。

2015 年，"大众创业、万众创新"、"互联网+"方针政策的陆续提出，使互联网非公开股权融资行业在互联网金融领域开辟出一片创新蓝海。互联网非公开股权融资是互联网金融、普惠金融的重要业态和表现形式，为初创企业拓宽了融资渠道，降低了融资门槛，帮助初创企业融得智慧和市场，有利于完善创新创业的金融生态。随着互联网金融的发展，互联网非公开股权融资将逐渐释放出更多红利，让传统行业迸发出新的生命力，带动多样化创业服务的发展。

二、统计数据

（一）互联网非公开股权融资平台

据鸣金数据研究院不完全统计，截至 2015 年年底，累计上线互联网非公开股权融资平台 117 家，覆盖 25 个城市。其中，北京、深圳是互联网非公开股权融资集中地。117 家平台中，问题平台超过 13 家，超过 10 家平台没有项目上线，超过 25 家平台成功项目数为零。其中，第一众投、八方投、火焰股权、魔方众筹等 13 家平台网页无法打开，处于停止运营状态。

2014~2015 年，互联网非公开股权融资平台数量高速增长。2011~2015 年，总计上线平台 117 家，其中 2011~2013 年，互联网非公开股权融资处于萌芽期，3 年总计上线平台数只有 9 家。2014~2015 年上线平台总数是 2011~2013 年上线

平台数的 10 倍以上。2011~2015 年各年上线互联网非公开股权融资平台数如图 3-1 所示。

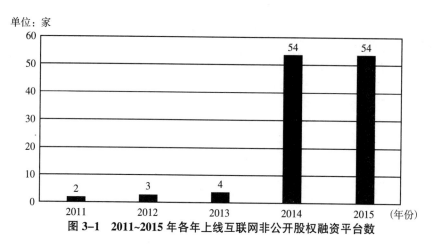

图 3-1　2011~2015 年各年上线互联网非公开股权融资平台数

从各互联网非公开股权融资平台地域分布来看，北京、深圳是平台集中地。据鸣金数据研究院不完全统计，互联网非公开股权融资平台覆盖 25 个城市，主要集中在北京、深圳、上海、杭州四个城市。其中，北京 35 家，深圳 27 家，上海 20 家，杭州 7 家。图 3-2 是 2015 年各地互联网非公开股权融资平台数量。

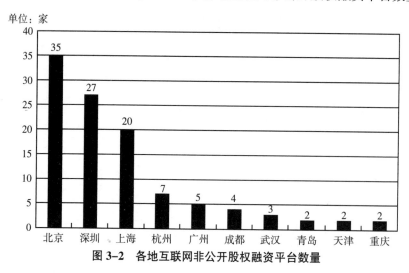

图 3-2　各地互联网非公开股权融资平台数量

（二）互联网非公开股权融资交易规模

互联网非公开股权融资行业 2014 年交易规模约为 15 亿元，2015 年交易规模约为 98 亿元，增长超 5 倍，其中 17 家大中型互联网非公开股权融资平台占据了市场约 80%的份额。[①]

据统计，累计筹资规模在 5 亿元以上的平台占 5 家，1 亿~5 亿元的平台占 12 家，多数平台成交规模较小，20%的平台占据 80%的市场份额。互联网非公开股权融资平台累计成交额如图 3-3 所示。

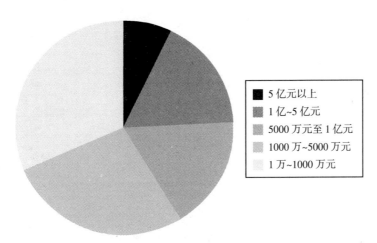

图 3-3 互联网非公开股权融资平台累计成交额

据统计，筹资额最多的 15 家平台大多定位清晰，在各自的领域各有优势。筹资额最多的 5 家平台分别为天使汇、爱创业、众投邦、京东东家、人人投。其中，天使汇为老牌互联网非公开股权融资平台，众投邦是一家专注新三板的平台，人人投是一家专注于线下实体店铺融资的平台，京东东家背靠京东，是京东金融旗下的互联网非公开股权融资平台。互联网非公开股权融资平台成交额最高的 15 家平台交易额如表 3-1 所示。

2015 年互联网非公开股权融资平台发展情况令人瞩目。京东东家于 2015 年 3 月上线，累计筹资额达 7 亿元。2015 年 6 月，36 氪股权融资平台上线，累计筹资额约为 3 亿元。2015 年上线的部分平台发展速度远远超过前几年上线的明星平台。一方面是互联网非公开股权融资的市场教育取得成效，民众对其认知度

---

① 注：天使汇、路演吧、天使基金网、微投网、遇见天使、天天投、信蓝筹、易众筹、我是天使、蝌蚪众筹、V2ipo 创客、黑马岛等数 10 家平台的数据未完全公开，估算统计入内。

提升；另一方面是伴随行业的发展，商业模式和运作方式日渐清晰，监管和法律日渐明朗，为后来的平台铺平了道路。2015 年上线平台筹资额排名如表 3-2 所示。

表 3-1　互联网非公开股权融资平台成交额最高的 15 家平台交易额

单位：万元

序号	平台	筹资额
1	天使汇	200000（估）
2	爱创业	183895
3	众投邦	71276
4	京东东家	69028
5	人人投	58392
6	投行圈	39715
7	天使客	36615
8	爱就投	33884
9	36氪	30000（估）
10	云筹	28067
11	众投天地	23082
12	中证众创	15700
13	投壶网	15651
14	88 众筹	14730
15	聚募众筹	13878

表 3-2　2015 年上线平台筹资额排名

单位：万元

序号	股权融资平台	筹资额
1	京东东家	69028
2	36氪	30000（估）
3	中证众创	15700
4	投壶网	15651
5	粤科创投界	10210
6	云投汇	6597
7	智金汇	6069
8	京北众筹	6050
9	蜂窝众筹	3895
10	豆丁汇	3200

2015 年，互联网非公开股权融资单个项目筹资额也引人瞩目。2015 年互联网非公开股权融资项目筹资额排名如表 3-3 所示：

表 3-3 2015 年度互联网非公开股权融资项目筹资额排名

序号	平台名称	项目名称	募资额 （万元）	支持人数 （万人）
1	88 众筹	赢鼎教育	13000	未公开
2	投壶网	"独角兽"——回音必集团东亚制药有限公司	12030	未公开
3	粤科创投界	棕榈旅游信息化服务平台	9300	未公开
4	中证众创	科商创投新三版 [S54149]	8780	未公开
5	聚天下	重庆地产项目	6300	27
6	爱创业	易动传媒	5483	未公开
7	91 众筹	太平橡胶，新三板拟挂项目众筹	5000	35
8	众筹邦	创东方新三板领投基金	5000	45
9	京东金融	熙金资本跟投基金	3500	31
10	京东金融	懵懂——智能孕育助手	3024.9	95

（三）互联网非公开股权融资平台 APP

据鸣金数据研究院统计，至少有 13 家互联网非公开股权融资平台有移动端 APP 入口。其中，京东东家统计的是京东金融的下载量数据，36 氪平台统计的是 36 氪 APP 的下载量数据。前 10 家互联网非公开股权融资平台的 APP 下载量如表 3-4 所示，其中监测时间为从各 APP 上线各应用市场的时间至 2015 年 12 月 31 日。监测数据的来源为各 APP 在监测时间内在各大应用市场的下载量（包括：360、豌豆荚、机锋、百度、安智、安卓市场、应用汇、应用宝、联想、易用汇联通、魅族、华为、OPPO、vivo）。

表 3-4 互联网非公开股权融资平台 APP 下载量排名

序号	平台名称	APP 下载量
1	京东东家	12479019
2	36 氪	1087142
3	人人投	42364
4	众投邦	39979
5	天天投	19400
6	天使汇	5240
7	众众投	4684
8	天使街	470
9	资本汇	401
10	投壶网	85

（四）互联网非公开股权融资领域获投情况

据统计，截至 2015 年 12 月 31 日，互联网非公开股权融资领域总计获投超 35 起，获投企业超过 23 家。其中，融资额最高的平台是 36 氪，36 氪于 2015 年 10 月获蚂蚁金服 1.5 亿美元战略投资。在 2015 年内，互联网非公开股权融资领域总计获投就有 19 起，获投金额也明显高于 2011~2014 年。2015 年互联网非公开股权融资平台的获投信息如表 3-5 所示。

表 3-5　2015 年互联网非公开股权融资平台获投信息

日期	平台	轮次	金额
2015-01-21	聚募网	天使轮	数百万元
2015-02-28	云筹	天使轮	200 万元
2015-03-19	天使客	A 轮	800 万元
2015-03-19	大家投	A 轮	1000 万元
2015-0-17	中筹网金	A 轮	1800 万元
2015-05-20	众投邦	B 轮	5000 万元
2015-05-22	云筹	A 轮	1764 万元
2015-05-30	京北众筹	天使轮	1000 万元
2015-06-18	企 e 融	天使轮	500 万元
2015-07-28	天天投	A 轮	数千万元
2015-07-30	百筹汇	天使轮	数额未知
2015-09-09	我爱我投	A 轮	数百万元
2015-09-19	头狼金服	天使轮	数百万元
2015-09-29	艺恩汇	A 轮	数额未知
2015-10-10	天使汇	B 轮	4000 万美元
2015-10-15	36 氪	天使轮	1.5 亿美元
2015-10-30	智金汇	天使轮	1000 万元
2015-12-06	筹道股权	A 轮	数千万元
2015-12-08	点石微投行	天使轮	数额未知

三、发展亮点

（一）行业影响增强

2015 年，互联网非公开股权融资行业的影响逐步增强，具体表现在以下几方面。

1. 参与人数增多

2015 年，互联网非公开股权融资单个项目的参与人数屡创新高。其中，WiFi 万能钥匙项目创下单个项目参与人数最多的纪录。2015 年 5 月 29 日，WiFi 万能钥匙在筹道股权融资平台上线，项目上线两个小时后认购意向总额突破 5 亿元，浏览量突破 10 万次。20 天内筹集成功，浏览量超过 300 万次，认购金额达到 70 亿元，超募 237 倍，共有 5712 人认购。

2. 项目估值升高

2015 年，参与互联网非公开股权融资项目的估值日益升高。其中，大众点评和美团合并的新美大平台的筹建融资是 2015 年度最高估值的互联网非公开股权融资项目。作为全球规模最大的本地生活服务平台，新美大在 2015 年前三季度的交易额高达 1180 亿元，月度活跃用户达 1.44 亿人。2015 年 12 月，新美大在投友圈发起一项互联网非公开股权融资，预计筹集资金 5000 万元左右，总募资 6000 万元。新美大宣称其估值达到 170 亿美元，创年度互联网非公开股权融资项目估值的最高纪录。

3. 社会影响增大

2015 年，互联网非公开股权融资项目更为引人注目。内地电影史上最高票房的动画电影《西游记之大圣归来》是由互联网股权众筹获得的资金拍摄而成。电影发行人路伟通过在微信朋友圈发布众筹资金信息，89 位投资人参与众筹投资，投资金额从 1 万元到十多万元不等，投资获益超 2200 万元，回报率超过 400%。该次众筹成为互联网非公开股权融资在影视方面的代表作，为后来的影

视产品进入互联网非公开股权融资提供了一个良好的范本，并且吸引了更多的社会目光关注互联网非公开股权融资这种新型筹资方式。

（二）行业规范化发展

2015 年出台的一系列互联网股权融资方面的监管政策，使 2015 年的股权融资行业呈现规范化趋势。

首先，明确了股权众筹行业的界定范围，着重强调"大众、公开、小额"这三个特点，并明确要求各股权众筹融资平台须遵守"投资者为特定对象，投资者累计不得超过 200 人，不得进行公开宣传、推介或劝诱"等各项规则。

其次，在对互联网股权融资行业的管理模式方面，规定更为特定和规范。其中对股权众筹定义的修改，将其划分为"公募"与"私募"，为股权众筹和互联网非公开股权融资行业的发展指明道路。在此背景下，2015 年 6 月 30 日国内首批公募股权众筹试点平台确定，京东金融的"东家"、平安集团的前海普惠众筹、蚂蚁金服的"蚂蚁达客"三家众筹平台已对接中国种群登记结算公司系统，并标志着非上市公司股票可以进行公开交易。"公募版"股权众筹牌照的落地可以在行业内激发大众消费类机构的参与，通过股权众筹方式进行融资，促进初创企业股权融资市场的繁荣。

最后，在治理以股权众筹为名的非法活动方面，相较于 2014 年的大范围排查，2015 年更为重视针对性和突击性，助推行业的规范化发展。

（三）模式创新

1. 资金管理合理化

互联网金融在发展过程中伴随着诸多风险要素，而传统银行机构具有较强的风控能力与丰富的风险管理经验。互联网非公开股权融资平台与银行机构加强合作，将使相关平台的资金管理更为规范。根据 2015 年出台的《指导意见》可以看出，未来互联网金融的资金存管与监管由银行机构承担是大势所趋。在该背景下，互联网非公开股权融资平台进行了相应的模式创新。2015 年，京北众筹与中国建设银行进行合作，成为目前国内第一家建立银行监管账户的互联网非公开股权融资平台，募资成功后，资金在建设银行的监管下，定向划转至融资企业账户，从而确保资金安全，使资金管理更为合理。

2. 投后与筹后管理发展

目前，大部分互联网非公开股权融资平台的精力主要集中在项目的融资推荐上，投后管理不足的问题十分严重，严重制约了互联网非公开股权融资的进一步发展。目前，国内 90%的互联网非公开股权融资平台尚没有系统化的投后管理方案。但是，随着 2015 年行业的快速发展，筹后管理开始受到平台的重视。在云筹率先推出筹后管理模块后，人人投、筹道股权等在业内先后推出类似模块。目前，云筹已形成包括筹后项目的现场巡检，项目投资人查阅定期发布的项目巡检报告，项目动态的实时了解，以及资源与资金的对接等一系列投后管理工作，尝试探索出一条不同于投资机构投后管理的股权融资项目筹后管理方案。

3. 退出渠道完善

2015 年，多个平台尝试改进投资模式，完善互联网非公开股权融资投资的退出渠道。以京北众筹为例，京北众筹已分别与上海股权托管交易中心、北京股权交易中心等交易所签订战略合作协议，将推进融资项目在股权交易中心进行挂牌交易，为投资者提供灵活有效的退出渠道。同时，跟投人可以在领投人退出时退出，同时可以通过平台协议转让所持全部或部分股权来进行退出。此外，浙江股权交易中心设立"浙里投"，深圳联交所推出互联网非公开股权融资托管登记转让业务，将来还有更多的互联网非公开股权融资平台与股权交易所加强合作，为投资者股份转让提供便利，解决股权投资的流动性问题，完善互联网非公开股权融资的退出渠道。

2015 年，国内出现的首个互联网非公开股权融资退出案例十分值得关注。2015 年 10 月 14 日，互联网非公开股权融资平台天使客宣布"积木旅行"项目的天使轮投资者全部完成退出。参与股权"众筹"的 41 位投资者共获得了 5 倍的投资回报，为互联网非公开股权融资的退出开了先河。

（四）巨头渗入

2015 年，互联网非公开股权融资行业另一重大变化是巨头渗入。2015 年 3 月 31 日，京东互联网非公开股权融资平台"东家"的上线，正式拉开了我国互联网巨头进军互联网非公开股权融资行业的序幕，其采取的多种运营模式成为了

后来新成立平台的范本，具有标志意义。2015 年 9 月 17 日，京东"东家"正式宣布上线消费板股权融资，其后推出的"雕爷牛腩"、"'老炮儿'演唱会"、"UR 服装"等项目，吸引了大量投资者的关注，巩固了"东家"在国内私募股权融资行业的地位。

2015 年 6 月 15 日，创业生态服务平台 36 氪宣布旗下股权投资平台正式上线，并将与蚂蚁金服达成全面战略合作。2015 年 10 月 15 日，蚂蚁金服宣布以"战略投资"方式领投 36 氪，多家投资机构跟投。36 氪背后平台实力雄厚。据众筹之家数据显示，目前 36 氪拥有超过 4 万个创业项目可供选择，公众号粉丝数超过 80 万人，覆盖 8000 万读者，拥有极强的创业项目曝光能力。因而，就新闻影响力而言，36 氪占据了绝佳的地位。

2015 年 7 月，中科招商主导创办的股权融资平台"云投汇"正式发布。该平台致力于运用互联网金融技术为新兴产业企业和项目投资人提供一站式投融资交易工具。

2015 年 11 月 21 日，蚂蚁金服旗下的股权融资平台"蚂蚁达客"测试版正式上线。虽然上线的平台仅仅是测试版，平台项目只有四个，但因背靠互联网巨头阿里巴巴，"蚂蚁达客"测试版上线后，便受到广泛关注，成为热搜词，新闻影响力巨大。据众筹之家数据显示，截至 12 月 17 日，"蚂蚁达客"平台上的项目已有三个达到筹资目标，项目交易板块均有大量投资人留言咨询，发展潜力较大。

2015 年 12 月 22 日，奇虎 360 股权融资平台"360 淘金"正式上线。360 淘金平台上显示，首批上线的项目有四个，基本属于文化娱乐和生活消费类，12 月 29 日开放投资。与其他平台不同的是，360 淘金将有别于传统领投与跟投的做法，合作顶级 VC 机构，选择顶级机构投资的 A 轮以后的创业公司，签订协议，通过债转股的方式进行。并尝试实现平台与大型 VC 机构间平等互利的合作，超越过去常见的依附关系。

（五）项目领域拓展与专业化发展

2015 年，随着一大批 O2O 项目的失败，互联网非公开股权融资平台从专注于 O2O 和 TMT 项目，向其他投资领域拓展。统计显示，2015 年互联网非公开股权融资投资主要集中于生活服务、文化传媒、智能硬件、企业服务四大领域，这与传统天使投资所追捧的领域具有一定的契合度。

此外，互联网非公开股权融资平台为增强自身竞争力，开始向行业垂直领域发展，从而帮助平台找准定位、突出专业性优势，精准地吸引特定投资人群反复投资，增加黏性并聚集该领域更多更好的优质项目。同时，垂直领域的股权融资平台能专注于整合相关上下游产业链资源，为创业项目提供更多后续服务，从而形成自身的竞争优势。以股权融资平台天使客为例，目前该平台中互联网科技领域份额高居投资份额第一位，金融大数据服务与教育紧随其后，医疗健康、旅游住宿、文化娱乐也是股权投资关注的重点领域。

四、行业格局

据鸣金数据研究院不完全统计，截至2015年年底，累计上线互联网非公开股权融资平台117家。在交易规模方面，2015年交易规模约为98亿元，其中17家大中型互联网非公开股权融资平台占据了市场约80%的份额。多数平台成交规模较小，20%的平台占据了80%的市场份额。

2015年，京东、阿里巴巴、平安、京北众筹、36氪、合伙圈等一些巨头及创新平台陆续进入互联网非公开股权融资行业，这些具有行业背景、雄厚资金实力支持的互联网非公开股权融资平台作为行业的新生力量将推动行业的发展进入专业化阶段。

（一）天使汇

天使汇是我国起步最早的互联网非公开股权融资平台，于2011年11月正式上线运营。它的平台定位是帮助天使投资人迅速发现优质初创项目以及帮助初创企业迅速找到天使投资的投融资平台。2015年，天使汇平台成交额居于榜首，发展势头强劲。

2015年，天使汇进行了一系列的模式创新以推动平台发展。平台完善了创业咨询服务。2015 年，天使汇开展了"100X 加速器活动"，仿照美国 VC 模式，帮助优秀的创业项目团队进行一系列的培训。在创业者端，天使汇成立了 Dot-geek 咖啡馆以及创业大街的宣传巨屏。从线下将创业者聚集起来，提供活动沙龙，线下广告宣传等一系列服务，弥补了天使汇线下流量，使得线上线下并举。目前，天使汇结合了合投平台、孵化器、媒体资源、持续的融资服务等来满足创业者与投资人需要的多种需求，比如为合创投机构下的项目提供免费在线工商登记服务；同时设立 1 亿元种子基金，投资合适项目。

　　天使汇投资领域广泛。从天使汇 2015 年半年报中可以看到，通过天使汇审核的项目中，以 SNS 社交网络、互联网金融居多，即目前广泛看好的行业为 MTM 行业。完成项目融资的行业大都是贴近生活的行业，有大众色彩又兼具互联网科技的特点。

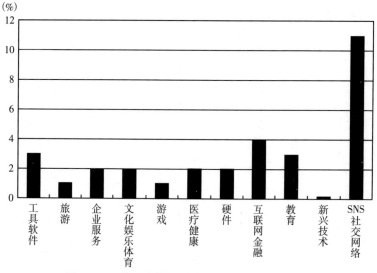

图 3–4　天使汇审核通过的项目行业分布占比[①]

_____

[①] 资料来源：天使汇 2015 年半年报。

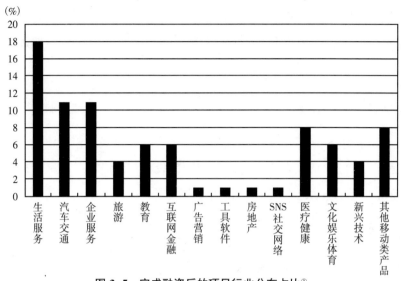

图 3-5　完成融资后的项目行业分布占比①

（二）众投邦

众投邦股权融资平台于 2014 年 1 月 20 日正式上线，是国内首家新三板互联网非公开股权融资平台，主要通过"主投 + 跟投"的模式帮助拟挂牌或已挂牌新三板的成长期企业进行股权融资。经过两年的发展，众投邦通过打造全面专业的团队、应用互联网专业技术以及发展线下丰富的活动，逐步培育了其在新三板项目互联网股权融资的专业优势。

目前，众投邦拥有较为庞大的数据库，平台每天有数百个活跃的投资人在寻找项目，融资项目过百。众投邦每年举办超过 50 场线下活动，与全国一百多家产业园区及园区招商局达成合作或潜在合作关系，建立近 2 万个线下项目渠道。同时与数十家知名投资机构和中介机构建立业务合作伙伴关系，如广州、深圳、东莞等区域排名前 20 位的投资机构均与平台开展或准备开展业务合作。2015 年，众投邦获得多家专业机构近 5000 万元投资。上线一年有余，众投邦成功募集资金项目 11 个，成交金额达 2.4 亿元。截至 2015 年年底，众投邦共完成 40 个千万级融资项目。2015 年众投邦全年融资排名第三位，多项融资项目引人关

① 资料来源：天使汇 2015 年半年报。

注，如中国领先的民营马业企业莱德马业于 2015 年 3 月获得融资 2200 万元；醋饮料品牌天地壹号于 2015 年 11 月获得融资 2500 万元；互联网金融媒体金评媒于 2015 年 12 月获得融资 1000 万元等。

（三）京东"东家"

2015 年 3 月 31 日，取名"东家"的京东金融股权众筹正式上线（后改称私募股权融资平台）。京东东家在业内首推"创投板＋消费板"的融资模式，其中创投板采取"领投＋跟投"模式，即由专业投资人或投资机构作为领投人，其他投资人进行跟投。作为回报，跟投人将向领投人或领投机构支付投资收益的 20%，以此吸纳有丰富经验和战略资源的优质投资者作为领投人，最大限度地提高项目选择的成功率，进而带动更多跟投人的加入。其中，领投人或领投机构负责与企业对接，帮助跟投人进行投后管理。此外，创投板还创新推出"小东家"名额，即每个创投板项目设立 1~10 个"小东家"名额，"小东家" 投资金额在 5000~10000 元。消费板由投资人定额投资。为了控制风险，东家会对项目进行严格把关，并对领投人或对领头机构提出较高的要求，要求必须在风投领域具有丰富经验，有一定的投资经历和从业时长，并且有成功的案例。而对于个人合格投资人的认证条件是最近三年个人年均收入不低于 30 万元，金融资产不低于 100 万元。

截至目前，"东家"帮助 89 个创业创新企业成功融资，总融资成功率达 92%，总融资额达到 11 亿元。例如，东家创投板项目星推网络已成功登陆新三板；小帅影院成功对接下轮融资，估值达到当初的 4 倍，投资人持有期回报率超过 300%；消费板"老炮儿"工人体育馆演唱会项目也成功推出，该项目折合包含实物回报后的总年化收益率在 100% 左右。此外，还有 23 个项目正筹备登陆新三板。

在项目类型方面，京东东家所选项目大多是以用户需求为核心驱动力的，如品质生活类、服务升级类、智能科技类、社群社交类的项目；在合作机构方面，东家目前已与国内红杉资本、经纬创投、真格基金、IDG 资本、戈壁创投等 50 余家主流投资机构建立合作；在投资人数方面，截至目前，超 6 万高净值用户在京东东家平台参与股权投资，重复投资率为 30%，10% 的投资人在平台投资项目超过 5 个；在项目退出方面，东家项目的主要退出方式包括 IPO、新三板及区域性股权交易中心、并购、后续轮次融资等。

"东家"背后依靠京东金融大平台。京东金融率先推出众创生态圈，打造一站式创业创新服务平台，为所有创业者开放。截至目前，京东众创生态圈已经覆盖京东资源、投资、服务对接、培训四大体系。其中，京东资源，包含京东商城、京东到家以及京东金融体系内的各个资源，涵盖渠道、物流、仓储、信息、支付等；投资，包括京东众筹雏鹰计划以及京东众创基金，通过直接或者资源投资，帮助企业度过成长的"瓶颈"期；服务对接，涵盖京东金融线上 B2B 平台以及线下的赴筹者联盟，能够为创业创新企业对接营销、品牌、运营、设计、法律、财务、咨询等；培训体系包含京东众创学院，为创业者提高创业导师和创业者社群。截至目前，京东东家的 89 个项目中有 9 成的项目对接了京东众创生态圈资源，京东东家的投后团队为项目的平均增值服务数均值为 2~3 次。目前，京东产品众筹、股权融资、众创生态圈已经形成"三位一体"格局，通过生态圈的资源对接，提高早期创业公司成功的可能性。

此外，"东家"还设立了国内首个跟投基金——熙金资本跟投基金，是指在股权融资平台上先期募集跟投基金，投资人把钱投给跟投基金，跟投基金再根据团队的专业判断，将投资人的钱投进不同的项目里，相当于投资了"一揽子"优质创业项目，分担了风险，整个投资过程将变得更高效、更安全。在目前私募股权融资市场培育还没有成熟的前提下，引入跟投基金对行业具有较大帮助。

（四）36 氪

2015 年 6 月 15 日，36 氪股权融资平台正式宣布上线。与众多互联网非公开股权融资平台类似，36 氪也采用"领投＋跟投"模式以降低投资风险。36 氪与蚂蚁金服进行了战略合作，于 7 月 8 日成为首家接入支付宝系统的融资平台，并计划未来在渠道互通、产品共建、技术和数据等方面展开进一步合作。2015 年 10 月，阿里巴巴旗下蚂蚁金服正式入股 36 氪。据 36 氪平台数据显示，平台上线 3 个月交易额破亿。截至 10 月中旬，36 氪平台上聚集了超过 3.3 万家创业公司，2000 多家专业投资机构及上万名投资人，其中有 4400 多家创业公司正在 36 氪平台上融资，通过私募股权融资平台融资金额超亿元。自 10 月下旬以来，上线项目数量增长提速，截至 12 月初，36 氪股权投资平台上线项目共计 41 个，融资金额已近 3 亿元，融资成功率为 97%，募集平均时长 8 天。

36 氪依托大平台出身。作为国内最大的科技类新媒体，36 氪于 2011 年成立，专注于互联网创业企业的报道。目前，36 氪公众号的粉丝数超过 80 万人，覆盖 8000 万读者。36 氪媒体作为 TMT 领域的权威媒体，已成为创投圈获取信息的首选渠道之一，其对创业公司项目的专业报道吸引了大批创业项目，这为刚成立的 36 氪股权融资平台积攒了大量人气。同时，36 氪进行了许多模式的创新。

在产品创新方面，36 氪首创老股发行产品，即已经步入高速成长期的公司的创始人在不改变公司实际控制权及股权结构的前提下，由创始人或持股较多股东出让少量股份，放入 36 氪平台进行股权融资。此种模式对投资人来说，既可以获得成熟公司的原始股份，从而实现低风险高回报，同时可以有机会参与投资规模较大的公司。对创业者来说，旧有模式出让的股权一般是由机构或单一投资人承接，而通过互联网非公开股权融资平台，投资人的数量将大幅增多，增多的投资人可以为创业公司带来更多的全方位资源。

在项目评价方面，7 月 27 日，36 氪发布了国内首款分析公司投资指数的专业工具——氪指数。该指数背后统计的数据维度有公司 Web 流量、APP 下载排名、搜索引擎指数、媒体微博关注指数及公司自身融资、规模、招聘信息等。通过对创业公司多维度的数据分析，氪指数可以帮助国内投资人降低投资风险，发现更多优质公司，为创业行业建立专业的评价体系。目前，氪指数已对国内近 3 万家互联网公司做了数据跟踪，涵盖了电商、社交、智能硬件、汽车、旅游等各类细分领域，每家公司都有对应的一个氪指数反映公司的成长趋势。对投资人而言，氪指数越高的公司，说明其成长趋势越好。

在产品投资退出方面，12 月 23 日，36 氪股权融资平台宣布推出行业首个退出机制"下轮氪退"，选择采用该机制的融资项目在正式交割完成后，企业在两年内的随后两次正式融资中，本轮股东均有选择退出的权利；如最终交割后的两年内，融资公司未发生任何一次正式融资，则退出期延长至最后交割后的三年内。

此外，36 氪股权融资平台还首次提出"将融资做到极致"的理念，创立定向邀请模式，即允许融资项目在预热阶段，由创始人或领投方邀请特定对象参投，可直接选定一些除了股权之外还能提供各种资源的潜在投资人，从而帮助创业者获得更合适的资源。

（五）人人投

人人投是国内身边店铺股权融资行业的代表，于 2014 年 1 月 15 日上线。人人投是以实体店为主的互联网非公开股权融资交易平台，针对的项目是以身边的特色店铺为主，投资人主要是以草根投资者为主。在模式创新方面，目前人人投已经自主研发了平台特有的财务监管系统以提升平台竞争优势。人人投上线的两年里，不仅为企业解决了一定的资金问题，而且还有利于改变中国传统的连锁店经营模式，打造麦当劳式的优秀连锁店铺。目前，平台成功融资项目逾 260 家、融资成功金额超 6.5 亿元，注册投资人达 260 余万人。

2015 年，人人投为提升自身竞争力，采取了一系列措施。首先是诚信体系的建立。2015 年上半年，人人投与 29 家业内知名互联网股权投资平台合作，打造行业联盟，同时与数家投融资机构以及征信等金融类机构合作，完善"黑名单"数据。此外，人人投投入了 5000 万元组织了追讨团队，虽然追讨团队一直广受争议，但也是目前最直接有效的为投资者维权的方式。

同时，人人投尝试建立互联网非公开股权投、融资生态链，即基于全方位满足平台投、融资双方的需求，通过引进保险、担保、资产处置、基金、征信等业务并进行有效整合的方式，加强完善平台产品、风控、融后等关键环节，降低或转嫁投资者相应的投资风险。2015 年 12 月，人人投已与保险业巨头"中国人保"达成合作协议，生态链迈出了实质性的坚实一步。

在股权融资模式的创新方面，人人投创造了"定向众筹"模式，即项目方向指定地区的投资人进行融资的行为。2015 年 3 月 7 日，"徒河黑猪"食品有限公司通过人人投平台，以"定向众筹"的方式为即将在北京建立的 10 家店融资，且只针对北京地区的投资人进行融资。"定向众筹"既能让项目方筹集到所需的资金，也让投资人把制造者、设计者、传播者、销售者、消费者的身份集于一身，降低了双方的沟通成本，使投资人成为项目更紧密的利益相关方。

五、风险事件及发展"瓶颈"

从广义的角度讲，互联网非公开股权融资属于风险投资的范畴。融资项目的全生命周期充满着不确定性，互联网非公开股权融资平台对于信息披露、风险管理的责任和义务就显得非常重要。随着2015年互联网非公开股权融资的快速发展，风险事件和发展"瓶颈"也随之显现。

（一）风险事件

1. 首例股权众筹案

2015年9月，全国首例股权众筹案尘埃落定。北京飞度网络科技有限公司（人人投）与北京诺米多餐饮管理有限责任公司互相起诉：北京飞度公司指责诺米多承租的房屋信息不实，存在欺骗行为，且调查发现该项目包括合同、经营数据、征信等多方面信息存在造假问题；诺米多指责人人投向86名投资人筹资，违反了《合伙企业法》关于"融资主体最多50人"的规定。

经法院审判最终认为，本案中的投资人均是经过人人投平台实名认证的会员，且人数未超过200人上限，从鼓励创新角度来讲并未违反《证券法》，而诺米多公司提供的证件难以完全排除可能的交易风险，因此应对合同的解除承担更大责任。所以，人人投平台胜诉。该案的结果确立了作为一种新型金融形态的互联网非公开股权融资具备一定合法性，是互联网非公开股权融资发展史的标志性事件。

2. 关店事件频出

2015年，关店事件频频发生。2015年3月，"宁波皇家范"项目在人人投平台上线并完成融资，项目方却在事后跑路；2015年4月，杭州首家众筹咖啡店"聚咖啡"因店铺房租贵、股东决策效率低等原因宣布停业；2015年5月，"三番服饰"项目在人人投平台上线并完成融资，项目方却是假冒的"三番服饰"品牌；2015年10月，长沙最大众筹餐饮"印象湘江"因资金断链、债务缠身，停业进行清算。除此之外，在北京建外 SOHO 集结了 66 位股东、132 万元众筹资金的"her coffee"，也在经营一年后倒闭关店；武汉的"cc 美咖"、长沙的"炒将餐饮"等众筹餐厅先后"暴毙"。

在这些失败案例中，投资人损失严重，平台方和项目方却难以追责，使实体店铺成为 2015 年互联网非公开股权融资中的最不可控的项目种类。目前，在如何把控实体店铺项目的风险上，仍存在较大争议。

(二) 发展"瓶颈"

1. 优质项目有限

股权投资一般较债权投资更为复杂，一些从股权投资角度看，投资价值较低的项目，从债权角度看，只要可以保障现金流、可靠的还款来源和抵质押物，却是十分优质的债权投资项目。所以，股权投资与债权投资项目数量上相去甚远。以天使投资为例，在考虑项目未来的成长性、想象空间、退出方式等方面的情况下，该类项目获得投资的比率一般不会超过 5%。

互联网非公开股权融资平台每天都展示大量筹资项目，项目良莠不齐。这些项目对于投资者存在着严重的信息不对称现象，导致平台存在严重的逆向选择现象。不好的项目反而会代替好的项目筹集到理想的资金，这种现象严重制约了互联网非公开股权融资的进一步发展。

2. 估值定价难

股权投资中对项目的估值至关重要。但股权估值一直没有通用有效的办法。二级市场可以通过高频率的交易来确定有效价格，同时有专业的机构进行专业的价格评估；但一级市场的股权投资的估值问题却缺乏相应机制。对于债券投资，投资的回报是十分确定的，非常易于沟通及达成统一；但对于股权投资却明显面临更大的风险。目前，我国互联网非公开股权融资平台始终难以避免估值问题，导致股权融资项目背后存在巨大的风险。

3. 难以建立信任

股权投资绝大部分是溢价增资，在没有建立充分的信任前，投资者往往会持有谨慎、怀疑的态度。仅仅通过目前现有的项目推介会、项目路演等活动难以建立起投资者对项目的信心。如何搭建创业项目与投资人间沟通的桥梁，加深投资

者对项目的了解，增加项目的可信程度成为平台发展亟待解决的难题。

此外，出资人内部的信任建立也至关重要。在互联网非公开股权融资平台上，出资人相互了解甚少。目前，有限合伙模式中起主导作用的是领投人，股份代持模式中发挥着至关重要作用的是代持人，数量众多的出资人如何建立对领投人或代持人的信任度是目前面临的一大难题。

4. 专业投资能力不足

互联网非公开股权投资参与者专业能力不足体现在两个方面：一是股权投资参与者没有足够的能力对企业或项目的风险进行准确的评估，若聘请第三方进行尽职调查则成本过高，难以承担；二是投资人投资金额不大、缺乏议价能力，且投资人人数众多、难以协调一致行动，因此，互联网非公开股权融资投资人通常不善于与融资企业协商估值问题，从而难以在项目成功后获得相应回报。

目前，国内的互联网非公开股权融资平台为解决投资人能力不足和信任缺失等问题，从国外借鉴的最通用模式即合投机制，由天使投资人对某个项目进行领投，再由普通投资者进行跟投，领投人代表跟投人对项目进行投后管理，出席董事会，获得一定的利益分成。目前的领投人，一般是业内较著名的天使投资人。但该措施虽短期有效，长期却存在明显缺陷。随着平台上项目快速增长，知名天使投资人数目有限，不知名的天使投资人难以获得出资人的信任。而知名天使投资人一旦参与项目过多，精力难以兼顾。此外，这种模式中领投方与跟投者之间的关系经常出现矛盾：2015 年初，部分项目以"税后利润用于公司长期发展"的理由拒绝进行股东分红，在一定程度上侵害了跟投者的利益；在项目退出时，由于领投人所拥有的信息资源远远大于跟投者，而对于领投人权利的界定又比较模糊，容易导致领投方和跟投者在项目退出问题上意见不合，甚至出现领投方与项目方勾结，变相压低跟投者的收益。所以，这种通用模式存在较大缺陷，亟待解决。目前，互联网非公开股权融资发展需解决的核心问题仍是如何提高投资人的专业投资能力。

5. 项目审核监管问题

项目审核方面，平台单方具有对筹资人提交的项目进行审核的权利，但目前对平台审核人员的监督缺失，审核环节也缺乏透明性。难以避免某些无法达到进入标准的筹资人项目通过单方与平台进行不正当的利益交换后，便可进入平台进行融资活动。同时，平台在其服务协议中往往也设定了审核的免责条款，即不对项目的信息真实性、可靠性负责。所以，平台项目审核实质上并没有降低投资人的投资风险，投资人依然需要花费大量成本进行项目的事前审查以降低合同欺诈的风险。

在监管方面，虽然规定互联网非公开股权融资平台有对资金运用监管的义务，但因参与主体的分散性、空间的广泛性以及平台自身条件的限制，在现实条件下难以完成对整个资金链运作的监管。甚至即使明知筹资人未按承诺用途运用资金，平台也无法对其进行有效制止和风险防范。此外，在项目运营过程中，投资人作为投资股东，在投资后有权利获得公司如何使用所筹资金和公司运营状况的相关财务信息。行业内虽对互联网非公开股权融资平台有类似规定，但实践中缺乏可操作性。为增强对资金运用的监管，只能依靠相关法律法规对平台的强制性要求，以及对不履行义务的重度处罚。同时，对于公司或平台发布或传递给出资人的相关信息也需要一定的专业律师认证，否则难以保证信息真伪，最终可能导致侵害股权投资人的权益。

6. 网络的公开性和知识产权保护间的矛盾

为了增加对投资者的吸引力，筹资者需要将自己的创意或企业业务在股权融资平台上进行详尽披露，包括设计思路、外观图片、市场定位、发展策略等。但该项目即使募集成功也需在数月的募集期结束后才能收到资金、开展生产；但在此期间，优秀创意极有可能被剽窃，盗版产品可能也已经在市场上推出。此时，项目原创者将产品推出时就会丧失其先入优势，实际收益将会大大降低，这就损害了投资者和筹资者利益。若此问题无法得到解决，投资者和筹资者将无法得到预期回报，参与热情将显著减弱，平台存续会成为问题。

7. 项目退出周期长

互联网非公开股权融资关注的是创业项目的未来发展，属于风险投资。股权投资的资金回笼期限非常不固定，一般来说，短则两三年，时间长的项目可能需要五年、八年甚至更长时间。因此，如何保证投资者信心，同时建立起资金流动和投资退出的高效渠道，都是互联网非公开股权融资发展过程中面临的巨大挑战。

目前我国互联网非公开股权融资的退出渠道比较狭窄，一般通过分红、并购和IPO上市三种形式来实现。但对于分红退出而言，由于互联网股权融资的股东持股比例通常非常低，可获得的分红非常少，再加之初创企业的利润又往往相当微薄，甚至长期不盈利乃至亏损，所以分红退出的可能性极小。对于并购退出而言，由于企业的经营信息不公开，市场价值无法有效评估，因此投资者很难找到愿意接盘的人。对于上市退出而言，初创企业失败率极高，大部分企业在五年内便会失败，能成功上市的极为少见，这导致投资人也很难通过此种方式获得回报。

项目退出周期长带来的便是流动性风险，即互联网股权融资平台无法如同传统股票在二级市场进行交易。这使得投资者的收益在项目初期的很长一段时间内无法兑现，投资资金存在相当大的流动性风险，并在一定程度上形成股权投资的机会成本，不利于股权投资更大规模地发展。

8. 触犯法律风险

目前，我国《公司法》规定，成立股份有限公司的股东人数应在 200 人以下，有限合伙制的股东人数应在 50 人以下。如果股权平台构成了向特定对象发行证券累计超过 200 人，就有违《公司法》，就会涉及非法集资的风险。2015 年 8 月 7 日，证监会发布的《关于对通过互联网开展股权融资活动的机构进行专项检查的通知》规定，未经国务院证券监督管理机构批准，任何单位和个人不得开展股权众筹融资活动。8 月 10 日，证券业协会发布《场外证券业务管理办法》，将"私募股权众筹"修改为"互联网非公开股权融资"。可见，此前很多股权众筹项目都游走在法律的边缘，日后互联网非公开股权融资的发展也应时刻注意法律的界限，防范触犯法律的风险。

第四章
2015 年互联网基金销售发展情况

一、发展概述

2013 年被称为互联网金融的元年，互联网技术开始加速改变基金行业。天弘基金联手支付宝推出余额宝，短短一个月时间，吸引 400 万投资者"蚂蚁搬家"100 亿元，彻底点燃了投资者的热情。在余额宝的示范效应下，众多互联网平台纷纷推出类似余额宝的现金管理工具。基金业老大华夏基金登陆我国目前最大的移动社交平台，在腾讯微信平台推出现金理财工具"活期通"；股票交易软件商同花顺也推出"收益宝"。从"余额宝"用 250 万名注册客户引发轰动，到淘宝全面筹备第一批基金网店、腾讯微信 5.0 布局金融支付，再到如今的苏宁易购试水，互联网金融无疑正如火如荼地进入"快车道"。电商企业群雄逐鹿，在一片生机勃勃的互联网基金销售平台下，暗藏的激烈竞争却也不可小觑。网售基金的蓬勃发展也对传统的银行理财业务产生了较大的冲击。在互联网金融迅猛发展的 2015 年，基金销售进一步在互联网平台上展开较量，这不仅推动了投资者对基金产品的认知，还加速推进了银行存款搬家，甚至影响了利率市场化的进程。

互联网基金销售规模快速增长，主要来自以下几方面的力量。

（1）以余额宝为代表的"宝宝类"货币基金，2015年仍保持较快增长。2015年年末货币基金规模超过4.4万亿元，同比增长超过110%，其中对接互联网的货币基金产品规模就超过2.2万亿元。

（2）代销机构的互联网化水平逐步提升，电子银行、独立代销机构网站都是重要的交易额来源。2015年，基金销售机构天天基金网共计实现基金销售额7432.55亿元，同比增长了323%。

（3）传统基金公司为了谋求利润，开始自建平台，布局互联网，这也是另外一种重要的互联网化渠道。

2015年是互联网平台基金大发展的一年，行业格局变化明显。包括腾讯、阿里巴巴、东方财富、小米、陆金所等互联网巨头金融平台的基金新品、新合作和销售"井喷"，互联网基金行业进入了新的发展阶段。

总体来看，目前基金互联网化处于起步阶段，互联网技术的运用，最多是将互联网作为一个销售的渠道，技术投入和用户数据的挖掘并没有得到充分的发展。在基金互联网化的过程中需要做好以下几个方面：一是用户至上。互联网金融的发展重点是将原来高高在上的金融产品以最直接的方式展现给用户，方便用户的投资，形成"自下而上"的创新改革。互联网基金的发展也需要符合互联网用户的投资习惯。二是以数据为王。对于互联网基金销售公司而言，掌握的是在投资最前沿所积累的用户数据，应该加大金融IT技术的投入，深挖用户价值，建立自己的用户数据体系，为后期互联网金融环境的构建提供数据支撑。三是金融生态构建。掌握金融用户数据，首先，能够方便金融产品推荐和广告投放；其次，对建立金融征信体系提供了数据支撑，为做网络信贷做好准备；再次，可以发展第三方支付打通资金流通渠道；最后，客户的投资偏好更能帮助基金公司进行基金产品的创新，加速一账户搞定所有金融投资的大资管时代的到来。

二、发展亮点

（一）"产品＋平台"是发展核心，基金公司积极拓展应用场景

"互联网＋基金"模式的发展，主要是从基金公司和互联网公司双向展开。基金公司通过基金官网、手机APP等自建平台或者和第三方互联网平台合作来实现基金互联网化。而互联网公司销售的产品主要来源于金融公司。但双方在发展过程中，受限于流量、产品、销售费用等多方面原因，都无法进行充分发展。互联网基金要发展，"产品＋平台"是发展的核心。一方面，金融企业充分发挥金融产品和服务的优势，加大IT投入；另一方面，互联网企业发挥流量和用户体验优势，增加金融产品开发投入。但目前来说，发展更多的是金融企业和第三方企业的联合。

目前，几乎所有的基金公司都开通了包括服务号和订阅号在内的微信公众号。一般地，通过服务号，投资者可以直接绑定基金账号，查询所持有基金的业绩情况、交易记录，甚至可以直接买卖基金，并同时享受人性化的在线服务。通过订阅号，基金公司可以为投资者提供一些专业的投顾服务，包括市场变化、基金价值分析、投资建议等内容。微信账号直接连接了基金公司与投资者，拉近了彼此之间的距离。有业内专家预测，哪家公司能利用好微信公众号服务客户并利用后台的大数据进行分析，实现精细化营销，哪家基金公司就能抢得互联网营销的先机。

此外，各大基金公司在基金互联网营销方面也做了很多新的尝试。中欧基金、富国基金、海富通基金等通过大量借鉴互联网公司的经验，引入互联网公司专业的技术人员，提升理财APP的设计水平。天弘基金成立互联网金融事业部，采用扁平化管理，减少多层级的申报流程，提高了投资效率和客户反馈效率。博时基金、南方基金、大成基金等公司在电商销售基础上，引入互联网公司的大数据技术，推出特色指数基金，或者通过基金粉丝网站"黏住"投资者。基金公司

的前台、中台和后台团队都在加速向互联网靠拢。

当然我们仍应看到，无论通过什么样的形式销售基金，作为普通投资者，我们最终购买的仍然是基金产品本身，最希望的仍然是通过所投资的基金产品获取超额收益，所以，基金公司如何借助互联网渠道提供更加专业的售前售后服务，仍然是投资者最为关注的。

（二）优势明显，互联网基金规模节节攀升

东方财富 2015 年三季报显示，2015 年前三季度东方财富旗下的天天基金网的基金销售额高达 6172 亿元，上线了易方达、华夏等 91 家基金公司的产品，销售额相比 2014 年前三季度的 1333 亿元激增 363%。统计显示，截至 2015 年年底，仅天天基金网一个平台的基金销量就相当于工商银行、农业银行和建设银行等传统营销渠道销量的总和。此外，包括蚂蚁金服、陆金所等知名机构也都强势进军基金代销业务，通过互联网平台销售基金。2015 年 8 月 18 日，蚂蚁金服推出一站式移动理财平台——蚂蚁聚宝，开始依托支付宝数以亿计的用户基数，以独立应用的形式，为大众用户提供一站式理财服务，上线首批代销了易方达等基金公司的产品。数据监控显示，上线几个月来，蚂蚁聚宝的用户数量出现了数倍的增长，在 2015 年 11 月 11 日当日，销售易方达聚盈 A 类基金就超过 3.8 亿元。

2015 年 9 月，P2P 互联网理财领先机构——陆金所加入了基金代销队伍，首家设立了易方达直销旗舰店，随后首批代销易方达等基金公司产品，代销易方达旗下 52 只基金。此后，代销基金数量不断增长，截至年底，代销各家基金公司合计 2000 多只基金。12 月 23 日，陆金所基金频道单日基金销量已超 10 亿元，成为互联网基金销售领域的"黑马"。

种种数据无不彰显出基金互联网营销的强大生命力。以东方财富网、数米网等为代表的第三方网络销售平台，凭借低廉的申购费用和高效的营销团队，表现强劲，在与传统销售机构的竞争中获得更多基金公司青睐。

（三）大数据基金成热点

大数据可谓 2015 年基金市场中最热门的概念之一，截至 2015 年年底，自称

为大数据基金的产品已有 12 只，引领了众多投资者的关注。大数据基金，顾名思义，是以互联网大数据为信息源，以挖掘其中有用信息为主要选股标准和手段的基金。大数据基金最早以指数基金的形态问世，随着市场对大数据的热度不断升温，产品形态也越来越多样化，加入了越来越多的人工选股因素。若按投资理念分类，可将这些基金分为被动指数型和主动管理型，主动型中又可分为混合型、股票型和保本型。

从业绩表现来看，大数据基金的确能在牛市中乘风破浪，但在市场宽幅震荡时，却没有体现出回撤小、收益稳定的特征。数据显示，截至 2016 年 3 月 16 日，最近一年有完整运作历史的大数据基金共有 2 只，平均收益率为-17.61%，低于同期偏股基金平均水平 10.44 个百分点；运作满 6 个月的偏股型大数据基金共有 9 只，平均收益率为-1.33%，低于同期偏股基金平均水平 0.43 个百分点。多数大数据基金净值走势跟随市场上下波动的幅度较大，虽然在 2015 年四季度的反弹行情中业绩跑赢市场平均水平，但累计收益依然差强人意。

从 2015 年的业绩来看，颇受瞩目的大数据基金，形态较成熟的指数基金并没有获得耀眼收益，且风险较大。而新发的偏股型基金大多尚在建仓期内，难言成败。至于保本型基金，目前还看不出与大数据思路沾边的迹象。在大数据基金的发展中，基金管理者的投研能力将起到越发重要的作用。

三、行业格局

互联网基金行业按照销售形式可以分为支付场景嵌入类、互联网代销平台类和基金公司直销类，典型案例分别有以余额宝为代表的互联网货币基金销售平台、以天天基金网为代表的第三方代销平台、以汇添富基金为代表的基金公司直销平台。

（一）支付场景嵌入类

综观支付场景嵌入类互联网基金行业，目前已经基本形成了余额宝一家独

大，理财通、现金宝等群雄并起的局面。余额宝在 2015 年维持了行业龙头的地位，而其他产品也趁势获得了巨大的发展。

1. 余额宝

2013 年 6 月 17 日，余额宝正式上线，十多天后客户数 250 万户，规模 42 亿元；5 个月后，规模突破 1000 亿元，成为我国基金史上首只破千亿元的基金；2014 年 2 月底，用户数达到 8100 万户，资金规模超过 5000 亿元，成为全球四大货币基金；截至 2015 年年底，余额宝规模增至 6207 亿元。目前，余额宝用户数量已经超过 2 亿户，超过了 A 股市场用 23 年时间发展起来的 6800 多万的股民数量。余额宝将支付宝中的余额直接购买天弘基金公司的货币基金产品天弘增利宝，既满足了用户对财富增值的需要，也使支付宝中的沉淀资金盘活，还帮助基金公司提升实力，实现三赢。余额宝模式成功的关键因素有很多，比如优秀的用户体验，客户权益保障，理财门槛的降低等，但最为核心的一点是传统互联网巨头用户和品牌实力的注入，本质上，余额宝的成功是互联网和金融合作的成功。

盘点余额宝的发展轨迹，如果说 2013 年是余额宝横空出世之年，2014 年是其腾飞之年，那么 2015 年无疑是余额宝的稳增之年。无论是用户数，还是规模、利润，均实现稳步增长。

2016 年 1 月 26 日，蚂蚁金服公布余额宝年度数据显示，截至 2015 年年底，余额宝规模增至 6207 亿元，连续三个季度稳定在 6000 多亿元，四个季度的季末规模均值较 2014 年上浮 14%；2015 年为"宝粉"赚到 231 亿元，成立两年多共创造了 489 亿元的收益。

截至 2015 年 12 月 31 日，余额宝用户数达到 2.6 亿人，较 2014 年年底增加 42%，蝉联全球单只基金的用户数冠军。这意味着，平均每 5 位中国人中即有 1 位"宝粉"，"宝粉"人数约等于英、德、意、法人口之和，仅次于世界第三人口大国，相当于 5 个韩国、12 个澳大利亚的人口。

具体到城市，余额宝用户最多的前十个城市分别是：北京、上海、广州、深圳、成都、杭州、重庆、苏州、武汉和东莞。余额宝相关负责人认为，这些城市之所以成为用户集中地，不仅因为这些地区经济相对发达，更重要的是有大量外来务工人员。余额宝统计数据显示，在广东、江苏、浙江、上海、北京 5 个地区，余额宝新增用户中，一半以上是非本地户籍。这说明，零门槛和便捷化的互联网金融产品，已成为经济发达地区外来务工人群的主要投资参与方式。另外，更多的用户增长则来自经济相对落后的地区。其中，四五线城市的余额宝用户规模增长速度最快，分别达到48.1%和45.5%，余额宝理财正从发达城市向小城市、县城普及。

对于理财市场而言，2015年是农村理财需求觉醒的一年。数据显示，2015年余额宝用户中，农村地区的用户规模同比2014年增长了65%，数量占用户总数的15.1%，相当于每7个余额宝用户中就有一个来自农村。据统计，"80后"、"90后"是农村理财大军的中坚力量，占到农村用户总数的近80%。其中，18~22岁的农村中学生和大学生用户的占比达到近20%，相当于每5个农村余额宝用户中就有1个是学生。

余额宝数据显示，2015年余额宝的"90后"群体数量进一步攀升，占比达到41.1%，"80后"余额宝用户占比32.9%。而2014年"90后"的余额宝用户占比只有32.9%，"90后"取代"80后"群体成为余额宝理财的中坚力量。这一切表明：在余额宝等普惠金融的推动下，全民理财时代正加速到来。

2015年6月以来，货币基金收益持续向常态回归，余额宝无惧收益考验，虽然收益随市场回归，但用户不离不弃，用户数年增四成；基金规模也并未如市场所担忧的那样出现缩水的情况，而是多数时间稳定在6000多亿元。

余额宝经受住了收益回归考验的背后，凸显出其强大的网购支付属性带来的客户黏性。秒杀速度快、体验简单、还能理财，余额宝强大的支付功能，确保了余额宝如此长久的生命力，使得它得以脱离传统理财产品收益影响规模的"地心引力"，影响力稳步攀升。

"后余额宝时代"，天弘基金除了优化余额宝支付属性、理财属性外，还大力拓展其社交属性。为"宝粉"量身打造了"宝粉网"，喊"宝粉"们回家，目前注册用户数已达2000万人，成为行业首家金融社交网站。天弘基金几大自媒体平台的粉丝数也接近千万。天弘基金还基于2.6亿"宝粉"的海量数据，打造了全球首只大数据情绪指数——余额宝入市意愿情绪指数，通过对余额宝资金流入股市的数据进行挖掘，用来刻画散户入市意愿，为做投资的"宝粉"们提供了有价值的投资参考。天弘基金发布的"天弘爱理财"APP，首创"场景化理财"新模式，设计了情侣、教育、养老等场景化理财，为不同理财目的的用户量身打造

理财新体验，让余额宝用户因余额宝结缘后，还能在天弘基金打造的"宝粉生态圈"中互助、互动，一站式地解决生活中各种理财需求，反过来增加对余额宝的使用黏性。2015 年的余额宝，波澜不惊处看点颇多。

2. 理财通

2014 年 1 月 22 日，腾讯与华夏基金合作的理财通正式登陆微信。理财通上线当天便公布 7 日年化收益率为 7.529%，而余额宝 7 日年化收益率为 6.46%。理财通只要一部智能手机，下载微信 APP，绑定银行卡，就可以方便地存入、转出。凭借腾讯强大的社交优势，理财通自 2014 年上线以来，截至 2016 年 2 月，总用户数已超过 4000 万人，累计为用户赚取 55 亿元，资金保有量超千亿元。

理财通始终恪守"广而精"的产品策略，坚持风险、收益、流动性三者动态平衡，已针对不同类型的投资需求，推出货币基金、定期理财、保险理财、指数基金四大类风险和收益高低不同的理财产品。

（二）互联网代销平台类

1. 天天基金网

东方财富天天基金网是一家由中国证监会批准的独立基金销售机构。天天基金网于 2007 年由东方财富网成立，其逻辑是东方财富网掌握股票投资资讯和金融数据分发的入口，在这一基础上向股民提供基金资讯，进行基金上市路演，并向基金收取一定费用。近年来，随着互联网销售基金的模式被越来越多的基金公司认可，天天基金网成为了基金重要的分销平台。目前我国共有 40 家这样的机构，天天基金排名前三位，无论是网站人气流量还是成交金额都属业内前列。

2015 年，A 股上涨和基金热带动了互联网渠道销售基金规模的"井喷"，其中以东方财富旗下天天基金网销售基金规模遥遥领先。东方财富 2015 年年报显示，截至 2015 年年底，东方财富网共上线 97 家公募基金管理人管理的 2889 只基金产品。2015 年，公司互联网金融电子商务平台共计实现基金认申购及定期定额申购交易 47395707 笔，基金销售额为 7432.55 亿元，其中"活期宝"共计实现申购交易 16400945 笔，销售额累计 4216.02 亿元。活期宝是天天基金网推出的一款针对优选货币基金的理财工具。充值活期宝（即购买优选货币基金），预期收益最高可达活期存款 11~23 倍。与其他互联网"宝类"产品相比，活期宝最大的特点是 7×24 小时随时取现，快速到账，不过单笔限额 5 万元，统一工作日累计限额 10 万元。用户也可以选择普通取现，不限额度，不限次数，资金 T+1 日划出，当日有收益。活期宝的另一个特点是资金可以在不同的货币基金之间互转（收益不间断），即活期宝资金可以同时投资多个货币基金，并且投资比例可以随时调整。

2. 蚂蚁聚宝

2015 年 8 月 18 日，蚂蚁金服推出一站式移动理财平台——蚂蚁聚宝，开始依托支付宝数亿的用户基数，以独立应用的形式，为大众用户提供一站式理财服务，上线首批代销了 900 只基金公司的产品。

蚂蚁聚宝集合了余额宝、招财宝和基金三种理财类型，通过一个账号打通。数据监控显示，上线几个月来蚂蚁聚宝的用户数量出现了数倍的增长，作为蚂蚁金服旗下的智慧理财平台，上线 6 个月的蚂蚁聚宝已突破了 1200 万实名用户，继支付宝、余额宝和招财宝之后，再一次刷新发展速度纪录。用户可以使用一个账号，在蚂蚁聚宝平台上享受余额宝、招财宝、存金宝、基金等各类理财服务。以易方达聚盈 A 类为例，在 2015 年 11 月 11 日当日销售就超过 3.8 亿元。

阿里巴巴凭借支付宝的巨量用户基础，前期采用零申购费、T+1 赎回资金到账的杀手级策略能很快就把市场份额抢过来。从此，个人不再需要在不同基金公司、股票 APP 上切换用户，真正实现了一站式理财购买。同时，客户在聚宝上的理财数据与芝麻信用能相互促进，也为后面的信用贷款提供重要依据。现在用户的支付和理财都在阿里巴巴的平台之上，芝麻信用的可靠性将进一步提升。

3. 陆金所

2015 年 9 月，P2P 互联网理财领先机构陆金所加入了基金代销队伍，首家设立了易方达直销旗舰店，上线三个月即代销各家基金公司合计 2000 多只基金，这让陆金所成为国内上线基金最齐全的互联网金融平台之一。2015 年 12 月 23 日，陆金所基金频道单日基金销量已超 10 亿元，成为互联网基金销售领域的"黑马"。

陆金所基金开放平台之所以能够发展迅速有四方面原因：一是在上线基金平台之初，陆金所就已经拥有超过 1000 万的用户，有基数庞大、高质量的用户基础；二是陆金所基金开放平台初期绝大多数基金申购费为 1 折，是行业最低水平，大大降低了客户投资基金成本；三是平台不仅基金数量多、品种全，而且通过陆金所资管联合平安证券为客户提供专业的基金投顾服务，定期推荐分类型的优质基金、精选热点主题和市场人气基金，为投资者提供参考，这也是陆金所基金平台与其他平台的重要差异之一；四是通过代金券等灵活的营销手段和对单一账户理财优势的大力宣传，使投资者更乐意选择在平台申购基金。

（三）基金公司直销类

汇添富基金是最早做强做大官方网站的基金公司之一，从系统的搭建、功能的完善、日常的运营到外部的推广合作都投入了大量的资源，因此积累了大量的用户。据汇添富基金公司官方披露的数据，2015 年一季度，汇添富基金规模实现了超 700 亿元的增长，电商渠道的新增规模达 200 亿元，这 200 亿元的规模主要来自官方网站。

2009 年 6 月，汇添富基金首创余额理财模式，推出现金宝。除了基础的余额理财功能全部具备外，汇添富基金的现金宝产品更加注重基金财富增值及财富管理的本质，打破了传统思维，使基金首次既具备了金融的专业性，又非常重视用户体验，是基金行业走向市场的先驱。6 年来，汇添富基金围绕现金宝账户进行了大量的创新，包括第一家实现货币基金支付，第一次实现赎回 T+0 到账等。截至 2015 年 12 月 31 日，现金宝资金规模达到 440.7 亿元。

汇添富基金在余额理财模式上布局比较超前。2009 年即推出了现金宝，4 年内积累了大量的互联网基金销售经验，现在无论是电子商务团队还是技术都走在了其他基金公司前面，占领了先机，在战略上争取了主动。同时，坚持积极创新。除了余额理财模式以外，汇添富基金先后在 2011 年和 2012 年创新实现货币基金信用卡还款业务和货币基金 T+0 交易，其中货基信用卡还款业务首次打通了"货币"与"资产"之间的界限，都是历史性的突破。

另外，在股票型基金方面汇添富基金同样取得了丰厚业绩。根据银河证券基金研究中心数据，2015 年，汇添富基金旗下主动股票方向基金的平均收益率高达 75.16%，大幅跑赢同期大盘 9.41% 的涨幅，在所有基金公司中排名前三位。注意，这是汇添富基金旗下多达 14 只偏股型基金的平均收益率，事实上，在规模具有可比性的基金公司中，例如，在前十五大基金公司中，汇添富基金的整体股票投资业绩高居第一。

四、行业风险与发展"瓶颈"

(一) 互联网基金风险

互联网基金的风险，首先是基金产品本身的风险。理论上而言，货币基金也可能出现亏损，互联网货币基金申购、赎回相对频繁，流动性风险不可忽视。但各类"宝宝"们对这种潜在风险提示不够，而是对其收益率过多宣传后附带提到存在风险的可能，并在服务协议中提出销售机构不承担亏损责任。大部分投资者对货币基金的运作情况并不了解，甚至没有认真阅读其购买协议。一旦"宝宝"类基金用户因收益亏损发生纠纷，由此引发的负面影响将难以估计。

对于股票、债券型基金，投资者在期望更高收益的同时，也面临着更大的风险。在"宝宝"类基金成功的鼓舞下，2015 年多家基金公司将一些权益类基金的投资门槛由 1000 元降低为 10 元，一些基金公司对权益类基金以"宝"之名推广。但投资门槛的降低和推广名称的变化并不会改变产品的风险属性。投资者不顾自己的风险承受能力盲目买入，可能面临难以接受的本金损失。存在母基金、A 类份额、B 类份额及上折、下折等较为复杂游戏规则的分级基金，则有着更大的投资风险。

其次，互联网基金销售机构可能面临合规风险。《证券投资基金法》规定，基金管理人、基金托管人和其他基金信息披露义务人应当依法披露基金信息，并保证所披露信息的真实性、准确性和完整性。然而互联网基金销售中所披露的信息往往突出收益率，用较高的历史收益率吸引眼球，对监管部门要求的"历史业绩不代表未来表现，基金投资需谨慎"等提示语，则放在不起眼的位置，有误导投资者的嫌疑。此外，《开放式证券投资基金销售费用管理规定》要求基金销售机构在基金销售活动中，不得采取抽奖、回扣或者送实物、保险、基金份额等方式销售基金。互联网金融《指导意见》指出，基金销售机构及其合作机构通过其他活动为投资人提供收益的，应当对收益构成、先决条件、适用情形等进行全面、真

实、准确表述和列示，不得与基金产品收益混同。这意味着一些互联网基金销售机构采取的送代金券、送货币基金等促销手段可能被判定为违反相关规定。

最后，第三方支付机构在开展基金互联网销售支付服务过程中，如果未遵守监管要求，违规使用客户备付金，可能会给投资者带来损失。

（二）发展"瓶颈"

互联网基金行业发展"瓶颈"主要来自平台、产品、投资者三方面。

1. 平台

第一，大数据利用率不高。当前互联网基金业务对大数据的深度挖掘和应用不够，服务平台技术含量低，数据的精准性和实效性较差，整体利用率不高，对互联网金融核心大数据的应用更多地停留在概念层面。

第二，产品与渠道困境。一方面，销售服务平台的产品供应、投资顾问以及信用评级功能类似于金融超市的导购功能，发挥了渠道作用；另一方面，对于渠道商而言，好的基金产品议价能力较强，销售平台在定价上不存在优势，而劣等的基金产品议价能力虽然较弱，但是又会影响平台的声誉。因此，仅仅把服务平台作为渠道，基金公司的优势难以得到发挥，未来随着金融产品差异化程度的加深，这一悖论会更加凸显。

第三，成本问题。无论是网售基金还是互联网基金，其最大的特点就是利用互联网成功实现了成本的降低，特别是营销成本的降低，可以说互联网给基金销售提供了一个低廉便捷的渠道。诚然，用互联网销售基金可以去掉多余的层级费用，在一定程度上有效降低销售成本。但是，互联网的风投模式让高投入成为一种常态，"烧钱"发展成为不少互联网企业的共识。

2. 产品

第一，产品同质化趋势严重。截至2015年年底，市场上在存续期内的公募基金达3000多只，其销售渠道也普遍布局于网络，基金的同质化竞争明显，"红海"已经成为基金业的新常态。另外，互联网的快速传播使得基金规模膨胀过快，基金变得更加臃肿，对于基金经理的管理能力提出了更高要求。但大部分基金经理都没有管理超大规模基金资产的经验，一旦出现市场波动，应对不及时的现象就会出现，极有可能引发风险性事件。

第二，非货币基金产品推介难度较大。对基金行业来讲，回归到产品本身，要想进一步创新，就得寻找一个能将风险和收益很好地结合起来的平衡点，这也是整个基金行业突破创新最大的一个难点。余额宝之所以被上亿的客户接受，一方面是货币基金产品结构较为简单，另一方面是货币基金风险比较小，符合大多数客户的投资风险偏好。但随着货币基金收益率下滑至正常水平，以及余额宝的规模增长速度放缓，投资人的热情逐渐趋于冷静。对于风险更大、对投资者能力要求更高的股票、债券型基金，简单利用互联网进行推介未必能起到良好效果，反而可能因为发生本金损失而使投资者失望、撤离。

3. 投资者

很多互联网平台在卖基金的同时忽视了投资者教育，没有授予投资者资产配置的知识，投资者选择基金时可能会不知所措，这也制约了行业的进一步发展。

在投资者利益受到损失时，最应该担起投资者教育重责的基金公司官方网站近乎集体处于"隐身"状态。以 2015 年分级基金下跌为例，除分级基金大户鹏华基金在其官方网站以图表形式介绍了分级基金认购、申购、配对转换流程、套利案例等投资技巧外，其他规模较大的基金公司均未设置分级基金产品介绍和风险提示相关栏目。此外，没有任何一家基金公司官网的投资者教育栏目被设置在显要位置，基金公司对于投资者教育的重视程度有待增强。

当然，部分互联网基金已经推出了切实有效的投资者教育行动。国投瑞银基金与蚂蚁聚宝合作参与"养基计划"，推出投资者教育专栏"饲养员说"。2015年 8 月上线的蚂蚁聚宝是蚂蚁金服推出的一站式移动理财平台，蚂蚁金服积累了支付宝的数亿用户，以理财"小白"为主。国投瑞银基金通过"饲养员说"这一专栏，每周推出两篇通俗易懂的理财类文章，有利于潜移默化地将理财"小白"用户培养成基民。

第五章
2015 年互联网保险发展情况

一、发展概述

互联网保险主要包括传统保险公司的互联网业务和专业互联网保险公司。按照《关于促进互联网金融健康发展的指导意见》的要求，传统保险公司在开展互联网业务时要遵循安全性、保密性和稳定性原则，加强风险管理，确保交易安全；专业互联网保险公司则应依据互联网性质，提供有针对性的服务。

2015 年，互联网保险业务发展迅速，互联网保险收入增长迅猛，整体规模持续扩张。据统计，2015 年我国互联网保险总规模达到 2234 亿元，同比增长了160.10%，与 2011 年规模保费 32 亿元相比，整体增幅达 6881.13%，年均增长率达 189.06%。2015 年互联网保险累计实现保费收入占保险全行业保费收入24282.52 亿元的 9.20%，较 2014 年提升 5 个百分点。其中，2015 年互联网人身险发展实现突破式增长，互联网人身险累计保费达到 1465.60 亿元，相当于 2014年同期的 3.15 倍，[①]占人身险行业全年保费收入的比例达 9.00%。截至 2015 年年底，共有 61 家公司开展互联网人身险业务，较上年同期增加了 9 家。2015 年互

---

① 中国保险行业协会《2015 年度保险市场运行情况分析报告》。

联网财产险累计保费收入 768.40 亿元，与 2014 年财产保险公司互联网业务保费收入 505.7 亿元相比同比增长 51.95%，占财产险行业全年保费收入的比例达 9.12%。截至 2015 年年底，共有 49 家公司开展互联网财产险业务，占 71 家财产险会员公司的 69%。

互联网保险近年来发展迅速，亮点频出。首先，2015 年互联网保险业务中最重要的增长力量来自互联网人身险，其收入首次突破千亿元，达到 1465.60 亿元，占人身险行业全年保费收入的 9.00%，占 2015 年全年互联网保险总保费规模的 65.60%，打破了以往互联网保险收入中以车险、财产险为主要份额的增长模式。其次，保监会相继推出了一系列政策法规，逐步为互联网保险的发展提供支撑，并适度宽松，在切实保护投保人、被保险人和受益人合法权益的基础上，进行规范化引导。2015 年出台的《关于深化商业车险条款费率管理制度改革的意见》和《互联网保险监管暂行办法》分别在商业车险条款费率管理制度改革和互联网保险发展的经营主体资格上进行了明确，引导互联网保险的健康发展。再次，互联网保险产品在发展过程中呈现碎片化、场景化特征，保险公司从过去推销已有产品，到充分根据客户需求设计产品，在满足客户需求的基础上将服务链延伸，向"按需定制、全产业链"的方式过渡。最后，基于互联网的大数据应用可以支持保险业细分风险，提供更精准的保险定价，提高行业风险识别和风险管理能力。

中国保险行业整体实力近年持续走强，垄断竞争格局特征鲜明。实力较强的保险公司，充分利用自身积累的资金与品牌优势，占据较大市场份额。而互联网保险的繁荣，为传统情景下实力稍弱的保险公司以及新兴互联网保险公司提供了一定的思路，其可以在产品上更加灵活，借助互联网实现突破。其中，富德生命、众安保险、泰康在线等公司表现突出。

互联网保险作为新兴行业，在快速发展中也存在着一定的风险。如网销万能险，因部分险企的万能险产品存在"长险短卖"等问题而受到监管层的密切关注，随着市场利率不断走低，负债端高收益率承诺连带的成本增加对资产端的投资管理、风控等能力要求相应提高。如产品创新风险，保险行业内部的数据积累、数据挖掘价值发现能力不均衡，经验不足，保险公司对创新型业务的合规性判断、产品开发、风险识别和风险定价能力还有待提升。再如频发的网络欺诈和不断增长的客户投诉，都对互联网保险行业的健康发展产生了影响。

总体来说，2015 年互联网保险迎来爆发式增长，保费收入再创新高，经营保险服务主体扩充，保险产品模式革新。灵活、快速响应的互联网与重资本的保险业的深度融合，带来保险需求的深度挖掘、重新定义，带来了原有保险业生态的改变。在可预见的未来，互联网保险将迎来新的增长与挑战，任重道远。

二、统计数据

2015 年互联网保险业务发展迅速，互联网保险收入增长迅猛，整体规模持续扩张。据统计，2015 年我国互联网保险总规模达到 2234 亿元，同比增长160.10%，与 2011 年规模保费 32 亿元相比，整体增幅达 6881.13%，年均增长率达 189.06%。2015 年互联网保险累计实现保费收入占保险全行业保费收入24282.52 亿元的 9.20%，较 2014 年提升 5 个百分点。开展互联网保险业务的人身险、财产险公司总数达 110 家，互联网保险发展驶入"快车道"。[1]

（一）互联网人身险

2015 年互联网人身险发展实现突破式增长，互联网人身险累计保费达到1465.60 亿元，相当于 2014 年同期的 3.15 倍，相较于 2015 年上半年增长了1012.80 亿元，增长百分比达 223%，占人身险行业全年保费收入的比例达9.00%。截至 2015 年年底，共有 61 家公司开展互联网人身险业务，较上年同期增加了 9 家。[2] 其中，互联网人身险累计保费收入前三名为富德生命、国华人寿、弘康人寿，保费收入依次为 332.81 亿元、173.95 亿元、134.54 亿元，前三家合计占 2015 年互联网人身险总规模的 43.76%。

---

① 中国保险行业协会《2015 年度保险市场运行情况分析报告》。
② http://money.sohu.com/20160214/n437302699.shtml。

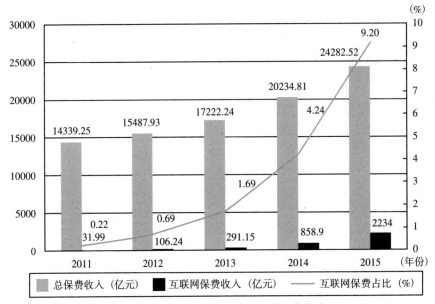

图 5-1　2011~2015 年互联网保险保费占比

表 5-1　2015 年互联网人身险累计保费收入排名

单位：亿元

排名	公司	保费收入	排名	公司	保费收入
1	富德生命	333	32	泰康养老	1.1
2	国华人寿	174	33	中银三星	1
3	弘康人寿	135	34	中华人寿	0.6
4	光大永明	125	35	中保健康	0.6
5	前海人寿	99	36	中法人寿	0.5
6	工银安盛	98	37	太平人寿	0.3
7	珠江人寿	96	38	平安人寿	0.3
8	阳光人寿	94	39	安邦人寿	0.3
9	建信人寿	93	40	招商信诺	0.1
10	华夏人寿	46	41	德华安顾	0.1
11	农银人寿	25	42	友邦保险	0.1
12	上海人寿	23	43	中德安联	0.1
13	渤海人寿	18	44	大都会人寿	0.05
14	中意人寿	14	45	恒安标准	0.05
15	泰康人寿	14	46	平安健康	0.04
16	平安养老	13	47	陆家嘴国泰	0.04
17	瑞泰人寿	10	48	同方全球	0.03
18	昆仑健康	8	49	信泰人寿	0.03

续表

排名	公司	保费收入	排名	公司	保费收入
19	人保寿险	7.3	50	和谐健康	0.02
20	东吴人寿	4.9	51	中韩人寿	0.02
21	合众人寿	4.5	52	幸福人寿	0.01
22	民生保险	4.1	53	信诚人寿	0.01
23	中国人寿	3.9	54	华泰人寿	0.004
24	太平养老	3.1	55	中英人寿	0.003
25	太保寿险	3	56	英大人寿	0.002
26	百年人寿	2.9	57	天安人寿	0.001
27	长城人寿	1.9	58	吉祥人寿	0.001
28	利安人寿	1.8	59	华汇人寿	0.001
29	复星保德	1.8	60	长生人寿	0.0004
30	君龙人寿	1.5	61	北大方正	0.0003
31	新华人寿	1.4			

资料来源: http://insurance.jrj.com.cn/2016/02/15101320554909.shtml.

从业务结构来看，人寿保险占互联网人身保险保费收入的96.6%，比例较上半年增长1.1%。其中，万能险和投连险在内的理财型业务保费占互联网人身险保费总收入的比例达83.2%，较上半年提高7%。互联网健康保险中，一年期及一年期以内的产品占互联网健康保险保费的比重达86.4%，为互联网健康险中的主要险种。互联网意外保险中，一年期以内的意外保险保费占据主要地位，在互联网意外保险的保费收入中占到66.1%。

从渠道结构看，2015年全年人身险公司通过官网实现的业务保费规模累计41.7亿元，占累计互联网人身险保费收入的2.8%。第三方平台如阿里巴巴（包括天猫、淘宝、招财宝、支付宝）、京东、网易金融、百度金融、陆金所以及网上银行等，依托自身流量、结算和信用优势，实现业务保费规模累计1423.8亿元，占累计互联网人身险总保费的97.2%。以短期险为主的意外险是次于寿险的第二大互联网人身险险种，虽然比例只占到互联网人身保险保费收入的2.7%，但从承保件数来看，互联网意外险产品占人身保险公司互联网保险业务承保件数的比例达67.6%。互联网意外险产品渠道结构发展较为均衡，各保险期间的产品占互联网意外保险官网保费和第三方平台保费的比例相对稳定。

（二）互联网财产险

财产险方面，2015 年互联网财产险累计保费收入 768.40 亿元，与 2014 年财产保险公司互联网业务保费收入 505.7 亿元相比同比增长 51.95%，占财产险行业全年保费收入的比例达 9.12%。截至 2015 年年底，共有 49 家公司开展互联网财产险业务，占 71 家财产险会员公司的 69%。其中，互联网财产险保费收入排名前三位的是人保、平安、太平洋，其累计保费收入依次为 336.36 亿元、235.93 亿元、42.87 亿元，三家合计占据 2015 年互联网财产险总收入的 80.06%。2015 年互联网财产险累计签单数量最多的为众安保险，签单数量达 2179719734 单，之后依次为华泰财险 298131019 单、永安保险 58620748 单。

表 5-2　2015 年互联网财产险累计保费收入排名

序号	公司	2015 年累计签单数量（单）	2015 年累计保费收入（亿元）
1	人保	17463311	336.36
2	平安	13300898	235.93
3	太平洋	13044313	42.87
4	大地	1288737	37.58
5	阳光	6333283	24.96
6	众安	2179719734	22.83
7	天安	615966	11.61
8	国寿财	2323841	11.39
9	中华	595557	9.65
10	太平	9595667	7.72
11	永诚	14381712	7.18
12	华泰	298131019	6.77
13	永安	58620748	3.13
14	安盛太平	1680412	2.88
15	英大	83457	1.46

资料来源：http://tech.sina.com.cn/i/2016-02-17/doc-ifxpmpqr4476263.shtml.

从业务结构来看，2015 年互联网车险累计保费收入 716.08 亿元，占全年互联网财产险累计保费收入的 93.20%，占据主要地位；非车险累计保费收入达 52.28 亿元，占比 6.80%。

从渠道结构来看，财产险公司通过第三方网站合作的业务保费规模累计 63.50 亿元，占比 8.26%。其中，双方合作的主要保险产品为车险、旅游险、意外险、家财险、电子商务交易险等。财产险公司合作的第三方网站主要分为综合类电商及门户平台，如阿里巴巴，合作保费为27.59亿元，占比第三方合作保费的43.44%；网易合作保费为6.96亿元，占比第三方合作保费的10.96%；垂直类网站如旅游类包括去哪儿网、携程网、同程网等，携程网合作保费为6.99亿元，占比第三方合作保费的11.00%，去哪儿网合作保费为6.47亿元，占比第三方合作保费的10.18%；航空类包括亚航官网、深圳航空等；汽车类包括风行汽车网；游戏类包括5173网站；单独的第三方平台主要包括保险360、E家保险、大家保网、江泰保险经纪、百川保险经纪、中民网、慧择网等。

此外，财产险公司通过移动终端（APP、WAP和微信等方式）实现保费74.83亿元，占比9.74%。其中，国寿财险、平安财险、大地财险、永诚财险、人保财险等24家财产险公司通过微信平台实现保费22.18亿元；平安财险、人保财险、中华联合财险、天安财险、太平洋财险等10家财产险公司通过APP/WAP实现保费52.65亿元。[①]

三、发展亮点

互联网保险作为互联网金融中的蓝海领域，一方面是带着纯粹互联网基因的互联网保险企业；另一方面是保险公司的互联网化、网销渠道的拓展，在2015年迎来了跨越式增长，具有诸多发展亮点。

（一）互联网保险发展迅猛，人身险表现突出

互联网保险在我国起步较晚，但发展极快。2011~2015年，我国国内经营互联网保险的公司已经从28家上升到110家，五年整体增速达292.86%，年均增长率达40.79%。2015年，我国互联网保险总规模达到2234亿元，同比增长160.10%，与2011年规模保费32亿元相比，整体增幅达6881.13%，年均增长率

---

① http://caifu.cnstock.com/fortune/sft_bx/201602/3708334.htm.

达 189.06%。互联网保险发展迅猛。其中，2015 年互联网保险业务中最重要的增长力量来自互联网人身险。2014 年互联网保险业务总保费规模为 858.9 亿元，人身保险公司保费为 353.2 亿元，同比增长 5.5 倍，占 2014 年互联网保险总保费规模的 41.12%。2015 年互联网人身险累计保费 1465.60 亿元，同比增长 3.15 倍，占 2015 年全年互联网保险总保费规模 2234 亿元的 65.60%，人身险收入占比较上一年增加 24.48%。2015 年前三季度互联网人身保险保费首次突破千亿元，实现累计年化规模保费 1181.9 亿元，是上年同期的 4 倍，同比增长高达 332.24%，较 2015 年上半年增长 161.02%，占人身险行业 1~9 月保费总收入的比例达到 6.3%。其中，仅 7~9 月的累计保费收入就达 729.1 亿元，高出 2014 年全年 353.2 亿元的水平，互联网人身险业务增长突出。

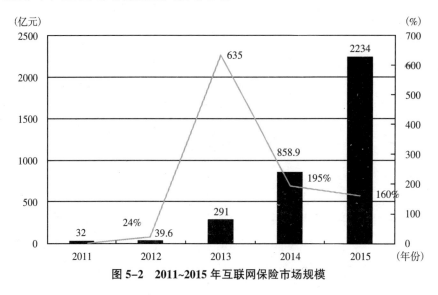

图 5-2 2011~2015 年互联网保险市场规模

（二）监管政策稳步推出，引导行业规范化

2011 年以来，保监会相继推出了一系列政策法规，逐步为互联网保险的发展提供支撑，并适度宽松，在切实保护投保人、被保险人和受益人合法权益的基础上，进行规范化引导。2015 年 2 月，保监会印发《关于深化商业车险条款费率管理制度改革的意见》，正式启动商业车险条款费率管理制度改革，新条款将商业车险条款体系纳入市场化因素，确定了由"保额定价逐步过渡到车型定价"，将出险理赔和违章记录等切实纳入车费率的计算中，要求"财产保险公司根据自

身实际情况科学测算基准附加保费，合理确定自主费率调整系数及其调整标准。根据市场发展情况，逐步扩大财产保险公司商业车险费率厘定自主权，最终形成高度市场化的费率形成机制"。另外，新条款还删除了旧版保险单中"次日零时生效"的约定，遵循契约自由原则，提高了商业车险投保人、被保险人的风险保障水平。2015 年 7 月，保监会印发《互联网保险监管暂行办法》（以下简称《监管暂行办法》），在互联网保险快速发展的大环境下，对互联网保险发展的经营主体、经营范围、门槛给予明确规定，引导互联网保险的健康发展。《监管暂行办法》第七条明确规定了互联网保险的险种范围，即（一）人身意外伤害保险、定期寿险和普通型终身寿险；（二）投保人或被保险人为个人的家庭财产保险、责任保险、信用保险和保证保险；（三）能够独立、完整地通过互联网实现销售、承保和理赔全流程服务的财产保险业务；（四）中国保监会规定的其他险种。《监管暂行办法》规定了保险中介机构的定义，称"保险机构是指经保险监督管理机构批准设立，并依法登记注册的保险公司和保险专业中介机构"，同时界定了自建平台、第三方平台以及与第三方合作平台的范围，并规定第三方网络平台经营开展保险销售、承保、理赔等保险经营行为的，应取得保险业务经营资格，且需要进行备案，对互联网保险的经营门槛进行了明晰，以监管细则的方式进行事前风险控制，引导互联网保险行业规范化发展。

表 5-3　互联网保险相关政策法规

印发时间	政策法规	主要内容
2011 年 4 月	《互联网保险业务监管规定（征求意见稿）》	促进互联网保险业务规范健康有序发展，防范网络保险欺诈风险，切实保护投保人、被保险人和受益人的合法权益
2011 年 8 月	《中国保险业发展"十二五"规划纲要》	大力发展保险电子商务、推动电子保单以及移动互联网、云计算等新技术的创新应用
2011 年 9 月	《保险代理、经纪公司互联网保险业务监管办法（试行）》	促进保险代理、经纪公司互联网保险业务的规范健康有序发展，切实保护投保人、被保险人和受益人的合法权益
2012 年 5 月	《关于提示互联网保险业务风险的公告》	除保险公司、保险代理公司、保险经纪公司以外，其他单位和个人不得擅自开展互联网保险业务
2013 年 4 月	《关于专业网络保险公司开业验收有关问题的通知》	针对专业网络保险公司开业验收，制定了有关补充条件
2014 年 4 月	《关于规范人身保险公司经营互联网保险有关问题的通知（征求意见稿）》	正式就人身险公司经营互联网保险的条件、风险监管等问题向业内征求意见
2014 年 12 月	《互联网保险业务监管暂行方法（征求意见稿）》	从经营原则、经营区域、信息披露、经营规则、监督管理等多个方面对互联网保险经营进行了规范

续表

印发时间	政策法规	主要内容
2015 年 2 月	《关于深化商业车险条款费率管理制度改革的意见》	正式启动商业车险条款费率管理制度改革，在包括黑龙江、山东、广西、重庆、陕西、青岛在内的 6 个省市启动改革试点。费率市场化改革后，保险公司拥有一定的定价权，可以根据自己的承包经验和经营情况进行调整，费率设计将更加灵活
2015 年 7 月	《互联网保险监管暂行办法》	对互联网保险发展的经营主体、经营范围、门槛等给予明确规定

资料来源：国金证券研究所 http://www.askci.com/news/finance/2015/08/07/16438ap93.shtml.

（三）互联网保险产品碎片化、场景化

互联网保险产品在发展过程中呈现碎片化、场景化特征。从产品开发角度来看，保险公司收集公共需求，形成基础产品，之后把功能化的产品打碎，用碎片化的产品配合不同客户的需求。互联网保险首先从易界定、易标准化的碎片险种起步，目前航空延误险、手机碎屏险等已初具规模。这种碎片化产品针对性强，专门满足某类垂直用户的个性化需求，在相应领域内迅速传播。与此同时，互联网保险公司通过嵌入消费场景，帮助消费者发现自身需求，轻松实现对用户的精准营销。如 2015 年推出的 APP 功能保险、账户安全险、数码产品延保、损坏类保险、保证金保险、退货运费险、旅行险等，深度结合场景需求，定向营销。

互联网保险在发展过程中，遵循互联网的特点、规则与习惯，对保险行业现有的产品、运营和服务进行革新。保险公司从过去推销已有产品，到充分根据客户需求设计产品，碎片化、场景化，在满足客户需求的基础上将服务链延伸。保险产品和服务同质化的问题得到改善，客户体验得到了极大的提升，增加了后续业务的可持续性。未来，互联网保险将从简单的网销渠道的拓展向"按需定制、全产业链"的方式过渡。

（四）大数据技术应用，提升行业风险控制能力

大数据技术应用为互联网保险的发展提供了极为重要的支撑。与人们的生活、工作、娱乐相关的详细数据将帮助保险公司分析客户数据形象，在产品开发上获得优势地位。与此同时，基于互联网的大数据应用可以支持保险业细分风险，提供更精准的保险定价，提高行业风险识别和风险管理能力。例如，车联网

与保险的结合，将可能改变汽车保险的定价规则。保险公司可以通过在汽车上加载车联网设备，获取驾驶人的驾驶行为信息，并将数据纳入车险定价中，实现差异定价。又如，可穿戴设备与健康管理以及保险的结合。行业通过可穿戴设备收集客户健康数据，为客户的生活习惯提供优化意见，并建立健康保险产品费率厘定的新模型。再如，保险公司未来可以利用气象大数据，将自然灾害的风险定价细分到农业生产，为农业保险提供更精准的定价服务。

四、行业格局

中国保险行业整体实力近年持续走强，垄断竞争格局特征鲜明。2015 年，中资寿险原保费收入的前三名占据中资寿险市场 46.03% 的份额，前五名占据市场 59.34% 的份额；前三、前五大中资财险公司分别占据中资财险市场的 65.36%、76.24% 的份额。保险市场份额集中，表现出明显的垄断竞争特征。

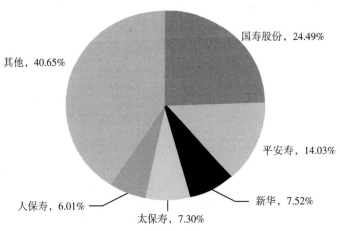

图 5-3　2015 年中资寿险市场份额

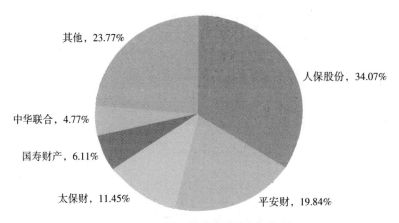

图 5-4　2015 年中资财险市场份额

实力较强的保险公司，充分利用自身积累的资金与品牌优势，占据较大市场份额。而互联网保险的繁荣，为传统情境下实力稍弱的保险公司以及新兴互联网保险公司提供了更有效的解决思路，其可以在产品上更加灵活，定制出符合特定客户群需求的产品，充分发挥自身优势，形成良性的竞争市场格局。2015 年，互联网人身险呈现爆发式增长，互联网人身险前三名依次为富德生命、国华人寿、弘康人寿，这些传统情境下并不突出的公司在互联网场景下迎来了崭新机遇。互联网财产险中，人保、平安、太平洋三者占据了互联网财产险收入的 80.07%，呈现出寡头主导格局。传统财产保险企业借助官网直销和第三方平台拓

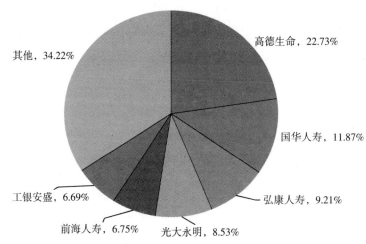

图 5-5　2015 年互联网人身险市场份额

展业务，迅速拓展积累优势，延续已有行业格局。与此同时，众安保险作为第一家专业互联网保险企业，占据财产险市场 2.97% 的份额，也表现出极强的增长与生命力。

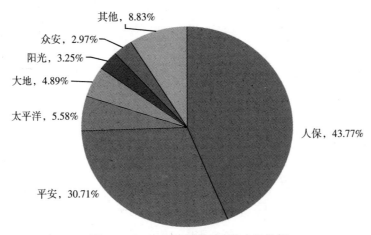

图 5-6　2015 年互联网财产险市场份额

　　2015 年，互联网保险行业中表现极为突出的公司包括 2015 年互联网人身险收入最高的富德生命人寿，第一家专业互联网保险企业众安保险以及第二家获批的互联网保险公司泰康在线。

（一）富德生命人寿

　　富德生命人寿保险股份有限公司是一家全国性的专业寿险公司，成立于2002 年 3 月 4 日，由富德控股（集团）有限公司、深圳市华信投资控股有限公司等企业控股。公司现注册资本为 117.52 亿元，总资产达 4000 亿元，是国内资本实力较强的寿险公司之一。富德生命人寿提供包括人寿保险、意外险、健康险和养老保险在内的风险保障解决方案和投资理财计划，目前在售寿险产品有 100多款，通过个人营销、银邮代理、团险销售、电子商务、电话销售等多个渠道对外提供产品服务。富德生命人寿近年来发展迅速，已发展成为拥有数十家子公司的综合金融集团，在经营管理、产品开发、客户服务等方面不断创新发展。

　　根据最新统计数据，富德生命人寿公司 2015 年年度规模保费由 2014 年的700 亿元增长至 1600 亿元，同比增长 133.7%，市场排名位居前三，仅次于国寿、

平安。与此同时，富德生命人寿 2015 年互联网人身险保费收入为 332.81 亿元，位列第一，是第二名国华人寿 173.95 亿元的 1.91 倍。其中，官网销售渠道累计保费收入达 2.93 亿元，占全年互联网人身险保费收入的 0.88%，第三方平台实现保费收入累计 329.88 亿元，对全年互联网人身险保费收入的贡献率达 99.12%，起着关键作用。

2015 年，富德生命人寿秉承"大产品理念"，以产品为基点，优化全流程。从客户需求入手，寻找到客户"痛点"，进行产品设计研发、中台系统开发，再到之后的市场推介、客户跟踪、意见反馈、改正优化，形成生态良好的闭环系统。产品贯穿保险业务经营的始终，将前台（销售团队）、中台（客户服务团队）、后台（IT 运行、财务服务、资金投资）等不同经营层面沟通。根据富德生命人寿的规划，其将争取在未来 5 年实现"全面进军第一集团，打造一流行业标杆"的战略目标，公司将从盈利模式、现金流来源、新业务价值和运营效率入手，通过 3~5 年时间的调整，逐步实现长、短利差及死病差的平衡发展。

（二）众安保险

众安保险，全称"众安在线财产保险股份有限公司"，2013 年 11 月 6 日揭牌，由蚂蚁金服、腾讯、中国平安等企业发起成立。作为首家专业互联网保险公司，众安保险旨在以技术创新带动金融发展，其最初从电商场景切入业务，从退货运费险、保证金保险等创新型产品起步，如今已完成投资型产品、信保产品、健康险、车险、开放平台、航旅及商险等多个事业线的搭建，范围涵盖与互联网交易直接相关的企业/家庭财产保险、货运保险、责任保险、信用保证保险；短期健康/意外伤害保险；机动车保险；上述业务的再保险分出业务；国家法律、法规允许的保险资金运用业务；保险信息服务业务等。截至 2015 年 12 月 31 日，众安保险累计服务客户数量超过 3.69 亿，保单数量超过 36.31 亿张，在 2015 年 11 月 11 日，创造了 2 亿张保单、1.28 亿元保费的纪录。

众安保险在发展初期借助阿里巴巴平台，推出退运险、互联网账户保障险等，被用户所熟知。2015 年 5 月，众安保险业务触及车险，保监会同意其在业务范围中增加"机动车保险，包括机动车交通事故责任强制保险和机动车商业保险"及"保险信息服务业务"。2015 年 6 月，众安保险获得 57.75 亿元的 A 轮融资，新增摩根士丹利、中金、鼎晖投资、赛富基金、凯斯博 5 家财务投资机构，估值达到 500 亿元。2015 年 10 月，众安保险获保监会批复四款投资型财险，规模总计 120 亿元，这是众安保险首次涉足投资型保险，大规模的保费扩张为公司估值带来想象空间。

2015 年，众安保险创新业务，并推出了多个互联网产险产品。5 月，众安保险取得车险牌照，与平安保险联合成立首个互联网车险品牌——保骉车险，突破传统业务在定价上的局限，实现多维度因子定价。7 月，众安保险与云计算服务商阿里云共同宣布，推出国内首款云计算保险，根据保险条款，众安保险承保阿里云用户在使用过程中遇到的数据安全、云服务、硬件设备、网络通信故障等问题，同时对数据的 100%私密性、100%可销毁性等提供保障。未来，众安保险计划与阿里云推出更多用户可自主选择的增值保险服务，如用户遭遇黑客攻击造成损失的保险服务，用户可为自身系统投保以获得更高保障。8 月，众安保险推出与可穿戴设备及运动大数据相结合的健康管理计划——"步步保"，在小米运动、乐动力 APP 中开设入口，以运动量作为保费、保额的定价依据，投保后每天运动步数与下月需缴纳保费挂钩。众安保险还于 8 月推出国内首款互联网法律诉讼维权保险——"维小宝"，保险期间，当事人无论是原告或者被告，都适用这款保险。此外，"维小宝"还免费提供 1~3 次每次时长为 20 分钟的律师电话咨询服务。11 月，众安保险推出了全球首款大数据智能医疗保障计划——"糖小贝"，以腾讯糖大夫血糖仪为载体，与医疗深度结合，可以为糖尿病患者提供专业的医疗建议，同时可以根据糖尿病患者的生活、医疗习惯等数据，进行浮动的保额设计，激励患者通过饮食锻炼等健康生活方式控制血糖，主动管理健康。众安保险作为搭建在"云上"的金融机构，基于云服务平台，应对互联网海量高速的业务需求，充分汲取了其控股公司蚂蚁金服在应用场景、互联网技术、大数据、征信、风控能力等方面的优势。

截至 2015 年年底，众安保险已与 100 余家公司展开基于不同行业场景的业务合作。其中包括阿里巴巴、百度、腾讯等大型互联网企业，也有招财宝、小赢理财等互联网金融平台，还有 Airbnb、大疆科技、华大基因、蘑菇街等知名创业公司，以及平安保险等传统保险公司。众安保险充分发挥自身核心优势，基于场景定制进行产品的开发设计，快速响应需求；基于互联网大数据进行产品的创新

定价，动态调整；直接面对客户进行销售，无缝接入场景，后续理赔服务流程化，迅速透明。

（三）泰康在线

作为获批的第二家互联网保险公司，泰康在线财产保险股份有限公司于2015年11月18日正式在武汉挂牌成立，注册资本金为人民币10亿元。泰康在线由泰康人寿和泰康资产管理公司共同发起设立，是传统保险公司发起设立的第一家互联网保险公司。泰康在线此前是泰康人寿网销的主要平台，此次申请财险牌照成立互联网保险公司，旨在与互联网场景更好融合，并借助泰康人寿资源，布局产、寿险结合。

2015年，泰康在线不断整合线上线下资源，开拓互联网保险业务，提供创新保险产品，打造"活力养老、高端医疗、卓越理财、终极关怀"四位一体的互联网生态圈。在已有养老、健康、意外、定寿等保险产品的基础上，泰康在线进一步研发贴合互联网场景的财险产品，提供更加符合互联网生态、更加全面的风险解决方案，产品线涵盖互联网财产险、旅行险、健康险、意外险、年金和投资连结险等。2015年11月，泰康在线推出"Ai（癌）情预报"产品，不同于传统防癌保险在被保险人患癌后再理赔的方式，其创新保险产品责任，设计三步筛查方案，包括国内资深专家制定的评估标准——国家工程实验室推出的肿瘤标志物筛查——当地权威医院检查三步，为评估结果为低危的人群提供误判的保障，为评估结果为高危的人群提供并安排下一步筛查和报销费用。这款互联网保险产品帮助人们更早发现癌症风险并及时治疗，提升人群对癌症预防和早筛的意识。此外，其大大简化步骤，全在线体验完成，并凭借9.9元的产品定价，实现了较好的人群覆盖。未来，泰康在线将继续凭借泰康人寿的资源优势，进行互联网保险产品的运营。

五、行业风险

(一) 网销万能险"长险短卖"

万能险是兼具投资和保障两项功能的人身险产品，投保人交到保险公司的保费会分别进入两个账户——风险保障账户和投资账户。其中保障额度和投资额度可由投保人自主设置，可根据投保人不同时期的需求进行调整。投资账户的资金由保险公司代为投资，下设最低保障利率。万能险具有缴费灵活、保额可调整、账户价值支取方便等特点。网销渠道的迅速拓展为万能险保费收入增长提供了重要支撑。

2015年2月16日起，万能险费改全面启动，取消了万能险最低保证利率不得超过2.5%的限制，最低保证利率由保险公司根据产品特性、风险程度自主确定。与此同时，随着国内利率持续下行，万能险作为储蓄型保险产品的收益优势进一步凸显。网销万能险收益率不断攀升，受到市场的追捧。2015年万能险销量持续增长，保户投资款新增交费（主要为万能险）达7646.56亿元，同比增长95%，占寿险公司总保费的32%，较2014年提升逾8个百分点。不过，网销万能险因部分险企的万能险产品存在"长险短卖"等问题而受到监管层的密切关注。早在2014年9月，网销万能险被集体要求整改，"网销保险过分强调收益，忽略保障功能"被认为是整改主因。2015年9月，淘宝、招财宝等平台的万能险产品再次"下架"，主要涉及网销高收益（结算利率6%及以上）万能险产品。2015年12月初，保监会下发《关于进一步规范高现金价值产品有关事项的通知（征求意见稿）》，要求自2016年1月1日起，保险公司高现金价值产品年度保费收入应控制在公司投入资本的2倍以内；其中预期产品60%以上的保单存续时间在一年及一年以下的高现金价值产品的年度保费收入应控制在公司投入资本的一倍以内。2015年12月11日，保监会印发《关于加强保险公司资产配置审慎性监管有关事项的通知》，针对当前部分公司期限错配、成本收益错配的情况，要求

其进行压力测试。数日之后，保监会又发布《保险资金运用内部控制指引》及应用指引的通知，要求提升保险机构资金运用内部控制管理水平，有效防范和化解风险。

网销万能险在不断增长的保费规模下，实际隐含着较高风险。随着市场利率不断走低，负债端高收益率承诺连带的成本增加对资产端的投资管理、风控等能力要求相应提高。成本较高的万能险，一方面会对保险公司进行激进投资产生负向激励，以覆盖较高的投资成本；另一方面如果保险公司将短期的钱用于长期投资，期限错配，一旦遇到集体退保或者监管层禁止其开展业务等因素造成产品中断，而投资端不能立即变现，将会面临现金流断裂的风险，对保险公司的偿付能力产生重大影响。

（二）产品创新风险

根植于互联网底层的大数据技术为保险产品的创新、定价提供了重要支撑。2015 年，保险行业在大数据应用方面进行了积极探索，但总体来看，保险行业内部的数据积累、数据挖掘价值发现能力不均衡，经验不足，保险公司对创新型业务的合规性判断、产品开发、风险识别和风险定价能力还有待提升。例如，由于 P2P 平台去担保化趋势已渐明朗，保险公司尝试与 P2P 合作，提供信用保证保险服务。但 2015 年 P2P 平台接连发生风险事件，对保险公司甄别、评估和控制此类风险，科学厘定产品费率都提出了较高的要求，尤其是在我国征信系统尚不成熟，数据与经验不足的情况下。

此外，个别保险产品违背保险基本原理与大数法则，混淆创新，实际带有博彩性质，已被保监会叫停，如"摇号险"、"世界杯遗憾险"、"雾霾险"、"贴条险"等。

（三）网络欺诈频发

由于互联网保险非面对面交易，保险公司无法直接观察和了解投保人或保险标的的风险水平，保险公司自身也存在较大的欺诈风险，一些不法分子通过互联网投保后诈骗保险金等违法犯罪行为时有发生。以退货运费险为例，随着这一嵌入到购物过程中的险种的快速发展，恶意欺诈行为也日益严重，甚至出现了流水化作业的职业骗保师团伙。互联网保险手续简便的优点反而成为保险公司反欺诈和风险控制上的不利因素。2015 年 1 月，国内首例互联网保险欺诈案近期在浙江省湖州市吴兴区人民法院宣判，"职业骗保师"通过在淘宝虚假购物，并投保华泰财险的退货运费险，随后申请运费险理赔，共计骗取保险赔款二十余万元。最后，被华泰财险起诉的"职业骗保师"以保险诈骗罪被判处有期徒刑 6 年半。国内首例互联网保险欺诈案的宣判是互联网保险领域取得的首个反欺诈成果，但更要注意的是网络欺诈频发下保险公司的隐含风险，这对保险公司之后的数据甄别、风险控制提出了更高的要求。

（四）客户投诉量增长

2015 年，中国保监会机关及各保监局共接收各类涉及保险消费者权益的有效投诉总量 30204 件，同比增长 8.25%。其中，全年涉及互联网销售保险的投诉 1441 件，占总投诉量的 4.79%，同比增长 46.51%，互联网保险消费者投诉量增速排名居前。消费者投诉较多的险种为退货运费险、航班延误险、旅行意外险、车险、新型寿险等，主要问题包括理赔流程过长、理赔手续烦琐、拒赔认定不合理、退保申请处理不及时、捆绑销售保险产品、未经同意自动续保、以理财产品名义销售新型寿险产品等。互联网保险业务主要通过消费者在线上自助交易，与传统交易方式相比，缺乏直接、面对面的接触与了解，同时互联网推广中存在的吸引眼球、夸张表现的营销方式，与保险产品本身所需的严谨审慎、明示风险存在差异。目前，部分第三方平台销售保险产品，存在信息披露不完整不充分、弱化保险产品性质、混同一般理财产品、片面夸大收益率、缺少风险提示等问题，损害了消费者权益。这些问题可能作用于行业的整体评价，损害互联网保险的健康发展。

第六章
2015 年互联网支付发展情况

一、发展概述

互联网支付是指通过计算机、手机等设备，依托互联网发起支付指令、转移货币资金的服务。互联网支付服务提供商可分为银行业机构和第三方支付机构，其所提供服务根据支付所需设备（计算机和手机）可以分别分类为网上银行和手机银行、第三方互联网支付与第三方移动支付。

2015 年，互联网支付取得了长足的发展，其中中国网上银行交易规模达到 1600.85 万亿元，增长率为 28.18%，增速较 2014 年基本持平；手机银行交易规模高达 70.7 万亿元，同比增长 122.75%。就目前来看，网上银行交易规模仍旧是电子银行交易规模的主要组成，并且保持稳定的增长速度。此外，手机银行业务在 2015 年逐渐走向成熟，其交易规模业已接近电子银行交易规模半成左右，并且始终保持稳定高速增长态势。2015 年中国第三方互联网支付交易规模达到 11.9 万亿元，同比增长 46.9%；2015 年中国第三方移动支付市场交易规模达到 9.31 万亿元，同比增长 57.3%（不同机构的测算略有差别）。从覆盖人数规模来看，我国使用网上支付的用户规模达到 4.16 亿人，较 2014 年底增加 1.12 亿人，增长率达到 36.8%。与 2014 年 12 月相比，我国网民使用网上支付的比例从

46.9%提升至60.5%。值得注意的是，2015年移动支付增长尤为迅速，用户规模达到3.58亿人，增长率为64.5%，网民移动支付的使用比例由39.0%提升至57.7%。

综观整个2015年，互联网支付行业发生了许多对本行业影响深远的大事。在政策引导和法律法规方面，2015年7月18日，中国人民银行等十部委联合印发《关于促进互联网金融健康发展的指导意见》。《意见》按照"依法监管、适度监管、分类监管、协同监管、创新监管"的原则，确立了互联网支付、网络借贷、股权众筹融资、互联网基金销售、互联网保险、互联网信托和互联网消费金融等互联网金融主要业态的监管职责分工，落实了监管责任，明确了业务边界。2015年12月28日，中国人民银行正式下发了《非银行支付机构网络支付业务管理办法》，为网络支付的账户分类与监管及法律责任等进行了明确的规范，办法将于2016年7月1日正式实施。按照统筹科学把握鼓励创新、方便群众和金融安全的原则，结合支付机构网络支付业务发展实际，人民银行确立了坚持支付账户实名制、平衡支付业务安全与效率、保护消费者权益和推动支付创新的监管思路。在整个行业竞争态势方面，银行业机构依托自身资源在互联网支付领域有得天独厚的优势，但是第三方支付发展十分迅猛，对此银行业机构及时做出回应与改变，以招商银行为代表的多家银行于2015年宣布网上转账业务全部免费。此外，银联也积极布局线下支付市场。而在第三方支付领域，2015年度第三方支付市场已经基本开拓完成，接下来即将迎来行业内的市场份额激烈竞争，其中以支付宝与微信支付在移动端的竞争尤为瞩目。在行业布局方面，与2014年第三方支付积极布局P2P行业相类似，2015年部分第三方支付企业积极布局O2O行业。百度钱包于2015年推出源泉商业平台和常年返现计划，通过这种差异化的竞争策略和鲜明、具有强烈用户吸引力的品牌标签，百度钱包积极布局O2O产业。在成立短短一年多时间里，百度钱包已经在外卖、电影票等高频支付场景中成功跻身移动支付前三位。在支付设备领域，除了传统的计算机端和手机移动端外，其他智能支付硬件在2015年也获得长足的发展。苹果、三星、华为、阿里巴巴等大型厂商纷纷进军支付硬件领域，以智能支付设备为载体的支付行业竞争渐趋激烈。

但是互联网支付行业依旧存在许多不足与风险待解决。首先是法律地位问题，第三方支付从事的业务介于网络运营和金融服务之间，其法律地位尚不明确。虽然多数第三方支付试图确立自己是为用户提供网络代收代付的中介地位，但是从所有这些第三方支付实际业务运行来看，支付中介服务实质上类似于结算业务。此外，在为买方和卖方提供第三方担保的同时，平台上积聚了大量在途资金，表现出类似银行吸收存款的功能。其次是资金安全问题，第三方支付机构没有业内明确的管理办法，导致资金流动难以监控，形成依托支付账户的"封闭循环"，第三方支付机构可以通过划拨在各银行所开设账户的资金，实现内部的资金轧清，从而轻易地绕开中国人民银行支付清算体系的监控。再次是虚拟货币问题，在内部交易模式下，涉及虚拟货币的发行和使用。虚拟货币尚未纳入中国人民银行的监管范围，且游离于银行系统之外，难以跟踪平台内部的资金流向，它将对现实社会产生什么样的影响还不明确。但虚拟货币的发行是完全不受控制的。最后是涉嫌洗钱问题，网上银行在银行业务中占据的比重上升迅速，而且交易大都通过电话、计算机网络进行，银行和客户很少见面，这给银行了解客户带来了很大的难度，客户身份难以确认。此外，第三方支付最大的特点是用户的虚拟账户可以和任意一家签约银行账户相关联，买方只需通过虚拟账户就可以转移资金。这固然使得交易过程十分便捷，但当第三方支付参与结算业务后，也使得原本银行可以全程掌握的交易过程被割裂成两个看起来无关联、银行无法确定彼此间因果关系的交易，这增加了涉嫌洗钱的风险。

总体来看，互联网支付行业在 2015 年获得了长足的发展。行业内部方面，交易规模、覆盖人数等关键指标依旧保持稳定的涨幅；行业周边方面，多家第三方支付或者积极布局新兴领域或者继续深挖行业潜力。银行继续扩大互联网支付既有优势，第三方支付机构发展势头依旧强劲，其中支付宝继续保持绝对领先，但是财付通等也纷纷制定对应发展战略、积极抢夺市场份额，行业内竞争逐渐白热化；互联网支付行业依旧存在诸多风险与亟待解决的问题，以中国人民银行为代表的国家相关部门也积极推进法律法规建设，加强对互联网支付行业的规范、引导与监管。

二、统计数据

(一) 交易规模

1. 电子银行

2015 年中国网上银行交易规模达到 1600.85 万亿元，增长率为 28.18%，增速较 2014 年基本持平；手机银行交易规模高达 70.7 万亿元，同比增长 122.75%。就目前来看，网上银行交易规模仍旧是电子银行交易规模的主要组成部分，并且保持稳定的增长速度，此外，手机银行业务在 2015 年也逐渐走向成熟，其交易规模业已接近电子银行交易规模的 4.4% 左右，并且始终保持稳定高速增长态势。[①]

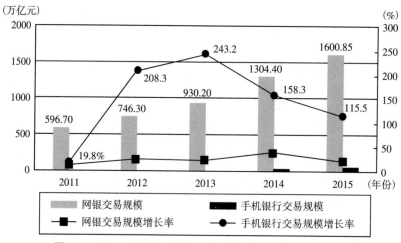

图 6-1　2011~2015 年中国网上银行和手机银行市场交易规模

2. 第三方支付

(1) 第三方互联网支付。2015 年中国第三方互联网支付交易规模达到 11.9 万亿元，同比增长 46.9%。随着我国电子商务环境的不断优化，支付场景的不断

---

① 资料来源：艾瑞咨询。

丰富，以及金融创新的活跃，网上支付业务也跟随着迅速增长，而第三方支付机构提供的互联网支付业务也获得了较快增长。[①]

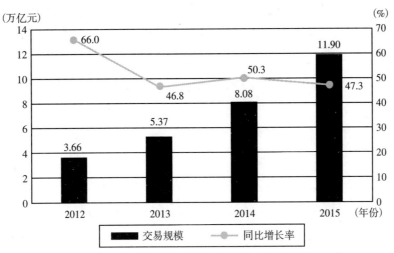

图 6-2　2012~2015 年中国第三方互联网支付交易规模

2015 年第三季度，中国第三方互联网支付市场交易规模结构中，网络购物占比 23.9%，基金占比 20.5%，航旅占比 10.9%，电信缴费占比 3.8%，电商 B2B占比 5.8%，网络游戏占比 2.3%。[②]

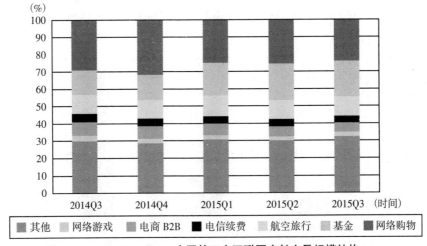

图 6-3　2014Q3~2015Q3 中国第三方互联网支付交易规模结构

①② 资料来源：艾瑞咨询。

一方面，移动互联网的快速发展，对电商领域的渗透率不断提高，用户购物行为习惯的转移对网络购物的交易规模产生一定影响，网络购物的增速有所减缓；另一方面，2015年第三季度中国GDP增速持续下降，低于7%，并且中国进出口总值同比呈下降趋势，对中小企业电商交易规模造成较大影响，电商B2B交易规模有所下降。此外，经过较长时间的培养，用户通过互联网渠道进行理财的行为正在逐渐形成，而市场上互联网理财产品层出不穷，如P2P理财、微众银行、蚂蚁聚宝等产品，对以天弘增利宝为代表的货币基金类理财产品产生一定的分流作用，导致传统基金申购额增速有所减缓。

（2）第三方移动支付。2015年，中国第三方移动支付市场交易规模达到9.31万亿元，同比增长57.3%。其中交易规模增速放缓主要受互联网金融总体收益率降低、增速放缓的影响。在增长方面，随着市场推广活动的继续，线下扫码、支付的交易规模进一步提升。此外，随着用户黏性的日益提升，发红包、转账等社交支付行为也带动了转账支付交易规模的提升。与2014年同期相比，用户支付习惯从PC端向移动端迁移的趋势已经十分明显，在这一趋势的带动下，第三方移动支付在通常被视为淡季的第三季度都呈现出了较高的增速。

支付宝与财付通占据了2015年中国第三方移动支付市场90.3%的份额，其中支付宝份额为72.9%，财付通份额为17.4%。在本年度，凭借庞大的使用人群和不断增加的线下支付场景，社交支付和线下支付的用户数量及黏性进一步增长。①

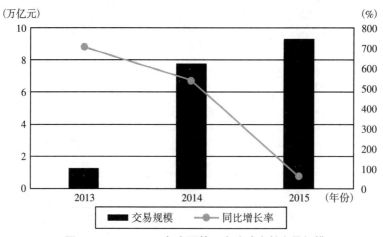

图6-4　2013~2015年中国第三方移动支付交易规模

---

① 资料来源：艾瑞咨询。

在第三方移动支付手段结构方面，近几年来，移动端短信支付所占份额已经急剧减小，与此相对的是，移动互联网支付业已成为第三方移动支付手段的绝对重要组成，所占份额已经超过八成并且保持着稳定的增长趋势。除此之外，近几年兴起的近端支付手段在 2015 年获得了长足的发展，较 2014 年增长速度大幅度提升。[①]

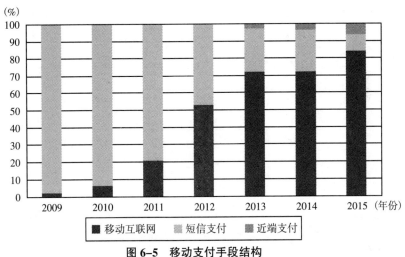

图 6-5　移动支付手段结构

（二）用户覆盖人数

截至 2015 年 12 月，我国使用网上支付的用户规模达到 4.16 亿人，较 2014 年底增加了 1.12 亿人，增长率达到 36.8%。与 2014 年 12 月相比，我国网民使用网上支付的比例从 46.9% 提升至 60.5%。值得注意的是，2015 年移动支付增长尤为迅速，用户规模达到 3.58 亿人，增长率为 64.5%，网民移动支付的使用比例由 39.0% 提升至 57.7%。[②]

其中第三方互联网支付服务覆盖人数保持稳定，汇付天下增长明显。[③]

---

①②③ 资料来源：艾瑞咨询。

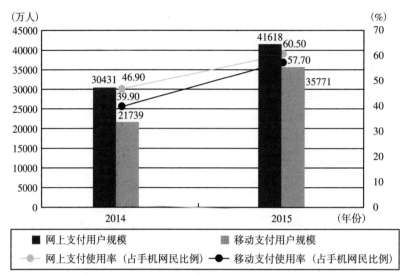

图 6-6　2014~2015 年网上支付/移动支付用户规模及使用率

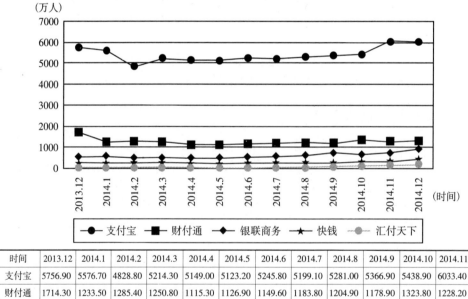

时间	2013.12	2014.1	2014.2	2014.3	2014.4	2014.5	2014.6	2014.7	2014.8	2014.9	2014.10	2014.11
支付宝	5756.90	5576.70	4828.80	5214.30	5149.00	5123.20	5245.80	5199.10	5281.00	5366.90	5438.90	6033.40
财付通	1714.30	1233.50	1285.40	1250.80	1115.30	1126.90	1149.60	1183.80	1204.90	1178.90	1323.80	1228.20
银联商务	502.80	526.10	466.20	466.60	453.70	430.30	481.10	533.80	600.40	730.20	644.10	714.30
快钱	258.40	245.00	237.50	257.10	247.90	207.60	220.30	234.00	232.40	231.00	259.20	318.70
汇付天下	11.50	15.10	14.70	17.10	18.80	13.90	19.40	36.60	65.50	85.20	123.30	132.50

图 6-7　2014 年中国主要支付公司网站月度覆盖人数

在第三方移动支付领域，支付宝保持着稳定的增幅并且持续领跑。[①]

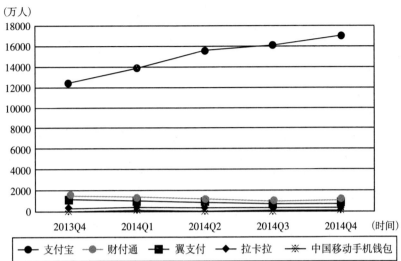

（万人）

时间	2013Q4	2014Q1	2014Q2	2014Q3	2014Q4
支付宝	12486.16	13903.99	15668.98	16137.69	17006.91
财付通	1463.62	1382.41	1209.37	1002.58	1091.9
翼支付	284.94	278.26	281.13	369.92	441.62
拉卡拉	221.57	318.31	320.78	245.74	245.9
中国移动手机钱包	131.57	194.35	144.48	174.53	206.76

图 6-8　2014 年中国主要移动支付企业 APP 月覆盖人数

（三）持证企业数目

截至 2015 年年底，已有 270 家机构获得中国人民银行颁发的《支付业务许可证》，其中于 2015 年 8 月 24 日，中国人民银行经审批后依法注销许可证号为 Z2006633000011 的浙江易士企业管理服务有限公司《支付业务许可证》，于 2015 年 10 月 8 日，中国人民银行经审批后依法注销许可证号为 Z2007044000012 的广东益民旅游休闲服务有限公司《支付业务许可证》，于 2015 年 3 月 26 日，中国人民银行颁发《支付业务许可证》予广东广物电子商务有限公司。目前持有《支付业务许可证》且规定经营范围包含互联网支付的机构共计 98 家，具体如表

---

① 资料来源：艾瑞咨询。

6-1 所示[①]。

表6-1　98家互联网支付机构

许可证编号	公司名称	发证日期
Z2000133000019	支付宝（中国）网络技术有限公司	2014年1月16日
Z2000231000010	银联商务有限公司	2013年5月21日
Z2000311000013	资和信电子支付有限公司	2012年6月27日
Z2000444000013	财付通支付科技有限公司	2014年7月8日
Z2000531000017	通联支付网络服务股份有限公司	2012年6月27日
Z2000611000010	开联通网络技术服务有限公司	2014年7月8日
Z2000711000019	易宝支付有限公司	2013年9月30日
Z2000831000014	快钱支付清算信息有限公司	2012年7月20日
Z2000931000013	上海汇付数据服务有限公司	2011年12月22日
Z2001031000010	上海盛付通电子支付服务有限公司	2013年7月22日
Z2001111000013	北京钱袋宝支付技术有限公司	2014年7月10日
Z2001231000018	东方电子支付有限公司	2012年6月27日
Z2001344000012	深圳市快付通金融网络科技服务有限公司	2014年1月16日
Z2001444000011	广州银联网络支付有限公司	2011年5月3日
Z2001611000018	北京银联商务有限公司	2014年1月16日
Z2001731000013	杉德电子商务服务有限公司	2014年11月2日
Z2001811000016	裕福支付有限公司	2013年9月30日
Z2001912000014	易生支付有限公司	2015年2月11日
Z2002044000013	深圳银盛电子支付科技有限公司	2013年5月21日
Z2002131000017	迅付信息科技有限公司	2012年7月20日
Z2002211000010	网银在线（北京）科技有限公司	2013年5月21日
Z2002346000018	海南新生信息技术有限公司	2011年5月3日
Z2002431000014	平安付电子支付有限公司	2015年2月11日
Z2002511000017	拉卡拉支付有限公司	2014年7月10日
Z2002631000012	上海付费通信息服务有限公司	2013年5月21日
Z2002744000016	平安付科技服务有限公司	2014年11月2日
Z2002831000010	上海银联电子支付服务有限公司	2012年6月27日
Z2002933000017	连连银通电子支付有限公司	2013年5月21日
Z2003011000010	联动优势电子商务有限公司	2014年7月10日
Z2003151000010	成都摩宝网络科技有限公司	2013年9月30日
Z2003215000014	捷付睿通股份有限公司	2013年7月6日
Z2003352000017	证联支付有限责任公司	2014年7月8日

---

① 资料来源：http://www.pbc.gov.cn/zhengwugongkai/127924/128041/2951606/index.html，中国人民银行，行政审批公示。

续表

许可证编号	公司名称	发证日期
Z2003431000012	上海得仕企业服务有限公司	2012 年 6 月 27 日
Z2004951000010	现代金融控股（成都）有限公司	2015 年 2 月 11 日
Z2005011000015	国付宝信息科技有限公司	2014 年 7 月 8 日
Z2005150000016	重庆易极付科技有限公司	2011 年 12 月 22 日
Z2005533000014	商盟商务服务有限公司	2012 年 6 月 27 日
Z2006244000012	深圳市钱宝科技服务有限公司	2013 年 7 月 6 日
Z2006331000016	上海电银信息技术有限公司	2013 年 7 月 6 日
Z2006844000016	深圳市腾付通电子支付科技有限公司	2013 年 7 月 22 日
Z2006931000010	东方付通信息技术有限公司	2014 年 11 月 2 日
Z2007111000010	易智付科技（北京）有限公司	2011 年 12 月 22 日
Z2007244000010	深圳市泰海网络科技服务有限公司	2014 年 7 月 10 日
Z2007444000018	广州市易票联支付技术有限公司	2012 年 6 月 27 日
Z2007511000016	资和信网络支付有限公司	2013 年 7 月 22 日
Z2007731000010	上海银生宝电子支付服务有限公司	2013 年 5 月 21 日
Z2007844000014	深圳市银联金融网络有限公司	2011 年 12 月 22 日
Z2007931000018	宝付网络科技（上海）有限公司	2014 年 11 月 2 日
Z2008111000018	中金支付有限公司	2013 年 9 月 30 日
Z2008231000013	上海富友支付服务有限公司	2011 年 12 月 22 日
Z2008411000015	北京爱农驿站科技服务有限公司	2011 年 12 月 22 日
Z2008611000013	北京首采联合电子商务有限责任公司	2013 年 5 月 21 日
Z2009311000014	北京中投科信电子商务有限责任公司	2013 年 7 月 22 日
Z2010331000018	汇潮支付有限公司	2013 年 7 月 22 日
Z2010431000017	上海瀚银信息技术有限公司	2014 年 11 月 2 日
Z2010631000015	上海东方汇融信息技术服务有限公司	2012 年 6 月 27 日
Z2010712000017	天津融宝支付网络有限公司	2015 年 2 月 11 日
Z2010832000012	南京苏宁易付宝网络科技有限公司	2012 年 6 月 27 日
Z2010932000011	双乾网络支付有限公司	2014 年 1 月 16 日
Z2011037000013	山东省电子商务综合运营管理有限公司	2012 年 6 月 27 日
Z2011144000013	深圳市神州通付科技有限公司	2013 年 7 月 22 日
Z2011344000011	深圳市快汇宝信息技术有限公司	2013 年 5 月 21 日
Z2011411000019	北京一九付支付科技有限公司	2013 年 5 月 21 日
Z2011511000018	北京数码视讯支付技术有限公司	2014 年 4 月 16 日
Z2011611000017	汇元银通（北京）在线支付技术有限公司	2013 年 9 月 30 日
Z2011833000019	网易宝有限公司	2013 年 9 月 30 日
Z2011933000018	浙江贝付科技有限公司	2012 年 6 月 27 日
Z2012033000015	浙江航天电子信息产业有限公司	2012 年 6 月 27 日
Z2012133000014	浙江甬易电子支付有限公司	2014 年 1 月 16 日

续表

许可证编号	公司名称	发证日期
Z2012343000010	鹰皇金佰仕网络技术有限公司	2012 年 6 月 27 日
Z2012445000017	集付通支付有限公司	2014 年 7 月 10 日
Z2012565000011	新疆润物网络有限公司	2012 年 6 月 27 日
Z2012632000010	江苏省电子商务服务中心有限责任公司	2012 年 6 月 27 日
Z2012737000014	山东网上有名网络科技有限公司	2014 年 11 月 2 日
Z2020112000012	中汇电子支付有限公司	2013 年 5 月 21 日
Z2020761000016	陕西煤炭交易中心有限公司	2013 年 1 月 6 日
Z2020811000016	北京亚科技术开发有限责任公司	2013 年 9 月 30 日
Z2021033000016	杭州市民卡有限公司	2013 年 1 月 6 日
Z2021911000013	百联优力（北京）投资有限公司	2013 年 1 月 6 日
Z2022011000010	银盈通支付有限公司	2013 年 9 月 30 日
Z2022711000013	北京百付宝科技有限公司	2013 年 7 月 6 日
Z2023923000015	黑龙江圣亚科技发展有限公司	2013 年 7 月 6 日
Z2024137000015	易通支付有限公司	2014 年 11 月 2 日
Z2024411000012	北京新浪支付科技有限公司	2013 年 7 月 6 日
Z2024733000013	快捷通支付服务有限公司	2015 年 2 月 11 日
Z2024821000016	先锋支付有限公司	2014 年 7 月 8 日
Z2025550000010	重庆联付通网络结算科技有限责任公司	2014 年 7 月 10 日
Z2025744000017	深圳市国采支付科技有限公司	2014 年 7 月 10 日
Z2025844000016	广州商物通网络科技有限公司	2014 年 7 月 10 日
Z2025944000015	广州市汇聚支付电子科技有限公司	2014 年 7 月 10 日
Z2026044000012	广州合利宝支付科技有限公司	2014 年 7 月 10 日
Z2026145000010	北海石基信息技术有限公司	2014 年 7 月 10 日
Z2026344000019	深圳市讯联智付网络有限公司	2014 年 7 月 10 日
Z2026437000017	金运通网络支付股份有限公司	2014 年 7 月 10 日
Z2026511000016	北京邦付宝网络科技有限公司	2014 年 7 月 10 日
Z2026711000014	北京理房通支付科技有限公司	2014 年 7 月 10 日
Z2026811000013	北京畅捷通支付技术有限公司	2014 年 7 月 10 日
Z2026944000013	广东盛迪嘉电子商务股份有限公司	2014 年 7 月 10 日

三、发展亮点

（一）政策指导

2015 年 7 月 18 日，中国人民银行等十部委联合印发《关于促进互联网金融健康发展的指导意见》以下简称《指导意见》。《指导意见》按照"依法监管、适度监管、分类监管、协同监管、创新监管"的原则，确立了互联网支付、网络借贷、股权众筹融资、互联网基金销售、互联网保险、互联网信托和互联网消费金融等互联网金融主要业态的监管职责分工，落实了监管责任，明确了业务边界。《指导意见》坚持以市场为导向发展互联网金融，遵循服务好实体经济、服从宏观调控和维护金融稳定的总体目标，切实保障消费者合法权益，维护公平竞争的市场秩序，在互联网行业管理，客户资金第三方存管制度，信息披露、风险提示和合格投资者制度，消费者权益保护，网络与信息安全，反洗钱和防范金融犯罪，加强互联网金融行业自律以及监管协调与数据统计监测等方面提出了具体要求。

（二）法律规范

2015 年 12 月 28 日，中国人民银行正式下发了《非银行支付机构网络支付业务管理办法》（以下简称《办法》），为网络支付的账户分类与监管及法律责任等进行了明确的规范，《办法》将于 2016 年 7 月 1 日正式实施。按照统筹科学把握鼓励创新、方便群众和金融安全的原则，结合支付机构网络支付业务发展实际，中国人民银行确立了坚持支付账户实名制、平衡支付业务安全与效率、保护消费者权益和推动支付创新的监管思路。主要措施包括：一是清晰界定支付机构定位。坚持小额便民、服务于电子商务的原则，有效隔离跨市场风险，维护市场公平竞争秩序及金融稳定。二是坚持支付账户实名制。账户实名制是支付交易顺利完成的保障，也是反洗钱、反恐融资和遏制违法犯罪活动的基础。针对网络支付非面对面开户的特征，强化支付机构通过外部多渠道交叉验证识别客户身份信息的监管要求。三是兼顾支付安全与效率。本着小额支付偏重便捷、大额支付偏重安全的管理思路，采用正向激励机制，根据交易验证安全程度的不同，对使用支付账户余额付款的交易限额做出了相应安排，引导支付机构采用安全验证手段来保障客户资金安全。四是突出对个人消费者合法权益的保护。基于我国网络支付业务发展的实际和金融消费的现状，《办法》引导支付机构建立完善的风险控制机制，健全客户损失赔付、差错争议处理等客户权益保障机制，有效降低网络支付业务风险，保护消费者的合法权益。五是实施分类监管推动创新。建立支付机构分类监管工作机制，对支付机构及其相关业务实施差别化管理，引导并推动支付机构在符合基本条件和实质合规的前提下开展技术创新、流程创新与服务创新，在有效提升监管措施弹性和灵活性的同时，激发支付机构活跃支付服务市场的动力。

（三）竞争态势

（1）银行业机构依托自身资源在互联网支付领域有得天独厚的优势，但是第三方支付发展十分迅猛，对此银行业机构及时做出回应与改变。

2015 年 9 月 17 日，招商银行正式宣布从 9 月 21 日起网上转账全免费。9 月 20 日，宁波银行也宣布将在次日推出"网上转账免费"服务。随后，陆陆续续有几十家银行开始宣布网上转账免费。由于第三方支付发展迅猛，已经开始倒逼银行业改革，在 2016 年工行、农行、中行、建行、交行五大行宣布手机银行境内人民币转账汇款免收手续费，及时跟进市场态势。与此相对的是，在 10 月 17 日，微信支付宣布开始对每月 2 万元以上的转账收取 1‰的手续费[①]。而支付宝在 PC 端的转账同样是收取 1‰服务费，手机端转账目前仍然免费。在 9 月 17 日招行宣布免费之前，就已经存在部分银行网上转账免费，不过大多数都是一些规模较小的银行为了吸引客户而推出的服务。而如今越来越多的银行实行网上转账免费，确实有第三方支付平台倒逼之因，为增加用户量而开始实行减免政策。而第三方支付在这个时候开始收费却是出于不同的考虑，前期第三方平台机构实行

---

① 2016 年 3 月 1 日起，微信支付对转账功能停止收取手续费；同时微信提现收取手续费每位微信用户有终身累计 1000 元免费提现额度，超出部分按 0.1%收取手续费，每笔最少收 0.1 元。

免费转账服务已经为第三方支付平台积累了足够多的成熟用户，就算现在开始收费也不会造成太多客户流失。而且前期免费服务所带来的负收入，对第三方支付平台来说也是一种压力。如今开始收费，也是第三方支付平台进入正常渠道之举。

2015 年 11 月 3 日，中国银联正式宣布，将试点银联卡小额免密免签服务，今后持卡人使用银联卡"闪付"功能，在指定商户 300 元以下的交易无须签名和输密，"一挥即付"。除招行外，目前，工商银行、中国银行等 8 家银行和境外发卡银行发行的芯片信用卡，以及建设银行等 5 家银行发行的芯片借记卡成为首批开通小额免密免签服务的银行。随着银行卡清算机构准入条件放开，第三方支付机构大力布局线下商户。独霸国内清算市场的银联通过免密免签服务提升用户体验，拼抢线下小额市场，银联已经感受到了压力，及时做出对应改变，更加迎合市场需求。

（2）就目前来看，第三方支付行业是由支付宝独家领衔，但是财付通、快钱等在别的子行业迅速抢占市场，并且于 2015 年 11 月 25 日，苹果公司已经与中国银联达成初步协议，苹果将利用银联的 POS 机网络将 Apple Pay 移动支付服务引入中国。2015 年度，第三方支付市场已经基本开拓完成，接下来即将迎来行业内的市场份额激烈竞争。

2015 年 7 月 8 日，支付宝发布了最新的 9.0 版本，9.0 版本加入了"商家"和"朋友"两个新的一级入口，分别替代"服务窗"与"探索"。此外，还增加了亲情账户、借条、群账户、余额宝买股票等一系列生活和沟通功能。这是支付宝 12 年来最具革命性变化的版本，被外界视为支付宝为了赢得"社交"直接变身"大众点评 + 微信"。9.0 版本支付宝打通了包括消费、生活、金融理财、沟通等多个领域的真实生活场景，成为以每个人为中心的一站式场景平台。支付宝后续在 9.0 版本基础上，不断推出商家、线下支付场景，开始尝试通过"支付 + 社交 + O2O"来建设未来的用户应用场景生态，试图在相关领域与其中先行者如微信支付进行市场份额的争夺。

此外，春晚赞助商的变换也可以看作这一态势的缩影。继羊年春晚合作微信"摇一摇"后，支付宝也不甘落后。2015 年 12 月 4 日，猴年央视春晚节目组与支付宝联合宣布，支付宝成为猴年央视春晚独家合作互动平台。双方将通过全新的互动方式让亲人好友共同参与春晚节目与支付宝软件互动，给全球的华人带来

一个有趣味、有年味的欢乐春晚。在 2014 年羊年春晚上，与春晚深度绑定的微信，通过摇一摇功能聚拢了大量人气。根据微信官方公布的数据，羊年除夕夜，央视春晚微信摇一摇互动次数达到 110 亿次、每分钟摇一摇的峰值达到 8.1 亿次，微信春晚红包的广告收入达到数亿元。这正是微信羊年春晚的成功之处，也是微信痛失猴年春晚的所在。此次支付宝与猴年春晚合作，其项目组负责人透露，除了红包之外，猴年的央视春晚互动将会与往年大不相同。不论是"红包大战"，还是春晚抢夺战，都是支付宝和微信在移动支付领域争夺的一个缩影。可以预见的是，"2016 年"，支付宝和微信的竞争将会更加激烈。

（四）行业布局

与 2014 年第三方支付积极布局 P2P 行业相类似，2015 年部分第三方支付企业也将积极布局 O2O 行业。

其中以百度钱包为代表，2015 年 8 月 12 日，百度钱包推出源泉商业平台，以为千万线下商家提供 O2O 精准在线营销服务来撬动消费的商业价值，通过激活商户营销撬动用户消费，将用户权益聚集到百度钱包。用户在线下消费时通过百度钱包扫码和刷银行卡进行支付，直接享受钱包中的优惠券，以消费入口的方式融入百度的 O2O 生态之中。作为一个服务于百度 O2O 战略的商业平台，源泉商业平台除了为千万线下商家提供 O2O 精准在线营销服务，依托于百度钱包的支付清算系统也让百度的移动支付羽翼渐丰。对于百度钱包来讲，源泉商业平台让其相比竞争对手打出差异化，甚至有可能改写移动支付的现有格局。

此外，2015 年 11 月 18 日，百度公司董事长兼首席执行官李彦宏在出席"百信银行"成立发布会时正式公布了百度钱包的常年返现计划，消费者通过百度钱包的每一笔消费，均可以立即得到 1% 起的现金返还。即日起消费者在百度糯米、百度外卖、百度地图订酒店、Uber、中粮我买网、e 袋洗、汉堡王等众多商家进行消费时，使用百度钱包支付即可享受"单单立返现金 1% 起，最高免单"的超值优惠。这项返现计划是无限期的，消费者获得返利的现金可实现长期累积。此次参与百度钱包"常年返现计划"的商家已达上百万家。区别于以往的红包、优惠券等模式，百度钱包"常年返现计划"在国内的第三方支付平台中尚属首例，或进一步增强百度抢滩移动支付、决胜 O2O 的实力。通过这种差异化的竞争策略，互联网巨头百度在探索自身在移动支付领域安身立命的方式。通过"能返现的钱包"这种鲜明、具有强烈用户吸引力的品牌标签，来树立百度钱包自身优势。在成立短短一年多的时间里，百度钱包已经在外卖、电影票等高频支付场景中成功跻身移动支付前三位。

2015 年支付宝全面进军线下，对线下商户实行扫码 0.6% 手续费且首年返还。相比于传统 POS 机线下收单模式收取的 0.38%~1.25% 的手续费费率，支付宝 0.6% 的手续费取值居中且价格划一，对于餐饮等手续费定价较高的行业而言，相当具有吸引力，而更为诱人的是，该项服务的申请仅仅只需提供营业执照，对商户而言已经近乎零门槛。

（五）支付设备

除了传统的计算机端和手机移动端外，其他智能支付硬件在 2015 年也获得了长足的发展。苹果、三星、华为、阿里巴巴等大型厂商纷纷进军支付硬件领域，以智能支付设备为载体的支付行业竞争渐趋激烈。在移动互联时代，智能支付设备将不再仅仅作为支付的载体，更成为相关金融服务、商业管理、便民服务等功能的重要入口，也是第三方支付平台争夺移动支付市场份额的必争之地。以苹果公司 Apple Watch、兴业银行手环、拉卡拉互联网 POS+、互联客智能云收银平台等为代表的智能支付设备层出不穷，一经上市就引起支付市场的极大关注。互联网 POS+ 推出"全支付、全受理、微会员、慧金融、多应用"的金融服务，而互联客智能云收银更是国内首款融合"供应链金融—商业管理—营销管理—全渠道支付—数据分析"于一体的智能型商业管理收银平台。这些新兴智能支付终端在支付方式、商业管理功能、产品设计理念上的创新，为智能支付设备的发展提供了有益的参考和借鉴。

四、行业格局

此处主要考虑竞争更为激烈的第三方支付市场，截至 2015 年第三季度互联网支付交易规模市场份额中，支付宝占比 47.6%，财付通占比 20.1%，银商占比 11.1%，快钱占比 7.0%，汇付天下占比 4.9%，易宝占比 3.4%，环迅占比 1.9%，京东支付占比 1.8%。①

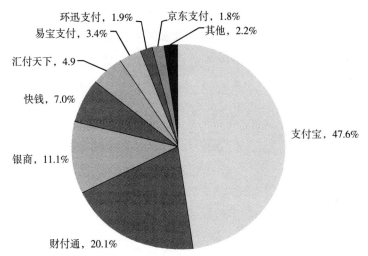

图 6-9　2015Q3 中国第三方互联网支付交易规模市场份额

注释：①互联网支付是指客户通过桌式电脑、便携式电脑等设备，依托互联网发起支付指令，实现货币资金转移的行为；②统计企业中不含银行、银联，仅指规模以上非金融机构支付企业；③2015Q3 中国第三方互联网支付交易规模为 30747.9 亿元；④艾瑞根据新掌握的市场情况，对历史数据进行修正。
资料来源：综合企业及专家访谈，根据艾瑞统计模型核算。

　　第三季度电商行业进入淡季，随着用户移动支付习惯的逐渐养成，各支付企业网购交易规模受到较大影响，移动互联网的快速发展，使得各支付企业对电商领域的渗透率不断提高，网络购物的增速有所减缓；随着货币基金收益率回落，基金申购规模增速减缓，支付宝基金申购规模受到的影响较大，2015 年第三季度，交易规模市场份额下降至 47.6%，京东支付交易规模市场份额为 1.8%；而快钱依托万达强大的商户资源，各业务交易规模仍保持较稳增速，2015 年第三季度交易规模市场份额达到 7.0%；2015 年腾讯不断加快互联网金融的战略布局，理财通平台升级、接入 P2P 业务，并在电商、航旅及游戏行业有较好表现，促进财付通交易规模的增长，交易规模市场份额达到 20.1%；随着 2015 年 7 月十部委发布《关于促进互联网金融健康发展的指导意见》，明确表示"P2P 资金须由银

---

① 资料来源：艾瑞咨询。

行托管"，这一举措有利于加快 P2P 行业的规范化发展，对汇付天下、易宝支付、环迅支付等各家支付企业均产生了较大影响，各家企业市场份额有所变动。

1. 支付宝

支付宝（中国）网络技术有限公司是国内领先的第三方支付平台，致力于提供"简单、安全、快速"的支付解决方案。支付宝公司从 2004 年建立开始，始终以"信任"作为产品和服务的核心。旗下有"支付宝"与"支付宝钱包"两个独立品牌。自 2014 年第二季度开始成为当前全球最大的移动支付厂商。支付宝主要提供支付及理财服务，包括网购担保交易、网络支付、转账、信用卡还款、手机充值、水电煤缴费、个人理财等多个领域。支付宝在进入移动支付领域后，为零售百货、电影院线、连锁商超和出租车等多个行业提供服务。还推出了余额宝等理财服务。支付宝与国内外 180 多家银行以及 VISA、MasterCard 国际组织等机构建立战略合作关系，成为金融机构在电子支付领域最为信任的合作伙伴。

支付宝曾两次进军线下市场：2011 年支付宝 POS 进入线下收单，以失败告终；当 POS 方案进行的时候，支付宝却在 2011 年就已经开始手机条码支付的尝试了，到了 2012 年又推出了手机声波支付产品，支付宝通过 O2O 形式再次进入线下收单市场，并在 2014 年取得巨大成效。2014 年，借全民购物狂欢日这股"东风"，"双十二"期间支付宝在旋风之中出击线下收单市场，砸下重金培养消费者条码支付习惯，在全国近 100 个品牌、约 2 万家门店，使用支付宝钱包付款的顾客即享受五折优惠，范围覆盖餐馆、甜品、面包店、超市、便利店等多个日常消费场所。截至"双十二"当天 15 时 30 分，此次支付宝钱包联合线下门店累计刷了 404 万笔，其中上海交易数位居榜首，成交 87 万笔。

截至 2015 年年底，支付宝实名用户超过 3 亿人，支付宝（曾用名支付宝钱包）活跃用户超过 2.7 亿人，日均手机支付量超过 4500 万笔，超过 2013 年"双十一"创造的单日手机支付 4518 万笔的全球峰值纪录。2015 年"双十一"全天，支付宝手机支付交易笔数达到 7.1 亿笔，交易额达到 912.17 亿元，同比增长 59.7%。 支付宝稳健的作风、先进的技术、敏锐的市场预见能力及极大的社会责任感，赢得了银行等合作伙伴的广泛认同。目前，支付宝已经跟国内外 180 多家银行以及 VISA、MasterCard 国际组织等机构建立了深入的战略合作关系，成为金融机构在电子支付领域最为信任的合作伙伴。

支付宝从 2010 年开始就联合微软、腾讯、金山、搜狗、火狐、遨游等各大安全厂商、浏览器厂商、银行等合作伙伴建立了国内电商领域最大的反钓鱼实时信息。支付宝每周向这些伙伴贡献上万条有价值的钓鱼数据。同时，支付宝还和国际反钓鱼机构 MarkMonitor、Netcraft 以及国际安全厂商 TrendMicro、MicroPoint 等展开合作，共同对发现的海外钓鱼网站进行关停或屏蔽。

支付宝母公司蚂蚁金服自 2014 年成立以来，已经拿下保险、证券、银行、基金等各大核心金融牌照，迅速成为全牌照的互联网金融公司。目前，蚂蚁金服的主要业务板块包括作为入口的支付业务，以余额宝、招财宝为代表的理财业务，以网商银行、蚂蚁小贷为支撑的融资业务，以芝麻信用为载体的征信业务，拓展海外市场的国际业务，处于底层但充分体现核心竞争力的技术和数据业务。

2. 银联在线支付

中国银联是经国务院同意，中国人民银行批准设立的中国银行卡联合组织，成立于 2002 年 3 月，总部设于上海。目前，中国银联已拥有近 400 家境内外成员机构。为满足广大银联卡持卡人、发卡和收单机构、商户以及电子商务企业的境内外互联网支付需要，中国银联充分利用自身资源、技术、平台和管理优势，建立了具有中国自主知识产权、国际领先的网上银行卡交易转接清算平台——UPOP（UnionPay Online Pay），也称银联在线支付系统，并以严格规范的业务技术标准、操作流程、风险防控和服务体系，致力为广大用户提供"安全、便捷、高效"的互联网支付环境和服务体验。

"银联在线支付"是中国银联为满足各方网上支付需求而打造的银行卡网上交易转接清算平台，也是中国首个具有金融级预授权担保交易功能、全面支持所有类型银联卡的集成化、综合性网上支付平台。银联支付涵盖认证支付、快捷支付、小额支付、储值卡支付、网银支付等多种支付方式，可为用户境内外网上购物、水电气缴费、商旅预订、转账还款、基金申购、慈善捐款以及企业代收付等提供"安全、快捷、多选择、全球化"的支付服务。

"银联在线支付"作为银联互联网支付的集成化、综合性工具，涵盖认证支付、快捷支付、储值卡支付、网银支付等多种支付方式，广泛应用于购物缴费、还款转账、商旅服务、基金申购、企业代收付等诸多领域。具有方便快捷、安全可靠、全球通用、金融级担保交易、综合性商户服务、无门槛网上支付六大特点。简单灵活的快捷支付模式，无须开通网银，加快交易进程，提升用户体验，有助银行、商户吸引更多客户，促进网上交易。多重安全技术保障，实时风险监控，充分保证支付安全。与其他担保交易提前划款给第三方账户不同，"银联在线支付"的金融级预授权担保交易，是在持卡人自有银行账户内冻结交易资金，免除利息损失和资金挪用风险，最大化保证了银行、商户和持卡人权益。延伸全球的银联网络，越来越多的银联境外网上商户让持卡人"轻点鼠标，网购全球"。

2015 年 7 月 16 日，上海银联在线支付在沪召开了旨在服务"一带一路"建设的跨境支付解决方案推介会。为了响应"一带一路"战略，银联在线支付将把跨境支付业务作为公司国际化发展策略的重要支柱，发扬自身的行业内先发优势，利用已获得的跨境外币和跨境人民币业务双项试点许可的政策支持，结合多年的跨境业务运营经验，凭借全面的银行渠道与支付产品覆盖，面向国内各区域市场及全球市场，协同银联体系内部机构，利用商业银行资源，实现跨境外币和跨境人民币业务"双轨"推进，成为专业的境内与跨境支付解决方案提供商，为广大境内外企业、个人提供安全、便捷、高效的支付服务，从而有助于中国加强与东南亚、中东、非洲、欧洲各国的贸易往来，助推我国"一带一路"战略的实施。银联在线支付在本次会上发布的一系列跨境支付解决方案包括：基于跨境人民币、外汇支付业务资质，为境外商户提供面向境内持卡人的跨境 B2C 支付解决方案；为我国进出口企业提供的跨境收付款解决方案；为境内外电商按需提供人民币或外币的跨境收款结算的海关电子支付通关解决方案；持卡人在实体店内浏览陈列的进口商品样本后，通过实体店里的手持终端或手机 APP 直接下单完成购物的跨境 O2O 解决方案。

"一带一路"宏大战略构想提出后，跨境电商迎来创新利好，随着"一带一路"建设的不断推进，跨境电商市场也将迎来十年的黄金发展期。面临广阔的市场前景和良好的历史机遇，银联在线支付正全速推进国际化发展进程，继 2013 年首批获得"跨境电子商务外汇支付业务试点资格"之后，又接连获得了"跨境人民币支付业务试点资格"、"跨境汇款业务试点资格"、"香港金钱服务业牌照"等跨境支付业务资质，巩固跨境业务先发优势，致力于提供高效、便捷、安全的跨境网络支付服务，积极为跨境电子商务发展做出贡献。

3. 财付通

财付通是腾讯集团旗下中国领先的第三方支付平台，一直致力于为互联网用户和企业提供安全、便捷、专业的在线支付服务。自 2005 年成立伊始，财付通就以"安全便捷"作为产品和服务的核心，不仅为个人用户创造 200 多种便民服务和应用场景，还为 40 多万大中型企业提供专业的资金结算解决方案。经过多年的发展，财付通服务覆盖的行业包括游戏、航旅、电商、保险、电信、物流、钢铁、基金等。结合这些行业的特性，财付通提供了快捷支付、财付通余额支付、分期支付、委托代扣、epos 支付、微支付等多种支付产品。财付通与拍拍网、腾讯 QQ 有着很好的融合。2013 年 8 月财付通结合微信平台，推出微信支付这一移动端第三方支付应用产品。凭借微信在社交领域的优势，财付通迅速扩大移动支付市场。2015 年，财付通凭借红包、转账、手机充值等业务的交易额的快速增长，在第三方移动支付市场以 20.6% 的份额占据第二。

4. 快钱

快钱支付清算信息有限公司是国内创新型的互联网金融机构。基于在电子支付领域十年的积累，快钱充分整合数据信息，结合各类应用场景，为消费者和企业提供支付、理财、融资、应用等丰富的综合化互联网金融服务。快钱公司总部位于上海，在全国 30 多个地方设有分公司。

2004 年成立至今，快钱已覆盖逾 4 亿个人用户，以及 400 余万商业合作伙伴，对接的金融机构超过 100 家。快钱创新的信息化金融服务广泛应用于零售、商旅、保险、电子商务、物流、制造、医药、服装等各个领域；合作伙伴覆盖东方航空、南方航空、平安集团、中国人寿、京东商城、当当网、宅急送、百度、新浪、李宁、联想、戴尔、神州数码等各行业内领军企业，同时也延伸到越来越多成长型的中小企业之中。

2014 年，快钱与万达集团达成战略控股合作，以快钱为核心构筑中国领先的互联网金融集团，将互联网金融业务辐射到更多产业和场景之中。2015 年 6 月，快钱与万达集团联手推出中国首个商业地产众筹项目"稳赚 1 号"，三天内募集金额达 50 亿元，创造了众筹行业纪录。

快钱严格遵循相关政策规范，获得了中国人民银行、银监会等中央国家机关和上海市等地方政府主管部门的高度认可。快钱积极参与国家相关政策法规的起草和支付体系的构建，以自身的专业知识和实践经验参与中国人民银行《非金融机构支付服务管理办法》、《支付清算组织反洗钱和反恐怖融资指引》的制定以及第二代国家现代化支付系统（CNAPS）的建设。

快钱产品和服务的高度安全性以及严格的风险控制体系深受业内专家和众多企业的好评。快钱电子支付平台采用了国际上最先进的应用服务器和数据库系统，支付信息的传输采用了 128 位的 SSL 加密算法，整套安全体系获得了美国 MasterCard 网站信息安全认证、美国 VISA 持卡人信息安全认证和美国 American Express 运通的 DSS 认证。美国 Oracle 公司、VeriSign 数字安全公司和 ScanAlert 网络安全公司每天为快钱提供全面的安全服务，确保数以亿计交易资金的安全。快钱拥有国际最高标准 PCI（Payment Card Industry）信息安全认证和 ISO/IEC 27001 认证。

5. 汇付天下

汇付天下有限公司于 2006 年 7 月成立，投资额近 10 亿元人民币，核心团队由中国金融行业资深管理人士组成，致力于为中国小微企业、金融机构、行业客户和投资者提供金融支付、账户托管、投资理财等综合金融服务，其致力于在金融领域深挖行业潜力，与支付宝等其他第三方支付服务提供商有截然不同的发展思路。汇付天下总部设于上海，并在北京、广州、深圳、成都、武汉、济南、南昌等 30 多个城市都设有分公司，旗下有汇付数据、汇付科技等子公司。2011 年 5 月，汇付天下首批获得中国人民银行颁发的《支付业务许可证》，首家获得证监会批准开展网上基金销售支付结算业务。2013 年 10 月，首批获得国家外汇管理局跨境支付业务试点牌照，是中国支付清算协会常务理事单位。汇付天下成立以来保持高速发展，2013 年交易规模超万亿元，稳居行业三甲。目前，汇付天下已经为全国逾百万小微企业提供服务；为国内 95% 的商业银行、数百家领先 P2P 公司提供金融服务；为 200 万投资者和理财顾问提供一站式理财平台。

在金融支付领域，汇付天下首家获得中国证监会批准开展网上基金销售支付服务，运用创新产品"天天盈"实现了"投资者持任意银行卡，随时随地购买任意基金公司的直销产品"的目标，提升了中国基金业的电子商务水平，加速了网上理财时代的到来。目前，"天天盈"已支持包括工行、农行、中行、建行、招行在内的主要商业银行，服务于国内各基金管理公司。

在产业链支付领域，汇付天下创新研发的"钱管家"系统致力于提升传统分销行业的电子商务水平，已得到了诸多行业的广泛应用。例如，汇付天下服务于18家航空公司及5000多家票务代理商，已成为航空票务业最大的电子支付公司，全国每6张机票中就有一张是通过汇付天下系统完成支付的。

五、行业风险

（一）法律地位问题

第三方支付从事的业务介于网络运营和金融服务之间，其法律地位尚不明确。虽然多数第三方支付试图确立自己是为用户提供网络代收代付的中介地位，但是从所有这些第三方支付实际业务运行来看，支付中介服务实质上类似于结算业务。此外，在为买方和卖方提供第三方担保的同时，平台上积聚了大量在途资金，表现出类似银行吸收存款的功能。按照中国《商业银行法》规定，吸收存款、发放贷款、办理结算是银行的专有业务，第三方支付平台经营的业务已突破了现有的一些特许经营的限制。尽管在2015年国家有关部门就此做出了多项规定，但是在具体的主体资格和经营范围上还是有留待商榷的范畴。相关案例有：2015年10月8日，因涉嫌非法吸储，广东益民旅游休闲服务有限公司被中国人民银行依法注销许可证号为Z2007044000012的《支付业务许可证》。

（二）资金安全问题

第三方支付机构没有业内明确的管理办法，导致资金流动难以监控，形成依托支付账户的"封闭循环"，第三方支付机构可以通过划拨在各银行所开设账户的资金，实现内部的资金轧清，从而轻易地绕开中国人民银行支付清算体系的监控。这对中国人民银行统计基础货币量，有效开展货币政策调控带来了极大的挑战，更对维护支付体系安全、防范系统性风险带来负效应。

在第三方支付平台模式中，沉淀下来的在途资金往往放在第三方在银行开立的账户中，一般商家的资金会滞留两天至数周不等，这部分在途资金，可能发生的风险有：第一，在途资金的不断加大，使得第三方支付平台本身信用风险指数加大。第三方支付平台为网上交易双方提供担保，没有独立之外的第四方为第三方进行担保；第二，第三方支付平台中有大量资金沉淀，如果缺乏有效的流动性管理，则可能引发支付风险。以浙江易士企业管理服务有限公司案为例，2015年 8 月 24 日，中国人民银行经审批后依法注销许可证号为 Z2006633000011 的浙江易士企业管理服务有限公司《支付业务许可证》，这是全国首例《支付业务许可证》的注销事件。公开资料显示，浙江易士企业管理服务有限公司成立于 2007年 10 月，于 2011 年 12 月获得《支付业务许可证》，获准在浙江省开展多用途预付卡发行和受理业务。2015 年年初，浙江易士被爆出资金链断裂，易士卡支付受限进而停用。中国人民银行方面表示称，在行政执法中，发现该公司存在大量挪用客户备付金、伪造变造交易和财务资料、超范围经营支付业务等重大违规行为，严重扰乱了市场秩序，损害了消费者合法权益，性质恶劣、情节严重。根据《中国人民银行法》、《非金融机构支付服务管理办法》，中国人民银行依法注销该公司《支付业务许可证》，并向公安部门移交其涉嫌犯罪的证据及相关资料。

据中国人民银行介绍，为保障易士卡客户的权益，中国人民银行配合地方政府制定了详细的方案，包括协调相关机构按照商业化原则收购持卡人债权；对于拖欠商户款，先通过司法途径确认债权金额，再由相关机构按市场化原则与商户协商办理债权收购；对于持卡人和商户之外的其他债权人，通过诉讼等司法途径处理。此外，易士公司持卡人债权收购工作也已于 2015 年 7 月 2 日启动，目前进展顺利。对相关商户的债权收购工作也已启动。

此次注销支付牌照的事件对整个支付行业是个重要的警示，对支付行业严格监管有利于行业发展和消费者权益保护。同时，中国人民银行强调，支付机构经营必须坚持依法合规，不能触碰监管红线。保障客户备付金安全是人民银行对支付机构实施监管的重中之重，不得挪用客户备付金是各类非银行支付机构经营的一条红线。

(三) 虚拟货币问题

在内部交易模式下，涉及虚拟货币的发行和使用。虚拟货币尚未被纳入中国人民银行的监管范围，且游离于银行系统之外，难以跟踪平台内部的资金流向，它将对现实社会产生什么样的影响还不明确。但虚拟货币的发行是完全不受控制的，当越来越多的人认可和使用虚拟货币后，一旦虚拟货币与现实货币对接出现问题时，届时产生的后果不可估量。

（四）洗钱问题

中国人民银行在发布的《反洗钱报告》中称，网上银行在银行业务中占据的比重上升迅速，而且交易大都通过电话、计算机网络进行，银行和客户很少见面，这给银行了解客户带来了很大的难度，客户身份难以确认。此外，第三方支付最大的特点是用户的虚拟账户可以和任意一家签约银行账户相关联，买方只需通过虚拟账户就可以转移资金。这固然使得交易过程十分便捷，但当第三方支付参与结算业务后，也使得原本银行可以全程掌握的交易过程被割裂成两个看起来无关联、银行无法确定彼此间因果关系的交易。从这个意义上讲，第三方支付企业利用其在银行开设的账户屏蔽了银行对资金流向的识别，大大增加了涉嫌洗钱的风险。2015 年 12 月 28 日，中国人民银行正式下发了《非银行支付机构网络支付业务管理办法》，《办法》中着重强调支付账户实名制度，要求支付机构遵循"了解你的客户"原则，建立健全客户身份识别机制，并在与客户业务关系存续期间，采取持续的客户身份识别措施，确保有效核实客户身份及其真实意愿，主要考虑如下：一是支付账户体现着消费者资金权益，只有实行实名制，才能更好地保护账户所有人的资金安全，才能从法律制度上保护消费者财产权利和明确债权债务关系；二是账户实名制是经济金融活动和管理的基础，账户是资金出入的起点与终点，只有落实支付账户实名制，才能维护正常的经济金融秩序，从而切实落实反洗钱、反恐怖融资要求，防范和遏制违法犯罪活动；三是坚持账户实名制有利于支付机构在了解自己客户的基础上，有针对性地改善服务质量，更好地服务于客户，为提升和改善经营管理水平奠定基础。

第七章
2015 年互联网信托发展情况

一、发展概述

互联网和信托似乎是一对矛盾体，因为信托是私募性质，门槛较高，而互联网则是面向公众，更具有普惠性质。在互联网金融快速发展的背景下，2014 年，互联网和信托以"信托团购"的形式开始了融合的尝试，但根据相关规定，集合信托产品的投资门槛为 100 万元，百元、千元购买信托的模式推出不久就被监管部门叫停。不过，互联网信托并没有停止发展，2015 年，第三方互联网信托平台规避集资购买信托的模式，以信托收益权转让、信托受益权质押融资等方式开展业务；中融信托、平安信托推出了自己的互联网金融交易平台。2015 年 7 月，央行等十部委发布的《关于促进互联网金融健康发展的指导意见》提及互联网信托，鼓励信托公司依托互联网开展业务，支持信托公司与互联网企业开展合作。总的来看，互联网信托在 2015 年发展较为平稳，而信托产品 10 多万亿元的规模和缺乏流动性的现状给信托业务结合互联网进行创新留出了广阔空间。随着信托登记制度建立、信托受益权质押的规范，互联网信托未来的发展值得期待。

二、发展亮点

(一) 第三方互联网信托平台模式升级

2014年，一些第三方平台采取了信托团购的模式开展业务，即通过互联网平台上投资人的小额投资达到信托计划合格投资者的门槛，但该种模式因为不合规受到了监管层的否定。例如，信托100推出的"100元团购信托"被认定为违规，P2P平台"雪山贷"推出的"千元团购信托"业务上线不到20天就下架了。

2015年，第三方互联网信托平台的经营避开了上述和监管要求直接抵触的模式，而是采取了更加灵活的信托收益权转让、信托受益权质押融资等模式。

1. 信托收益权转让模式

按照监管规定，信托受益权转让中，受让人仍要符合合格投资者的门槛。收益权和受益权是不同的概念，因为理论上说，受益方式可以有多种，并不限于资金收益。信托收益权的转让，目前处于法律的模糊地带。银监会、信托业协会等虽然对信托受益权转让表达了明确的反对态度，但截至2015年年末，并未对互联网平台以信托收益权为标的的委托理财业务进行干预。

例如，平安陆金所搭建了一站式信托产品线上信息发布和服务平台，截至2014年年底即与10多家信托公司签约。2015年，陆金所陆续推出了港卓、扬子江、启信、弗捷、鼎顺通等定向委托投资计划，分别对应安信、渤海、中建投、四川、平安等信托公司发行的信托计划单位份额之收益权。大致模式为，中间机构（如投资公司、投资管理合伙企业等）从信托公司购买信托产品，再将其收益权转让给关联的中间机构；后者接受陆金所投资人的定向委托投资，将投资人的资金用于购买前者转让的收益权。据观察，陆金所信托理财产品的投资门槛多为10万元、20万元，也有少数为5万元。

又如，信托100在2014年团购信托业务广受质疑后即推出了同样100元起投的"如意存"产品，按照该网站披露的信息，投资标的以1~3年期的信托计划为主，搭配一定比例的现金管理类计划。持有到期的投资者可以获得信托产品8%以上的收益率，而未到期即赎回的投资者则获得现金管理类计划的收益（略高于货币基金）。按照上述交易结构，投资人实质上获取的是相应信托计划的收益权。

2. 信托受益权质押融资方式

信托收益权转让在一定程度上降低了信托产品的投资门槛，但仍未解决信托产品的流动性问题。部分平台尝试通过信托受益权质押融资盘活存量信托产品。例如，深圳互联网平台高搜易于2014年年末推出的"信托宝"，采取的就是信托受益权质押融资模式。资金需求方将信托受益权进行质押，平台将其包装成标的供投资人认购。运行初期，平台采取了三方合作模式，即信托公司推荐相应产品，合作方负责出资购买并质押，平台则负责销售，最后完成投资者受让。待条件成熟后，信托公司和信托计划持有人可以直接通过平台，向投资者推荐或转让，无须由合作方购买。

（二）信托系互联网金融平台浮出水面

在金融业的版图中，信托业因为其私募性质，互联网化的程度要远远低于银行、证券、保险等行业。一些信托公司的网站都较少更新，推出手机应用的信托公司也只是少数。不过，2015年，已有信托公司在"互联网+信托"方面迈出步伐。

1. 中融信托

2015年6月，中融信托旗下的互联网金融平台——中融金服上线。具有信托特色的是其推出的金融产品增信项目，其模式为：合法购买集合资金信托计划产品的高净值客户（自然人或机构），以其持有的信托计划受益权作为增信措施进行融资。融资期限较为灵活，100~300天居多，年化利率则在6%~9%，起投金额为5000元或10000元。这既方便了中融信托的客户变现信托资产，也为普通投资者提供了收益较高的投资渠道。

此外，中融信托还与广东金融高新区股权交易中心（粤股交）合作发售固定收益类理财产品，募集资金定向投资于非银行金融机构发行产品，如券商资管计划等。收益率主要在6%~8%，投资期限一般为1年以内。

2. 平安信托

平安信托的互联网布局甚至早于中融信托。2014 年年末，平安信托即推出财富宝（包括网站和 APP）。平安信托的高管表示，财富宝是平安信托在私人财富管理领域的重要战略布局，平安信托将充分利用互联网金融的技术优势，为高净值客户和富裕客户提供更加专业、便捷、友好的金融服务体验。融资方面，财富宝推出了财富 e 贷，使客户可以将持有的平安信托产品份额质押，并获得一定额度的贷款。不过与中融信托不同，可能是考虑到与平安旗下的陆金所差异化布局，财富 e 贷并没有作为财富宝平台上的投资产品出现。

财富宝提供的投资产品包括 1000 元起投的活期理财（现金管理产品）、5 万元或以上起投的定期理财（定向委托投资）和 100 万元起投的信托产品，这些产品能够较好地满足中高端人群的理财需求。财富宝平台上线仅 10 个月，用户数就突破百万，交易量累计超千亿，客户资产存量超 600 亿元。财富宝的愿景是，打造以"财富管理账户"为基础、以"投资、融资、资产管理"为价值驱动点、以"金融社交、增值服务"为辅助手段的财富管理生态圈，为目标客户提供全方位的财富管理服务。

3. 中信信托

早在 2014 年 9 月，中信信托就与百度金融中心率先推出了国内首款具有"消费＋金融"双重属性的互联网消费金融产品。2015 年 9 月，中信信托联合百度推出的互联网消费众筹平台正式上线。一期上线的项目包括英国国宝级舞台剧《战马》、圣元乳业、科尔沁牛肉、体育之窗公司、星美集团众筹等。在一年期限内，用户通过参与众筹获得的消费券进行提货消费，即可享受正品商品的会员价及其他特权，如果期间用户不提货、未消费，那么未消费部分可获得 7%~8% 的占款补偿。

在这种合作模式下，中信信托开展的不是常见的信托业务，而是结合了消费信托和互联网众筹特点的业务。作为互联网消费信托的升级版，该消费众筹平台不但实现了商户销售商品和用户获取权益，并且有助于将用户和商户之间的消费通道彻底打通。中信信托在众筹项目中，担任了资金监管方，也可能在项目资源的获取方面发挥重要作用。

三、行业格局

(一) 开展相关业务的第三方平台数量较少

2015 年，开展互联网信托相关业务的第三方平台数量不多。2014 年曾推出信托团购的雪山贷、梧桐理财、钱先生等平台，在 2015 年不再开展类似业务。除了前文提到的陆金所、信托 100、高搜易等平台，还有 51 信托、多盈理财等平台有明确的信托理财板块。即便加上一些投资标的包括信托计划的平台，从事互联网信托相关业务的第三方平台也不超过 10 家。

究其原因，首先，信托收益权转让模式基本是第三方平台"一头热"。2014 年发生的信托团购被叫停的事件，已经显示了互联网信托面临的政策风险。即使第三方平台仍然有热情开展变通的收益权转让模式，想和信托公司合作也相当困难。主要针对高端人群的信托，和从事"普惠金融"的互联网金融平台有着完全不同的获客模式。无论从业务习惯上，还是监管要求上，借助互联网平台销售信托产品都不是信托公司当前的方向。除了陆金所这样具有金融背景、客户群庞大的平台，一般的第三方平台很难以相对对等的地位与信托公司展开合作。有的第三方平台是在自己的关联方购买信托产品后，在信托公司不知情的情况下开展收益权转让业务的，这就增加了第三方平台的运营成本和管理难度。其次，信托受益权质押融资业务开展的基础条件还不成熟。由于信托登记制度尚未建立，信托受益权质押业务由第三方平台开展难度很大。用于质押的信托受益权虚假，信托受益权重复质押等问题，由于信托登记制度的缺失，都不容易解决。这就决定了信托受益权质押融资业务当前只能小规模开展。

(二) 多数信托公司对互联网业务仍在观望

目前，除了中融、平安、中信三家公司外，多数信托公司在互联网业务的开展方面还没有实质性动作。根据《证券日报》记者 2016 年 2 月的统计，提供手机

APP 的信托公司约有 13 家，相对于全行业 68 家公司，覆盖率不足 20%。大部分信托公司的 APP 仅包括常规的理财产品推介和持有产品查询功能。

多数信托公司未在互联网业务方面进行过多布局，还是与信托行业自身针对高端客户的定位相关。信托产品按规定不能公开推介，决定了互联网不能成为信托的销售渠道；传统的销售模式运行良好，意味着借助互联网开展收益权转让或受益权质押等存在政策风险或基础条件不成熟的业务，投入产出比并不高。至于中信信托开展的消费众筹业务，自身还在探索阶段，大范围推广暂时并不现实。

另一个值得注意的现象是，中融金服和平安财富宝除信托相关产品外，都推出了与信托无关的其他理财产品。结合自身优势拓展财富管理的目标客群，可能成为未来信托公司开展互联网业务的重要动力。

四、发展面临的问题

（一）业务合规问题

首先，互联网信托可能被认定为公开募集基金。按照《证券投资基金法》的规定，向不特定对象募集资金、向特定对象募集资金累计超过 200 人，都会被认定为公开募集基金，要经证监会注册。而一般互联网信托平台特别是第三方平台，可能并没有开展公募基金业务的意愿和能力。在投资门槛较低时，募集资金很容易超过 200 人；即使有的平台将投资门槛设置较高，并且将金额较大的信托份额收益权拆分成多个投资项目，使每个投资项目的投资人数不超过 200 人，如果监管部门不认可这种拆分，这类交易结构依然可能被认定为公开募集基金。此外，由于互联网的公开性，互联网上发布的项目信息很可能被认定为针对不特定对象。有些平台采取项目信息仅对注册用户可见的处理方法，但考虑到注册是几秒钟的事情，平台一般也并不对用户进行风险承受能力的评估，注册用户是否能够被认定为特定对象，也存在一定的风险。

此外，为规避受益权分拆而生的"收益权转让"模式，存在打法规"擦边球"之嫌，虽然目前监管部门并没有对这种模式的合规性表态，但是一旦业务规模扩大，或出现风险事件，不排除有关部门认定"收益权转让"违规的可能。

(二) 投资风险问题

信托实际上应该是高风险、高收益的投资项目，但是由于我国较长时间内事实上存在着固定收益类信托产品的"刚性兑付"，信托项目体现出的风险较低。互联网信托业务的开展，在相当大程度上是以此为前提的。但在经济下行的大环境下，信托项目难以独善其身。一旦信托项目出现风险，无论是收益权转让还是受益权质押融资，投资本金和收益的兑付都可能出现问题。不同于直接购买信托产品，在信托项目出现兑付困难时，互联网平台的投资人无法直接从信托公司获得处置收益，而要通过转让方或者融资方，面临的不确定性和本金损失比例可能更大。而由于平台通常不对投资人作风险测评和筛选，一些投资人可能不具备承受本金损失风险的能力。

此外，第三方互联网信托平台的风险管理能力未必能够适应相关业务发展的需要。无论收益权转让模式，还是受益权质押融资模式，平台都要确保相应信托份额的真实性。这对于信托系平台不是问题，但是对于第三方平台（尤其是其不与信托公司直接合作时）则有一定难度。对于收益权转让模式，平台需要确保信托收益用于向平台相应投资者兑付，而不被转让方挪用。对于受益权质押融资模式，平台需要判断融资人是否对信托份额做重复质押；因为融资期限未必等于信托产品期限，融资人的信用情况和还款能力也需要平台加以考察；一旦融资人违约，平台也应有相应的处置措施。第三方互联网信托平台任何一种能力的缺失，都意味着投资人巨大的风险。

(三) 制度基础问题

信托产品广受诟病之处是流动性不足，存量产品的盘活（通过转让或者融资）可能是未来互联网信托业务的最大空间所在。而信托登记制度的缺失，成为盘活存量最大的制约。当前，上海、北京、天津设立了信托登记相关机构，但是受众较窄，局限于单一信托公司内的信托产品转让也难以较好地解决信托产品的流动性问题。一旦全国性的信托登记制度成形，由于信托登记的公示效力，信托份额的转让或者质押融资的安全性将大大提高。银监会出于促进信托业发展的考虑，已于2016年年初的年度银行业监管会上表示，将推动设立中国信托登记有限责任公司，建立信托产品统一登记制度。如果能够实现，将为互联网信托业务的发展开辟巨大空间。

对于信托受益权质押，现有法律法规未作出规定，使信托受益权质押的效力存在不确定性。如果法律法规明确纳入信托受益权质押的内容，配合信托登记公示制度的建立，可以使信托受益权质押更有保障，对信托产品期限和交易结构的丰富以及互联网信托的发展都十分有利。

此外，信托产品评级制度对促进互联网信托业务的发展也是必要的。无论是当前的经济形势，还是监管层的政策导向，都不支持刚性兑付的长期延续。由第三方对信托产品进行较为客观的评级，可以促进投资者根据自身的风险承受能力，选择合适的产品，以及进行合理的风险分散。如果我们赞同互联网信托业务降低投资门槛的发展趋势，通过信托产品的评级，更为充分地揭示信托产品及以其为基础的理财项目的风险程度，必将有助于互联网信托业务的持续健康发展。

第八章
2015 年互联网消费金融发展情况

消费金融，是指向各类消费者提供消费贷款或者消费分期服务的一种现代金融服务方式。互联网消费金融，顾名思义，就是以互联网为载体，将消费金融的场景和技术搬到线上，为居民服务。

据人民银行统计数据显示，截至 2015 年年末，中国居民部门消费信贷余额 18.9 万亿元，同比增长 23.3%，这里的消费信贷，是指除了住房贷款之外所有居民消费相关的贷款，包括装修、购车和大件耐用消费品贷款等。

随着新一代消费群体的成长，中国居民的消费信贷需求不再局限于购房、购车等大额融资，具体到 3C 产品、家电甚至旅游、教育等细分领域，小额的消费分期需求越发明显。这对交易场景、交易便捷程度提出了更高的要求，互联网消费金融在这样的大背景下应运而生。

2013 年以来，互联网消费金融开始萌芽。进入 2015 年，政策试点扩大范围，央行开放了征信牌照，从互联网巨头到新兴创业公司都开始布局消费金融，互联网消费金融开始呈"井喷式"发展。中国电子商务研究中心数据显示，2013 年中国互联网消费金融市场交易规模仅为 58 亿元，2014 年为 103 亿元，2015 年约为 250 亿元，2016 年或达 680 亿元。

2015 年，中国国内生产总值增速为 6.9%，而社会消费品零售总额同比增长 10.7%，高于 GDP 的增速。随着中国经济进入新常态，投资和出口对经济增长的促进趋弱，消费成为经济转型的重要方向。随着我国民间财富的增长，以及国家对消费的刺激政策，我国居民的消费意愿逐年增高。艾瑞咨询预计，中国消费信

贷规模在未来仍将维持 20% 以上的快速增长趋势，预计 2019 年将超过 40 万
亿元①。

互联网消费金融是顺应经济发展方向的极为重要的金融创新，建立专业化的
个人消费金融系统，将更好地服务于居民个体。无论是从扩大内需还是从金融创
新的角度来说，大力发展互联网消费金融都具有极其重要的积极意义。

一、传统消费金融的概况与互联网消费金融的崛起

传统金融机构中，银行、消费金融公司、小贷公司、汽车金融公司、企业财
务公司等都可以提供消费金融服务。

1. 商业银行

从业务端看，商业银行在消费金融领域的布局可以分为信用卡（分期）和消
费贷款。此外，商业银行在信用卡端发力较大。根据央行《2015 年支付体系运行
总体情况报告》，2015 年 9 月末，中国信用卡累计发卡量已超过 5 亿张，前三季
度信用卡授信总额为 6.71 万亿元，同比增长 26%，环比增长 5%；信用卡应偿信
贷余额为 2.92 万亿元，同比增长 33%，信用卡卡均授信额度为 1.63 万元，授信
使用率为 43.54%。

近年来，随着对公借贷杠杆和风险的拉高，消费金融日益成为银行业新的经
济增长点。相对于较为稳定成型的信用卡业务，近两年商业银行在消费贷款业务
上面进行了较为明显的投入和创新，最直接的表现是消费贷款规模快速增长、申
请门槛降低、流程更加便捷化。比如平安银行的"新一贷"、中信银行的"信
金保"。

2. 消费金融公司

2009 年 7 月，银监会颁布《消费金融公司试点管理办法》（银监会令 2009 年
第 3 号），开启了消费金融公司的试点。目前，政策允许消费金融公司放开营业

---

① 见艾瑞咨询《2016 年中国互联网消费金融市场研究报告》。

地域限制，向全国推广。目前，至少有 14 家消费金融公司获批设立，包括北银、中银、锦城、捷信、兴业、海尔、招联、中邮、湖北、徽银、马上、苏宁、杭银、华融等。

单笔授信额度小、审批速度快、无须抵押担保、服务方式灵活等是消费金融公司的优势，能对传统商业银行形成很好的补充。相对于小贷公司，消费金融公司可以吸收股东境内子公司及境内股东的存款，还可以发行债券、同业拆借增加资金来源，杠杆倍数较高。目前，银监会规定，消费金融公司向个人发放消费贷款最高为 20 万元。

3. 汽车金融公司、小贷公司等

除了银行、消费金融公司这些比较容易和消费金融联想在一起的金融机构外，企业财务公司、汽车金融公司都在做消费金融。

汽车金融公司，一般可以满足消费者在购买汽车时的贷款需求，消费者可以直接向汽车金融公司申请优惠的支付方式，可以按照自身的个性化需求，来选择不同的车型和不同的支付方法。汽车金融公司的场景主要是汽车购买，场景规模受限。

实际上在我国，小贷公司也在通过各种方式进行消费金融，常被称为"降低准入门槛的消费金融公司"。传统意义上，个人向小贷公司借款，用于自己购房、购车等消费需求，广为存在。另外，当前很多互联网金融公司开展消费金融的背后资金来源都是小贷公司（如蚂蚁金服、京东金融等）。

4. 总结

传统金融机构做消费金融，尤其是商业银行，具有天然的低息优势。然而，传统金融机构的消费金融服务覆盖面已经不能满足消费者日益增长的物质文化需求，同时还要面临渠道不畅的尴尬。受制于信用信息的限制等因素，消费者难以从传统金融机构获得贷款，于是转而寻求更容易触达的互联网消费金融渠道。

另外，传统金融机构在原有的体制机制下，发展消费金融市场要依靠庞大的物理网点和线下触及能力，这对成本要求太高。许多传统金融银行也意识到线上场景的重要性，一方面自己拓展线上场景，另一方面通过和互联网场景公司合作的方式介入线上领域。

5. 互联网消费金融的崛起

近年来，伴随着互联网电子商务的崛起，线下资金流、物流、信息流逐步转移到线上，越来越多的互联网企业开辟了消费金融业务。尤其是 2014 年以来，电商企业、P2P 公司等互联网企业都相继加入互联网消费金融领域，电商基于平台的流量和数据整合做消费金融，如阿里巴巴、苏宁、京东等；很多 P2P 公司、O2O 公司专注于垂直领域，如二手车、家装、旅游等领域。

相比传统金融机构，互联网消费金融业务在各类场景下的创新不断。某种程度上，互联网消费金融的热潮渐渐让消费金融这个名词红遍大江南北，间接地带动了传统金融机构消费金融业务的觉醒。那么互联网消费金融公司和传统消费金融有哪些不同呢？

第一，消费金融的场景不同。传统的消费金融大部分是以房贷、车贷为主，很多都是有抵押、有担保性质的大额消费贷款。近年来银行大力发展了消费信贷，降低了门槛，信用卡业务也不断扩围。然而这些资金的来源并没有和广大消费者日益升级的消费需求做很好的场景结合。伴随着互联网电子商务的崛起，线下资金流、物流、信息流将逐步转移到线上，各类网站平台购物、旅游、餐饮、教育等各类需求都将成为互联网消费金融的场景。

第二，消费金融产品的不同。互联网消费金融和传统消费金融的不同最重要的是落实到金融产品上，和传统消费金融不同，互联网消费金融的产品更好地利用了互联网的大数据分析工具，通过用户的各类数据记录，深入刻画用户画像，从而打造出围绕真正适合更多使用互联网的客群的产品，在利率、机制上也做出多种创新。尤其是对于广大的"80 后"、"90 后"们，网上消费已经是他们最主要的消费方式。

第三，营销和服务方式的不同。由于互联网消费金融是伴随着用户影响、维护、体验、沟通、支付等服务的全方位互联网化的附加产物，其营销方式将围绕着新的消费金融场景展开，需要借助互联网渠道的优势快速扩大业务规模，利用大数据分析从而进行更加精准有效的营销，为消费者带去他们最需要的消费金融服务，同时可以利用互联网增加与客户的沟通频率，融入用户的社交圈，满足用户不同场景的服务需求。

第四，风险控制要求的不同。互联网消费金融等于是将传统的金融服务搬到了网上，这意味着覆盖范围的扩大，也意味着风控难度的增加。目前，互联网消费金融通过设定消费者的历史申请、信用、行为、交易记录以及社交、公共事业等指标，运用各类前置信用风险和反欺诈规则建立完善的风控模型，完成基于风险等级的定价。从申请到放款的整个流程中，还使用了语音识别、人脸识别等尖端技术支持。

第五，低层建筑的互联网化。互联网消费金融多元化发展的前提是基础设施建设。互联网金融需要以互联网为平台，全面建立支付体系、信用体系，做到行业内信息的便捷共享。与传统金融相比，互联网金融打破了地域限制、真正做到了以用户为中心，依托不同的场景做到简单交易，同时又不失安全保障。

整体来说，互联网消费金融绝不是仅仅将互联网作为一个工具或一个途径，而是充分利用互联网的优势，重塑征信和风控规则，快捷、安全地为客户提供面向全场景的消费金融服务，真正做到以用户为中心，为用户提供绝佳的用户体验。

二、互联网消费金融的领域

互联网消费金融的应用领域空间十分广阔，想象空间很大，现在几乎每一个细分行业都能看到互联网消费金融植入的身影。

1. 一般性网购消费金融

阿里巴巴、京东、苏宁……在这些大型电商平台购物时，消费者都能发现可以按分期消费来购物了。对于用户而言，电商消费金融很大程度上和信用卡消费相似，就是先透支消费，在一定的免息期后选择全额还款或者分期还款。为了促进消费，电商的消费金融产品往往会推出分期免手续费等优惠政策，并且消费者将透支部分还清后，又获得了循环额度。

电商消费金融产品在拉动用户消费需求和增加用户关注度上的作用是毋庸置疑的。比如，2014年2月"京东白条"上线，短短半年时间就促进了相应用户在京东商城的消费增长近100%。目前，京东的"白条系列"已经走出京东，支持旅游、租房、装修、教育、餐饮等多个消费场景。2015年4月"蚂蚁花呗"

上线，也是可以让消费者在天猫和淘宝的平台上进行分期消费。目前淘宝和天猫大部分商户或者商品都支持"花呗"服务。此外，目前已有 40 多家购物、生活类电商和 O2O 平台接入花呗。花呗额度的大小主要通过芝麻信用分确定，以年轻用户为主，最高授信 5 万元。

2015 年"双十一"期间，蚂蚁花呗在"双十一"开幕半小时交易额就达到了 45 亿元，第一小时交易笔数达到 2288 万笔，平均每笔支付用时 0.035 分，刷新"双十一"首分钟支付成功率纪录，成为保障用户支付体验的最大功臣[1]。京东白条也战绩丰硕，京东白条"双十一"全天用户同比增长 800%，京东白条占京东商城交易额比例同比增长 500%[2]。

许多电商公司都开始布局消费金融业务。例如，分期乐也可以为消费者提供消费分期服务。分期乐是一家专注于大学生分期购物的在线商城及金融服务提供商。2015 年，分期乐还获得京东集团战略投资。目前，分期乐业务已覆盖全国30 多个省、250 多座城市，支持 3000 多万用户线上购物。

2. 旅游消费金融

随着国民收入的提高和交通条件的便利化，消费者们对旅游的热情渐渐高涨，因此也催生了旅游消费金融的发展。从消费者的需求角度来看，旅游对于很多人来说都是一件非常向往的事情，尤其是对于一些收入并不高的年轻人来说，他们心中或多或少都会有几个特别想去的地方，但是由于经费不足的问题，让他们的旅行只能成为泡影。对于一些费用昂贵的出国旅行来说，就更承担不起了，那么旅游金融分期消费自然而然就会成为他们考虑的一种需求。

从旅游类平台的发展来看，当前去哪儿、途牛等各大旅游平台普遍存在亏损的现象，这是困扰所有在线旅游平台的一大难题，而旅游金融的出现则让在线旅游平台看到了新的利润增长点。目前，旅游消费金融正在成为去哪儿、驴妈妈、途牛、首付游等旅游平台竞争的新焦点。

2014 年，在线旅游龙头公司——途牛宣布成立金融事业部，正式进入金融领域。2015 年途牛金服成立并针对旅游交易环节推出了旅游首付贷、旅游分期、

---

[1] 新闻来源：http://finance.sina.com.cn/roll/20151111/165023740889.shtml。
[2] 新闻来源：http://www.askci.com/news/chanye/2015/11/12/151628g70v.shtml。

出境金融等诸多金融产品。事实上，旅游金融类产品并不像想象的那样单一，除了比较常见的旅游分期金融服务，还包括旅游理财、旅游保险经纪等方面的产品和服务，在推出旅游分期消费的同时也推出各类旅游相关理财产品，势必会给在线旅游平台带来更多的利润空间。大型互联网金融公司，比如蚂蚁金服、京东金融也在向旅游消费金融渗透。

旅游金融有天然的风控优势，旅游人群（出境游）有自己的护照和签证，即他们在进入授信的上一个环节，实际上提供很多的证明，收入证明、公司证明等。不过从目前旅游消费金融市场的整体情况来看，各大平台所推出的旅游消费金融时间都并不是很长，要想让旅游消费金融成为一种常态，他们还需要不断培养消费者的旅游消费金融习惯，并打造适合不同消费群体的金融产品和风控体系。

3. 医疗消费金融

目前，医疗消费金融开展得较少，但是消费者对医疗的需求却是刚需。随着人们生活水平的提高和对健康问题的重视，未来医疗领域将面临旺盛的需求。另外，很多家庭和个人可能由于经济原因负担不起昂贵的医疗费用，分期医疗付费是一个很好的模式。建立医疗消费金融是一件利国利民的事情，尤其是对于很多没什么资金实力的老百姓来说。当前国内的医疗消费金融普及程度还过低，要让医疗消费金融顺利进行，需要医院与金融平台以及机构的共同配合。

4. 教育消费金融

教育消费是一个特殊的消费领域，指的是消费者在学习方面的消费。教育消费金融，受众可以是学生，也可以是已经工作的社会人士。目前京东、百度、学好贷等平台以及众多的培训机构都推出了针对一定课程的学费分期贷款服务。从市场的角度来看，一方面，随着国内教育的不断改革，中国学生的学费逐渐提高，尤其是研究生和留学学费。此外，现在很多学生都会参加英语、计算机等各种技能培训班，对于相当一部分学生来说，他们报这种培训班往往都不太好意思主动开口管父母要钱，教育培训分期付费就成为了他们考虑的首选。另一方面，对于很多非在校的社会人士，也有接受再教育的需求，而市面上动辄上万元的课程也往往令人望而却步，如果可以通过分期支付的方式，这将大大提升教育消费的数量。

2015 年 8 月，百度金融联合国内上百家教育培训机构启动"百团大战"活动，连接了众多教育培训机构，逐步打造教育领域消费金融业务。目前，很多互联网机构都在逐步切入教育消费金融领域。

5. 农村消费金融

随着国内的农民收入不断增长，农村消费市场规模也正在逐年扩大，我国农民消费的观念也正在发生改变。过去农村的住房、汽车、家电、教育、旅游等信贷消费市场发展较为滞后，但是随着国内农村社会保障体系逐渐完善，农民对于金融消费的需求也逐渐增长。尽管当前农村消费金融并没有成为一种主流，但是随着农业电商的逐渐渗入，未来农民对于电商产品的金融需求会越来越多。

目前，农村金融在消费领域做得还远远不够，最难的还是在农民消费习惯的培养上。农村金融是当前阿里巴巴、京东等巨头积极要进攻的领域，这两个公司也力图将自身在城市已经开展得如火如荼的消费金融业务推广到农村中去。阿里巴巴通过推广支付宝产品，扩大花呗产品在农村的应用人群，来发展消费金融。而京东通过线下重资产基础的建设，大力培养乡村推广员以推广商城物资给农民。为了提升消费额度，京东还为乡村推广员开通最高 3 万元额度的"乡村白条"。

6. 房产消费金融

毫无疑问，对于中国大多数的消费者来说，无论是买房还是租房都是一件大事，而且涉及的资金规模比较大。相当部分的消费者购买房产都没有足够强大的经济实力基础，不管是新房还是二手房，抑或是装修房子，都是一笔不小的开支，这个时候贷款就会成为他们考虑的首选。而租房市场也面临着传统模式下"押一付三"的资金压力，因而房产消费金融的应用场景十分广泛。

地产中介巨头——链家地产早早通过其在交易领域的把控能力进入金融领域，打造链家金融品牌，专门针对购房者（租房者）和业主在房产交易过程中的资金需求，推出了租金贷、首付贷、过桥贷、装修贷等一系列金融产品及服务。资金来源上，链家获取了第三方支付牌照，推出 P2P 链家理财平台。目前，链家金融累计发放信贷额超过 350 亿元，其中一半资金来自链家理财[①]。然而，2016 年伊始，链家首付贷业务由于高杠杆高风险，受到监管层的注意。此外，还有很多互联网平台专门提供装修或者租房的消费分期服务。市面上已经有诸如好房

---

① 新闻来源：http://www.01caijing.com/ejinrong/2848.htm。

宝、搜房宝、家分期、房融所、土巴兔等专注于租房或者装修的消费分期网站。

7. 汽车消费金融

与购买房子一样，购买汽车同样也是一笔不小的开支，消费分期无形之中就成为了众多消费者的一种选择。根据央行的统计，2014 年我国汽车金融市场规模已经超过 7000 亿元，且从 2012~2014 年其增长率均超过 30%，而现在，汽车金融仍以每年 25% 的速度增长。未来三年，汽车金融市场规模将会上升至 1.5 万亿元。互联网汽车消费金融正受到越来越多年轻购车一族的认可与接受，这部分消费群体大多数实力都不是特别雄厚，未来互联网汽车消费金融将很可能成为汽车金融的主流。

目前很多汽车交易平台诸如汽车之家、易车网、天猫汽车等都推出了汽车消费金融，在购买新车、二手车时都可以进行贷款消费。从平台的流量入口来看，汽车之家、易车网、天猫汽车等汽车交易平台，都具备庞大的流量入口，而且这类汽车交易平台都拥有一定的知名度和实力，比较容易得到消费者的认可。

目前针对汽车消费金融，很多新兴的垂直类的互联网公司已经入场。易鑫资本是中国互联网汽车金融领域的典型代表，2015 年年初，易鑫资本获得易车、腾讯、京东 4 亿美元注资。易鑫本身并不开发汽车贷款和保险等，而是作为平台及数据提供方（汽车金融超市）与汽车厂商、银行、互联网金融公司等合作。目前，易鑫合作方有大众、东风日产、奇瑞、上汽通用汽车金融、渣打、花旗、招行、京东金融、平安直通车贷服务、平安保险等，在其线上线下提供的相关金融产品已经超过 1000 种。

从目前的汽车金融市场格局来看，由于购买汽车都是通过线下交易，大多数的消费者选择汽车消费金融的方式都是通过线下的 4S 店，而非直接通过互联网平台，如何引导消费者通过线上平台进行金融消费是互联网金融平台需要突破的难关。

8. 互联网现金贷款

互联网现金贷款可以说是互联网消费金融的机制、风控等条件发展到一定程度的产物。与植入消费链条的一般消费分期产品不同，钱贷到消费者后，不追问到底花在哪儿，因此现金贷款对风控的要求更高。

2015 年 4 月，蚂蚁金服推出"借呗"。"借呗"是蚂蚁微贷旗下的一款消费信

贷产品，按照芝麻信用分数的不同，用户可以申请最高 20 万元贷款，申请到的额度可以转到支付宝余额。"借呗"的还款最长期限为 12 个月，贷款日利率是 0.04%，随借随还。

2015 年 5 月，腾讯旗下微众银行推出首款产品——"微粒贷"，被定位为互联网小额信贷产品，贷款额度在 20 万元以下，单笔最高可贷 4 万元。由于腾讯社交产品的推广，微粒贷在中产阶层及城市白领群体中有一定的认知度和口碑。

2016 年，京东推出现金借贷产品"金条"。除了阿里巴巴、京东、腾讯，许多与互联网结合的电商（比如苏宁）和消费金融公司（比如马上消费金融公司）都在布局现金借款类产品。

三、互联网消费金融三大派系

消费金融的火爆使得各类机构纷纷入场。从传统金融机构到互联网金融，从资产端到资金端，各类机构都希望凭借自身某几方面的优势在这个日益兴旺的市场"分一杯羹"。分析市场格局，当下在互联网消费金融领域按照控制方划分主要有三股势力正在暗流涌动。

1. 电商巨头转做综合性互联网消费金融

消费金融成为电商巨头必争之地。目前国内的三大电商平台阿里巴巴、京东、苏宁都分别推出了消费金融。京东有"白条系列"，阿里巴巴有借呗、花呗，苏宁易购有任性付、零钱贷等。

阿里巴巴、京东、苏宁作为国内的三大电商巨头，它们在流量入口上的优势是其他任何平台都无法比拟的。最为重要的是，这三大电商平台都积累了庞大的消费群体，而且用户忠诚度相对来说也比较高。消费者在电商平台上进行购物时，有的时候会出现支付不方便或者资金暂时紧张的情况，这个时候他们就会很自然地选择电商平台的信用消费。通过基于这个巨大的电商体系打造信用消费，无疑是对平台自身生态建设的一种补充。

三大电商巨头做消费金融的优势还在于资金，互联网消费金融都要求无担保无抵押，几乎完全是凭借个人信用消费。很多中小消费金融平台一旦出现较高的借贷消费收不回款，就会出现资金紧张的局势，导致平台无法继续运营下去。但是阿里巴巴、京东、苏宁拥有足够的实力来抵挡住部分还款逾期、欠款不还等坏账现象。阿里巴巴、京东背后有小贷公司牌照，阿里巴巴背后还有网商银行，苏宁背后有消费金融公司牌照。可以通过资产证券化等方式实现资金的盘活。

在消费金融场景方面，电商巨头已不满足于仅仅做电商网购的消费金融。利用自身积累的数据和平台优势，电商巨头开放合作，取长补短，开始与各类机构合作进行旅游、教育、装修、汽车等消费金融领域，不断做大生态圈。预计未来消费金融将会成为拉动电商平台消费增长的重要动力引擎，巨头们围绕着电商消费金融的竞争将会越来越激烈。除了阿里巴巴、京东、苏宁三大巨头布局之外，其他诸如分期乐、趣分期等分期电商平台也都在围绕电商消费金融布局。

虽说巨头们进军整个消费金融市场具有十分明显的优势，不过目前它们还只是局限于基于电商平台的消费金融，在其他很多的垂直细分领域并没有涉入，这也就无法对其他消费金融市场构成威胁。

表 8-1　三大电商平台的消费金融

	白条	花呗	任性付
上线时间	2014 年 2 月	2015 年 4 月	2015 年 5 月
最高额度	10 万元	5 万元	20 万元
最长免息天数	30 天	41 天	30 天
最长分期情况	24 期	12 期	60 期
分期费用	0.5%~1%/月	3 期 0.8%/月、12 期 0.7%/月	0.498%~1%/月
适用范围	京东商城、其他	淘宝、天猫、口碑等	苏宁商城、其他
逾期费用	每日千分之五	每日千分之五	每日千分之五

2. 传统金融机构进攻线上消费金融

当前面对互联网金融所带来的竞争格局，传统金融机构应改变自身，积极应对挑战。在新兴互联网公司如火如荼地做消费金融的时候，传统金融机构创新的脚步也没有停下。

为了应对互联网金融挑战，多家银行开始布局互联网金融。例如，工商银行的电商平台"融 e 购"、建设银行的"善融商务"，都是传统银行搭建的互联网平台。工商银行 2014 年大力推进的电商平台"融 e 购"，大力推进消费金融产品

"逸贷"。截至 2015 年第三季度末，工行"融 e 购"电商平台交易额突破 5000 亿元，线上消费金融产品"个人逸贷"已经获得 430 万客户，贷款余额超过 2000 亿元。工商银行是金融机构自建电商场景的典型代表。各家银行对于互联网金融的理解和发展模式都有着自己的考虑，也都在试着找出最适合自身发展的路线。在互联网金融行业中，中国平安可谓传统金融行业成功转型的典型代表之一，其麾下的互联网金融平台——陆金所几乎成为行业样本，不少新晋互联网金融平台纷纷效仿。目前，陆金所个人用户已经超过 2000 万人，其中活跃投资者超过 500 万人。陆金所平台上已有实物商品销售业务，通过在平台上进行 P2P 借款，投资人事实上已经可以获得消费金融服务。陆金所也对更加直接的消费金融业务有所谋划。在陆金所这样一个巨型平台上，各类消费金融公司未来也可能入驻，借助平台优势扩大消费金融业务，同时也间接提升了平安的消费金融业务。

受制于消费场景的制约，消费金融公司也在不断拓展线上合作伙伴，实现消费金融互联网化。随着消费金融牌照放开，消费金融公司股权结构日趋多元化，逐步从以银行为主拓展到家电制造业、零售百货企业、电子商务企业等。股东背景的差异一定程度上决定着消费金融公司资源的占有，具有互联网基金的公司必定会将自身消费金融的能力与线上的消费金融场景以各种方式实现结合。苏宁消费金融公司背后有苏宁电商的平台支持，拥有得天独厚的线上应用场景。苏宁有 1600 多家门店遍布全国，苏宁消费金融公司可以通过发挥苏宁电商平台和线下门店的优势来实现 O2O 全渠道运营。以重庆百货为主要股东的马上消费金融公司一方面对接零售商股东的会员卡，另一方面通过 APP、Web 端获得散客，或与线上公司合作等方式批量转化客户。第一批试点的北银消费金融公司有线上贷款服务平台——轻松 e 贷，还推出基于线上手机 APP 服务端的小额贷款产品——极速贷，实现全流程贷款线上申请，不断推进着业务的互联网化。

3. 各类垂直领域的消费金融

与互联网巨头相对比的是，很多"小而美"的企业也纷纷加入消费金融蓝海，做专业领域的消费金融。这些小企业可以分为两类：一类是原本就有一定消费场景的垂直网站，比如链家、易车网等；另一类是数量庞大的 P2P 公司。继理财、借贷风险不断暴露后，消费金融成为 P2P 公司新的发展方向。

原本就有一定消费场景的垂直网站，涉及房产、车辆、旅游、教育等多个消费场景。这些机构拥有多年耕耘的市场知名度，通过和消费金融公司、小贷公司或者自己设立 P2P 理财网站，获得消费金融的资金来源。

而原本做 P2P 网贷的很多企业从事消费借贷，往往会基于某个消费场景，针对有借贷需求的消费者设一个标，等到贷方资金到位后将款项用于特定消费，避免资金转作他用，从而控制风险。与传统的狭义消费金融不同，新型消费金融更具想象空间。

从目前国内的现有消费金融生态来看，消费金融公司、电商巨头数量相当有限，在创新和覆盖方面还有待提升。广大的 P2P 公司天然具有极强的创新能力。从整个消费金融的生态上来看，P2P 综合消费金融包括了个人房贷、车贷、医疗贷、教育贷、耐用消费品贷等，这给予了消费者更多的选择。对于每一个消费者而言，他们在很多方面都会有贷款的需求，这些相比单独的电商消费金融等拥有了更全面的选择。比如，P2P 网站美利金融通过布局二手车与 3C 电子产品消费场景，以全资子公司力蕴汽车金融和有用分期布局资产端，线上对接有投资需求的投资人，线下对接有消费需求的借款人，双向打通理财端和借款端。在资产端，美利金融提供面向个人的消费金融服务，单笔借款额更低、更分散（3C 笔均 3000，二手车笔均 60000[①]），从而降低了风险。

然而，消费金融对于 P2P 平台来说，意味着更高的风险系数。首先，做消费金融，没有庞大的风控体系是很难做到的。广大的消费人群的个人信用数据、贷后风控管理是个很复杂的工作。其次，P2P 平台缺乏场景化入口。这就意味着消费金融需要一个消费的生态，诸如京东的白条，阿里的花呗，他们紧紧围绕着自己的电商平台，刺激消费者通过这种借贷方式进行提前消费。所以，现有的 P2P 平台只能通过和相应场景进行合作，引入场景完成消费金融，但这样的获客成本较高。最后，P2P 平台相对来说成立门槛低，预计未来会有更多平台涌入这一市场，竞争也会日趋激烈，再加上监管政策的变化，未来可能会有相当一部分 P2P 平台被淘汰，剩下的会在垂直领域做精做深。

---

① 新闻来源：http://www.cankaoxiaoxi.com/finance/20160107/1047288.shtml。

四、案例——京东消费金融

京东金融在互联网消费金融领域发力较早。基于京东商城 10 多年来的正品 B2C 品牌和 1.5 亿忠实客户的消费者基础，2014 年 2 月，京东金融推出互联网消费领域首个消费分期产品——"白条"，消费者在京东商城购买商品时，可以根据自身的信用额度，享受 30 天内免息，并选择 3~24 期分期服务，由此大大提升了消费者的消费能力，消费者可以买到更多自己喜爱的货品。2015 年"双十一"期间，京东白条用户同比增长 800%，客单价达 800 元，分期客单价达 1500 元[①]。据了解，在京东商城消费的"白条"主要采用赊销模式，是京东商城的应收账款。目前，随着京东集团场景不断扩容，"白条"实现了对京东生态圈内京东商城、京东全球购、京东到家、京东产品众筹等平台的全覆盖。

为了走出京东，在更大的范围做消费金融，2015 年，京东金融开始布局京东外更多生态体系，包括和链家合作租房白条、首付游等线上旅游平台及线下旅行社合作的旅游白条、居然之家旗下居然装饰、绿豆家装等装修机构或垂直装修平台合作的装修白条以及新东方旗下新东方在线教育等机构合作的教育白条等。这些都是京东金融和线下行业的商家进行合作而开发的，将线下消费场景挪到线上入口，提高了线下企业的获客数量和消费者的支付能力。而这部分的消费金融都是由小贷公司资金来支持，属于个人信用消费贷款。京东金融陆续投资了一些优质的、具备场景覆盖能力或用户运营能力的公司，比如首付游、买单侠等，在消费金融业务的用户延伸上实现优势互补。

和传统金融机构合作，也是京东金融未来在消费金融方面的布局。2015 年 8 月，京东金融联合中信银行开发出的白条联名卡上市，100 天申请数量过 100 万，创下行业丰碑。据了解，这张卡的申请全部在京东金融平台上完成，中信银行参考京东金融对"白条"的大数据信用评分，为"白条"用户申请者增信。

---

① 新闻来源：http://finance.huanqiu.com/roll/2015-11/7966370.html。

2016 年，京东金融与光大银行联合打造白条联名信用卡——光大小白卡，推出银联和 VISA 两个版本，将消费场景从境内拓展到境外，意在帮助当下奋斗的年轻人，实现第一次境外旅行的梦想。光大 VISA 小白卡持卡人可享受终身免年费、境外免货币转换费及免取现手续费、出行赠送百万意外险等多重礼遇。

作为"白条"信用在现金消费场景的延伸，京东消费金融还推出现金借贷产品——"金条"，给更多的年轻人带去更多消费金融权益。

互联网消费金融获客难，风控更难。最重要的就是数据的获取分析和提炼应用。大数据获取方面，京东消费金融业务风控以京东商城庞大的交易数据为基础，同时覆盖了物流、用户等京东生态体系内的所有有效数据，在京东生态圈之外，京东金融通过各种合作、投资模式，可以获取到更多的生态数据。大数据应用方面，京东金融开发出风险控制模型体系、量化运营模型体系、用户洞察模型体系、大数据征信模型体系。京东金融陆续投资了多家行业内顶级的大数据公司，通过开放合作的方式，获取更多能力和经验，在内部的产品和品类之间建立了多维数据关联。消费者在申请"白条"时，会根据消费者的消费记录、提供的信息来决定消费者的信用额度。其中信用优质的消费者，有机会接到京东金条的开通邀请。目前，京东金融已经完成 2 亿消费者的信用评分。

和苏宁电商的消费金融相似的是，京东消费金融正在申请消费金融牌照。积极申请加入央行征信，接入支付清算协会互金信息共享系统，带动国内新金融机构完善征信评估，和高级人民法院失信执行人名单系统对接，强化风控并推动社会信用体系建设。这些行为都将大大提高对消费者的约束能力，提升消费金融资产的质量。

为了扩充资金来源，2015 年 10 月，京东白条首期应收账款收益权资产证券化产品在深交所挂牌交易。截至 2016 年 4 月 8 日，京东白条已经连续发行 4 期，未来会继续滚动发行。其中，第 4 期的优先级利率低至年化 3.8%。值得注意的是，京东金融甚至拿到了"京东金融—华泰资管 1~5 号京东白条应收账款债权资产支持专项计划"的深交所无异议函，首次获得备案制支持，实现一次备案多次发行。该专项计划规模总额为 100 亿元，在规模范围内可分为 5 期灵活发行。

毫无疑问，京东金融的"白条"脱胎于京东商城的分期购物消费，有京东集团的信誉背书，在市场推广和消费者教育上具有先天的优势。从线上到线下，从

京东生态圈内到生态圈外，"白条"不断向各个领域延展，已覆盖了电商、O2O、教育、租房、装修、旅游等众多消费场景。同时，向全行业输出"白条"的核心能力，包括风控能力、系统性产品能力、品牌服务能力。线上线下活动、地推等方式同样出现在京东的"白条"推广上，每到电商各类节日时，我们也能看到各类场景的白条会推出一系列免息或者优惠等活动。这些营销方式其实和各类消费金融机构（包括传统消费金融）是相同的。不能否认，其实对于消费金融这个新兴概念，很多消费者是有情结的。比如说一家互联网机构营造了一种独特的消费金融生态圈，让消费者在体验产品便捷度的同时，也能感受到文化的气氛。京东金融的"白条"系列主打年轻人消费，在营销理念上也比较前卫，很受当下年轻人的喜爱。这是一种文化定位，值得各类互联网消费金融机构借鉴。

五、互联网消费金融的"痛点"

当下我国经济社会正在经历着全方位的互联网化和金融化。经济增长方式由投资拉动转为由消费驱动，伴随着"互联网+"战略的推进和供给侧改革的巨大号召，互联网消费金融充满了巨大的发展机遇。与机遇伴随的是无处不在的风险。

第一，商业模式有待探索。目前互联网消费金融还没有既定的、确定的盈利模式，大量企业通过补贴等市场营销费用吸引消费者，目前仍然处于开拓市场的阶段。互联网消费金融不是简单地将传统金融业务互联网化，而是要通过商业模式的重塑，以更低的价格、更好的体验服务更多的人群。这客观上要求从业机构降低息差依赖，通过为用户创造增值服务来建立可持续的商业模式。消费金融从业主体首先需要具备超强的运营能力和规模足够大的用户，除了将产品全面、流畅、自然地嵌入到各类消费场景中，为用户提供极致使用体验外，互联网消费金融还需要为用户创造更多的增值服务来增加用户黏性，同时要实现盈利以维持长期发展。目前，有效商业模式将是行业发展共同面临的挑战。

第二，欺诈风险日益严峻。互联网消费金融对风险管理技术提出了前所未有的要求，传统商业银行的风控手段已经不够用了，必须根据业务流程做到全面风险管理。当前市面上不乏存在专业的针对互联网消费金融产品的诈骗、套现组织，不仅需要从业机构自身升级风控系统和流程，还需要借助广泛的外部数据平台和云端反欺诈系统提高风险防范水平，更需要行业共同努力来抵御风险。建议进一步加强个人征信体系建设，构建以人民银行征信为主、市场化征信为辅的多元化征信机制；加强公安、司法等政府公共信息分享，提升从业主体征信能力、降低征信成本。消费金融行业应当共建反欺诈风险联盟建设，鼓励行业协会成员"黑名单"信息共享，构建联防、联控、联动的风险管理合作机制，进一步提升欺诈风险防控能力。

第三，资金来源渠道受限。互联网消费金融除了电商平台基于小贷公司、消费金融公司获取资金外，对大部分P2P平台的资金来说不一而足。如今互联网消费金融的竞争，不仅是客户获取、场景拓展和风险控制能力的竞争，更是广泛多元化营运资金筹措能力的竞争。客户的瞬时性、并发性信用行为对资金保障能力提出了前所未有的挑战。目前，互联网消费金融主体如消费金融公司绝大多数无法吸收公众存款，大多是用注册资本金、个别开始运用资产证券化筹资，但总体上筹资渠道较窄。因此，大体量、低成本、多渠道的资金来源是互联网消费金融发展的关键。建议进一步拓宽从业机构融资渠道，进一步降低初创期消费金融公司融资门槛，适当缩短资产证券化的要求年限、允许发行特种消费金融债等，鼓励金融机构同业间开展回购式质押融资等。同时进一步加大政策支持力度，建议推行和细化财政补贴与税收减免等政策，加大创新奖励力度，进一步发挥政策引领和助推作用。

第四，监管体系有待完善。目前，虽然央行等部委出台了《关于促进互联网金融健康发展的指导意见》，但针对互联网消费金融业态的监管细则尚未出台，致使分类监管缺乏具体可操作性，容易出现监管真空。传统的消费金融公司等机构依然受制于传统监管理念和思路，创新支持缺乏，而其他互联网消费金融从业主体则可能创新过度，风险加大。建议进一步完善互联网金融法律体系、明确相关业态监管细则、规范行业准入标准，将从业主体纳入统一监管，进一步营造公平有序的市场竞争环境。同时进一步调整监管思路，树立适应互联网特征的监管理念，实行包容性监管，对创新性强、普惠金融发展好的金融机构保持一定的监管容忍度，进行创新支持。建议加大互联网消费金融网络环境的监控和整治力度，建议公安、银监、司法等部门与网络运营商定期联合开展合作和信息共享，加大对网络金融违法犯罪的打击力度，严格查处违法犯罪行为，并追究相应的民事、行政、刑事责任。

六、 2016 年的互联网消费金融

2015 年 11 月，国务院印发了《关于积极发挥新消费引领作用　加快培育形成新供给新动力的指导意见》，进一步表示国家支持积极发挥新消费引领作用，鼓励符合条件的市场主体积极筹建消费金融公司，并推动消费金融公司试点范围扩充至全国。在政策利好下，风头正劲的消费金融，未来将会出现更多的包括电商、银行、消费金融公司涉足互联网消费金融服务。

2016 年 3 月 30 日，央行联合银监会发布了《关于加大对新消费领域金融支持的指导意见》。《意见》从积极培育发展消费金融组织体系、加快推进消费信贷管理模式和产品创新、加大对新消费重点领域金融支持、改善优化消费金融发展环境等方面提出了一系列金融支持新消费领域的细化政策措施。

当前，人们收入水平和物质文化需求逐步提高，然而在我国，市场却呈现出较为明显的供需错配，尤其是有品质的产品，以及大众需求旺盛的服务业都出现了供给不能满足需求的状况，尤其是在教育、医疗、金融、旅游等领域，供给存在明显的短板。

消费金融本身属于金融业，而金融业本身就是市场资源配置中供给属性较强，能够为资源配置起到结构优化作用。通过发展消费金融的方式，可以为整个社会经济的转型与结构调整贡献较大的力量。随着拉动经济的"三驾马车"中的出口和投资增速下降，从消费端发力是提升经济发展速度和质量的必经之路。从金融产品创新看，个人信贷业务是传统银行难以全面惠及的领域，建立专业化的个人消费金融系统，能够更好地服务于居民个体。

值得一提的是，电商、银行、消费金融公司之前并没有绝对的壁垒，比如电商可以申请成立消费金融公司，电商平台可以利用场景优势与消费金融公司合作，利用其流量优势与 P2P 平台合作，而 P2P 平台可以发挥其垂直领域的优势寻求和各类消费金融机构的合作。但是随着个人征信的不断完善，风险识别和资产定价能力的提升，银行、持牌消费金融公司、互联网和零售巨头、垂直领域的创业公司的市场边界将逐渐清晰。通过市场主体不断试错，存量和增量市场的消长互动，不同客群的迭代跃迁，经历经济周期的洗礼，最终形成多层次的中国消费金融格局和生态。作为新兴的金融领域，消费金融方兴未艾，未来发展空间巨大。但对于行业从业机构来说，最重要的就是场景和风控。2016 年，将是互联网消费金融大爆发的一年。各类消费场景将被充分挖掘，各类消费金融机制将被充分创造，很多平台在深挖垂直领域成为其间的专家，而围绕这些创新的风控机制也会得到质的提升。大浪淘沙，2016 年将会涌现一大批资质精良的互联网消费金融企业和互联网消费金融商业模式。

地方篇

第九章
2015 年京津冀地区互联网金融发展概况

一、2015 年北京互联网金融发展概况

（一）综述

随着互联网金融风生水起，北京的互联网金融行业也顺势而起。北京作为全国政治、文化和国际交往中心，聚集着丰富的金融资源，金融业已经成为支持首都经济的龙头产业和支柱产业。北京金融机构总部集中，金融人才聚集。此外，北京发展互联网金融有着良好的基础，政策出台及时、区位优势明显，使得本地区的互联网金融竞争力处于领先地位。2015 年年末，北京 P2P 的运营平台数超过全国平台总数的 10%，全年累计成交量占全国总量近三成。互联网金融的其他业态如众筹、互联网保险、消费金融等也得到了快速发展。这说明，无论传统金融还是新兴的互联网金融，北京都有突出的发展优势，但行业的快速发展创新也伴随着一些风险事件，规范行业发展将被放在更加重要的位置。

（二）城市优势

北京具有互联网金融发展的天然环境。互联网金融是基于互联网渠道而产生

的新型金融业态，即互联网渠道是参与互联网金融的必备手段，也是唯一手段。据CNNIC《中国互联网络发展状况统计报告（2015年2月）》显示，截至2014年12月，北京网民数达1593万人，互联网普及率为75.3%，网民规模增速2.4%，在中国大陆31个省（市、自治区）中互联网普及率排名第1位。

金融和IT人才的区域聚集效应明显，各知名高校毕业的金融和IT人才过半数聚集在北上广，其中北京高校毕业的金融和IT人才超过七成在北京聚集，形成了互联网金融发展的良好土壤。另外，北京市居民重视投资理财，是受互联网金融覆盖最早的一批人员之一，理财意识较强。在北京进行互联网金融创业既可以享受政策优势，又可以享受覆盖人群的更高关注，还能得益于金融平台集聚的增进效应。人均电子商务成交额可在一定程度上反映当地网络经济发展概况和人们参与电子商务的积极程度，预计2015年北京人均电子商务成交额可达46477元，电子商务成交额将达1万亿元，或占全国电子商务成交额比重的5.56%。

北京在互联网金融产业园区的建设上也是先行者，2013年8月30日，北京市首个互联网金融产业基地落户石景山区，该区每年将安排1亿元专项资金，扶持这一新型金融产业的发展；2013年12月13日，中关村互联网金融产业园挂牌成立，成为国内首个互联网金融产业园，中关村所在的海淀区在建设互联网金融产业中心方面走在了全国前列。

（三）鼓励政策

2015年国务院及相关部委先后发布了《关于积极推进"互联网+"行动的指导意见》及《关于促进互联网金融健康发展的指导意见》等文件，对"互联网+"及"互联网金融"的发展起着非常重要的指导作用。2015年北京市政府工作报告指出，"打造大众创业、万众创新新引擎。落实大众创业万众创新行动计划，支持众创、众包、众扶、众筹发展。鼓励发展投资促进、培训辅导、媒体延伸等创新型孵化器，打造特色鲜明的众创空间。落实加快建设国家科技金融创新中心的意见，构建科技金融一条龙服务体系。推动出台中关村互联网金融综合试点方案，开展股权众筹融资试点，加强互联网金融监管"。这是北京市政府工作报告连续第三年提到"互联网金融"的字眼。在此前的2014年北京市政府工作报告中提到，"制定实施促进生产性服务业发展的意见，抓好石景山区国家服务业综合改革试点和中关村现代服务业试点，发展互联网金融、大数据金融，提升信息服务业、科技服务业发展水平"。在此之前的 2013 年北京市政府工作报告中，互联网金融作为一个术语被第一次提及。这也是北京市政府对互联网金融的第一次表态："建设科技金融服务平台，推进国家保险产业园建设，支持民间资本依法发起设立中小型银行、金融租赁公司、消费金融公司等金融机构，促进互联网金融健康发展，建立地方金融安全监管体系。"在这三届政府工作报告中虽然对"互联网金融"都有提及，但侧重点不同。在 2013 年互联网金融第一次进入政府报告层面的时候，关键词是"监管"和"健康发展"，到了 2014 年就变成了"加速发展"，再到 2015 年的"推动试点"和"加强监管"，可以看到北京一直在对互联网金融的健康发展进行有益的探索。

北京在制定互联网金融政策方面，具有较强的敏感性及前瞻性，出台了一系列鼓励和支持互联网金融发展的政策，相关方面的高层也纷纷表态发言大力支持互联网金融在当地的发展。这些举措为本地区的互联网金融发展明确了发展目标，确定了发展方向，形成了总体发展思路，这对互联网金融机构在当地集聚发展起到积极的推动作用，更有利于当地在发展互联网金融产业领域抢占先机。海淀区政府于 2013 年 10 月 19 日正式发布了《关于促进互联网金融创新发展的意见》（以下简称《意见》），该《意见》提出了多项吸引互联网金融机构聚集的优惠政策，如租房补贴、北京户口、工作居住证、子女入学及公租房等方面给相关机构及从业人员给予优惠，自《意见》颁布之后，海淀区在集聚互联网金融机构方面优势明显。中关村互联网金融中心位于中关村核心区丹棱区甲 1 号，2015 年很多 P2P 网贷公司、第三方支付企业、金融大数据企业、金融产品搜索平台陆续搬了进来。这栋已聚集 30 余家互联网金融各产业链企业的大楼，成为全国首家聚焦吸引互联网金融行业全产业链的建筑，也成了名副其实的互联网金融中心。

在北京，对互联网金融表示热情的并不只有海淀区，石景山区政府于 2013 年 8 月 30 日发布了《石景山区支持互联网金融产业发展办法（试行）》，该《办法》提出在中关村科技园区石景山园建设互联网金融产业基地，鼓励互联网金融企业在石景山区设立和发展，并提供金融创新资金、人才、环境等支持。2015 年 10 月，市政府制定并发布《北京市关于大力推进大众创业万众创新的实施意见》，着力打造中关村股权众筹中心。

（四）发展亮点

2015 年北京有多个互联网金融相关的机构成立，2015 年 5 月 18 日，全球首家互联网金融主题博物馆——"互联网金融博物馆"，在北京市海淀区互联网金融产业园隆重开馆。2015 年 6 月 18 日，"北京互联网金融安全示范产业园"在房山授牌，这标志着房山互联网金融产业引领创新驱动发展迈入里程碑式的新阶段。2015 年 6 月 26 日，首都金融服务商会成立了互联网金融专业委员会。

2015 年，北京 P2P 网贷行业保持快速发展势头。2015 年年末，北京 P2P 运营平台数超过 300 家，超过全国平台总数的 10%；全年累计成交量约为 2850 万元，在省级行政单位中仅次于广东，占全国总量近三成。在这期间，众筹也取得了长足的发展，北京已成众筹平台聚集之都。2016 年 1 月 12 日，中关村众筹联盟与融 360 大数据研究院联合发布的《2016 中国互联网众筹行业发展趋势报告》显示，截至 2015 年年底，全国正常运营的众筹平台达 303 家，分布在 21 个省份。报告显示，随着众筹行业得到认可，2015 年新增 125 家众筹平台。其中，北京成为众筹平台最青睐的地区，共有 63 家平台，其中 38 家为股权类众筹平台；其次为广东与上海，共有 61 家与 40 家众筹平台。

2015 年消费金融取得了长足的发展，京东白条、蚂蚁花呗快速扩张。总部在北京的京东金融现有理财、京东众筹、京东白条等多项业务。2015 年 4 月 28 日，京东金融宣布网银钱包更名为京东钱包，网银+更名为京东支付，提出围绕京东支付体系，为用户提供全方位金融解决方案。2016 年 1 月 16 日下午，京东集团宣布旗下京东金融子集团已和红杉资本中国基金，嘉实投资和中国太平领投的投资人完成具有约束力的增资协议签署，融资 66.5 亿人民币。京东金融投资了基于机器学习算法的三家大数据量化分析公司——数库，聚合数据，以及美国的大数据分析公司 Zestfinance 来增强其在消费金融领域的影响力。

为积极配合国家相关重要政策的落实，促进我国互联网金融的健康发展，经中国国际贸易促进委员会批准，首届中国（北京）国际互联网+金融博览会（简称"互联网金融展"）于 2015 年 12 月 10~13 日在北京中国国际展览中心老馆举办。互联网金融展首次将"互联网+"、大金融、众筹及私人理财等诸多线上线下金融项目通过传统的展览平台整合起来，以"融合共赢促发展，普惠金融利民生"为主题，以"互联网+新型展会"的创新展览模式，集中展示我国互联网金融行业发展风貌，搭建互联网金融品牌推广、市场拓展、合作对接及理财交流的一站式平台。同时，由易观智库、中展集团联合主办的"量化变革之数说金融新常态"论坛也于展会期间举办。论坛将大数据时代下的互联网金融创新、挑战与发展等话题展开深入的交流和探讨。

(五) 代表性企业

1. 有利网

有利网于 2013 年 2 月 25 日上线，有利网有三个主要创始人，分别是 CEO 刘雁南、联合创始人任用和 COO 吴逸然，其创始人中刘雁南曾经有 4 年的美林证券投行部工作经历和两年的私募股权基金 TPG 供职经历，任用则是"创二代"，其父亲任晋生先生早年创办的先声药业已在美国纽交所上市，任用是先声药业的主要股东之一；吴逸然则有 3 年的家族房地产企业工作经验，参与过 10 亿元房地产项目交易。有利网在 2015 年经历了较大的人事变动，原 CEO 刘雁南最终还是离开了有利网自立门户，而原有利网 COO 吴逸然将接替刘雁南出任 CEO 一职，任用则在有利网完成 B 轮融资前后便逐渐隐退。

如今有利网已迅速成长为知名度较高的 P2P 网贷平台，在行业内较早开展了与第三方担保机构的合作，已经和超过 20 家全国最优秀的小额贷款公司合作，包括重案新野、证大速贷和金融联等，这些合作机构的营业网点遍及全国，因此可以在全国范围内寻找优质借款客户。

截至 2015 年 12 月 31 日，有利网累计成交金额达 196 亿元，较 2014 年年末增长 213%；注册用户数突破 388 万人，较 2014 年年末增长 71%；累计借款 90 多万笔，较 2014 年年末增长了 580%；为有利网用户赚取收益超过 8 亿元，较 2014 年年末增长 288%。

2. 宜人贷

宜人贷由宜信公司于 2012 年推出。宜信公司创建于 2006 年，总部位于北京。成立 9 年来，宜信致力于成为中国普惠金融、财富管理及互联网金融旗舰企业，坚持以模式创新、技术创新和理念创新服务中国高成长性人群和大众富裕阶层。目前已经在 232 个城市（含中国香港）和 96 个农村地区建立起强大的全国协同服务网络，通过大数据金融云、物联网和其他金融创新科技，为客户提供全方位、个性化的普惠金融与财富管理服务。

宜人贷为有资金需求的借款人和有理财需求的出借人搭建了一个轻松、便捷、安全、透明的网络互动平台。个人借款人在网上发布借款请求，通过信用评估后，获得出借人的信用借款资金支持，用以改变自己的生活，实现信用的价值；而个人出借人获得经济收益和精神回报双重收获。宜信引入国外先进的信用管理理念，结合中国的社会信用状况，为平台两端的客户提供包括信用咨询、评估、信贷方案制定等多方面专业的全程信用管理和财富管理服务。通过宜信搭建起的网络借贷平台，使两端客户之间的信贷交易行为变得更加安全、高效、专业、规范。2015 年 12 月 18 日，宜人贷正式在纽约证券交易所挂牌交易，交易代码为"YRD"，开盘价 10 美元，与发行价持平。

根据 2016 年 3 月 10 日宜人贷发布的 2015 年全年财务业绩，2015 年全年宜人贷促成借款规模比 2014 年实现 3 倍增长，年度净利润达到近 3 亿元。宜人贷累计借款交易促成金额近 15 亿美元（超过 95 亿元），同比 2014 年实现了 326% 的增长；营业收入超过 2 亿美元（13.1 亿元），同比实现超过 5.5 倍的增长；净利润超过 4380 万美元（2.75 亿元），净利率达到 21%。

3. 人人贷

人人贷是人人友信集团旗下公司及独立品牌。自 2010 年 5 月成立至今，人人贷的服务已覆盖了全国 30 余个省的 2000 多个地区，服务了几十万名客户，成功帮助他们通过信用申请获得融资借款，或通过自主出借获得稳定收益。作为中国最早的一批基于互联网的 P2P 信用借贷服务平台，人人贷以其诚信、透明、公平、高效、创新的特征赢得了良好的用户口碑。现在，人人贷已成为行业内最具影响力的品牌之一。人人贷 2015 年与民生银行展开资金存管及风险备用金存管合作，提高了客户资金安全性。2015 年，人人贷交易额超过 75 亿元，较上年增长 102%。平均投标利率在 11.58% 左右，在帮助到 11 万余名借款人的同时，共为用户赚取收益 6.9 亿元。

4. 京东白条

京东白条是京东的个人消费贷款服务业务，在 2013 年年底内测，在 2014 年 2 月 13 日、14 日面向用户公测，获得公测资格的京东用户可以在 15~28 日获得白条额度、优惠券、优惠费率，在京东使用"京东白条"进行消费。用户可以在京东首页点击"京东白条"专区，在填写姓名、身份证号码、银行卡信息等申请材料后，京东首先会对用户在京东上的消费记录、配送信息、退货信息、购物评价等数据进行风险评级，每个用户将获得相应的信用额度，最高1.5万元。

2015年9月24日，京东金融对外发布了消费金融战略，提出了未来三年，白条用户数将与京东用户体量匹配的战略目标。同时还公布了"京东白条"上线半年的相关数据，第二款"白条"产品"校园白条"也正式亮相。2015年9月，"京东白条资产证券化"项目已获证监会批复，并由华泰证券发行，于2015年10月在深交所挂牌。白条在京东战略版图中有重要战略意义，是京东未来需要的"三驾马车"——物流平台、技术平台和互联网金融之一。

5. 弘康人寿

弘康人寿自2012年7月19日成立以来一直主打理财险，主攻互联网渠道，主要借助有高流量入口的电商平台，主要是与京东合作，超过6%的理财产品收益加上京东的渠道，使得弘康人寿仅2015年第三季度就获得约80亿元的规模保费，是2015年上半年的两倍。2015年第三季度凭冲击理财市场获得同比近3倍规模保费收入。截至2015年9月底，弘康人寿实现规模保费收入约117.3亿元，首次突破100亿元大关，为弘康人寿带来规模保费的主要是京东金融与弘康人寿合作推出的历史年化结算利率为6.4%的"京弘半年盈"及历史年化结算利率为6.6%的"京弘年度盈"，均属京东金融理财平台中的定期理财产品，两款产品期限均为6年。门槛为每份1000元，其中"京弘半年盈"在购买6个月内退保将收取不超过5%的手续费，6个月后任意时间领取无手续费；"京弘年度盈"则标明1年后任意时间领取无手续费。2015年"京弘半年盈"产品已成交金额超过7000万元，"京弘年度盈"产品已成交金额超过1亿元。

6. 人人投

人人投总部位于北京，于2014年2月上线，是我国首家专注于线下实体店铺股权众筹（现为"互联网非公开股权融资"）的互联网平台，是目前我国实体店铺众筹领域中，融资总额最大、上线项目最多、融资成功率最高、平台用户量最大的平台。截至2016年3月，人人投平台注册用户逾270万人，成功众筹金额达7.2亿元，成功众筹项目286个，融资成功率达90%，单个项目最高众筹金

额 2590 万元，在实体店众筹领域的领先地位十分明显。人人投为创业者提供线上、线下项目路演，寻找融资相关服务；为投资者筛选项目、提供项目运作等投资相关服务，充分实现资本的合理流动和资源的优化配置。针对的项目是以身边的特色店铺为主，投资人主要是以草根投资者为主。全部人人投项目必须具备有2 个店以上的实体连锁体验店，项目方最低投资 10%。人人投凭借有力的推广平台让项目方在线融资的同时也在进行品牌宣传。人人投不仅是众筹资金，更是为好项目保驾护航。

7. 积木盒子

积木盒子平台上线于 2013 年 8 月，是一家国内领先的科技金融公司，定位于为中产阶层提供金融服务。公司旗下运营的全球化智能综合理财平台涵盖积木股票、积木基金、固定收益理财、零售信贷等产品。积木盒子旗下公司拥有中国监管部门颁发的基金代销牌照、企业征信牌照在内的多个准入资质。公司已获得了三轮投资，投资人包括 Investec Bank、经纬、小米、海通、淡马锡祥峰、银泰资本等国内外知名机构。截至 2015 年年末，积木盒子累计撮合投融资交易 120亿元。积木盒子是一个面向个人投资人的理财融资平台。平台主打优质理财，主要提供平均年化 8%~13.5% 的稳健型理财产品。产品类型包括企业经营贷、房产抵押贷、车辆抵押贷、房产周转贷、车辆周转贷、个人消费贷等。积木盒子平台由北京乐融多源信息技术公司运营。积木盒子将有融资需求的借款人与有富余理财资金的投资人进行在线信息配对，一端帮助投资人寻找到风险收益均衡的理财产品，另一端帮助有良好资质的中小企业解决融资难的问题。在收到企业融资需求后，积木盒子会针对申请进行实地走访、审核调查和风险评估。项目审核完成后，融资方会在积木盒子的帮助下完成担保服务的申请。在风险和收益达到平台要求后，积木盒子和融资方签订正式协议，项目被投放到平台，面向大众进行融资。平台会向借款人和投资人提供后续的贷中、贷后服务。积木盒子于 2015 年4 月推出了"穹顶计划"。"穹顶计划"是积木盒子平台为广大投资人推出的更加合理的贷后保障制度，积木将和多家有资金实力的第三方机构及积木盒子的融资人合作设立逾期债权收购储备资金，这笔资金将被用来收购未来所有参与"穹顶计划"的发生逾期或违约的项目资产，以保障广大投资人的权益。为保证履约能力，积木盒子也公开披露并公示该项资金的金额，目前"穹顶计划"资金达 1

亿元。

8. 91 金融

91 金融成立于 2011 年 9 月 1 日，2011 年 10 月，获得经纬创投首轮投资；2013 年 9 月，获得田溯宁旗下宽带资本等多家机构的第二轮投资；2014 年 7 月，91 金融获得第三轮投资，领投方为海通证券直投子公司海通开元，前期投资人宽带资本、经纬创投等跟投，成为大型金融机构投资的互联网金融企业。现在 91 金融已经从在线金融产品导购和销售平台，逐步升级为大型安全高收益互联网金融服务提供商。91 金融已经建立了一个以 91 金融云和 91 金融开放平台为基础，以在线的金融产品与服务导购平台 91 金融超市、面向中小企业理财服务的 91 增值宝、打通资产证券化市场的互联网直接理财平台 91 旺财、面向二级市场的互联网证券业务 91 股神、面向金融从业者的专属信息平台 91 金融圈等五项业务为支撑点，对接数万家金融机构、中小微企业以及上亿金融消费者，每天产生上百万次金融消费业务的金融生态系统。91 金融所打造的金融生态系统，解决了传统金融体系流动性和风险控制的问题，让金融需求对接更精准，流动性更快。让金融资产定价更合理，让风险控制更有效，最终帮助数以亿计的消费者、中小企业以及传统金融机构，更加高效地实现金融交易。此外，91 金融于 2015 年还推出众筹业务——摘星众筹，以"星星之火，梦可众筹"为口号，致力于成为有 300 万用户参与的众筹平台。作为 91 金融生态的一部分，众筹平台通过立足文化产业，为大众创新服务。未来，摘星网将深耕出版、影视、娱乐、科技、智库等众多领域，进一步挖掘创业者梦想的力量，向所有用户提供创新的定制产品。

二、2015 年天津互联网金融发展概况

（一）综述

天津作为我国改革开放前沿阵地，已经成为具备一定全国影响力的要素枢纽，天津是继北京、上海之后全国第三个拥有金融全牌照的城市，金融业有望成

为天津经济社会持续发展的支柱产业。天津融资租赁等金融业态的发展水平全国领先。天津的融资租赁业占全国规模的1/3，业务量占全国的1/4，相比北上广都有绝对优势。天津自贸区的建设也将为金融创新活动提供更加广阔的空间。金融创新是天津自贸区方案中的重点内容，也是《京津冀协同发展规划纲要》中对天津的重要定位。天津市已经形成了立体推动天津市互联网金融发展的良好生态。2015年7月7日，天津自贸区内首家互联网金融平台——"添金融"与"添金投"正式宣告上线，该平台由天津股权交易所投资设立。天津的互联网金融平台业务模式较新，票据理财、供应链金融都有所涉及。与此同时应该注意到，相对于北上广深，天津互联网金融平台数目还是明显偏少的。

（二）鼓励政策

2015年天津市政府工作报告指出，"全面推进重点领域改革。协同推进简政放权、放管结合、优化服务，全面深化'十个一'改革，继续减少、下放行政审批事项，完善权责清单制度，深入推进商事登记便利化，实施信用风险等级分类管理，建立联合惩戒机制，切实做好事中事后监管。加快金融改革创新，巩固扩大融资租赁、商业保理、互联网金融等新型业态优势，大力发展直接融资，集聚更多金融要素资源，切实防范金融风险，基本建成金融创新运营示范区"。这是连续第二年天津市政府工作报告中提到促进互联网金融行业发展。在此前的2014年天津市政府工作报告中提到，"继续深化经济体制改革。加快推进经济领域重点改革，坚决破除制约发展的体制障碍。加快金融改革创新步伐，做大做强银行、保险、证券等传统金融机构，集聚发展融资租赁、商业保理、互联网金融等新型金融业态，规范发展股权投资基金和创新型交易市场，大力发展科技、航运、消费金融。拓宽社会融资渠道，推广新型融资工具，探索政府和社会资本合作（PPP）等投融资模式，用好中小微企业贷款和保险风险补偿机制，引导金融机构加大对实体经济的支持力度，着力破解融资难、融资贵问题。完善政府债务'借用管还'机制，防范金融风险"。两届政府工作报告中对发展互联网金融等新兴金融业态发展的直接提及显示了天津市政府层面对互联网金融的重视。

2015年11月，《天津市金融改革创新三年行动计划（2016~2018年）》（以下简称《计划》）正式印发。根据《计划》，到2018年年末，天津将初步建成金融创新运营示范区。天津市委代理书记、市长黄兴国强调，建成金融创新运营示范区，要建设一批各类运营平台，一批行业领先的创新型机构和产品，一批具有国际影响力的金融品牌。尤为引人注意的是，在此次《计划》中，天津市政府明确表态，积极发展互联网金融，发展壮大网络支付、网络借贷、网络征信等互联网金融业态。这是国家"十三五"规划之后，天津首次明确互联网金融的地位，也给天津市互联网金融行业今后发展指明了方向。按照《计划》，到2018年年末，天津市持牌法人金融机构超过75家，金融企业和金融服务机构超过1700家。目前，国内金融牌照一共有12块。全国仅有北京、上海和天津实现上述目标，被称为金融"全牌照"的城市。三年时间，天津仅计划增加15家法人金融机构。那么，金融企业和金融服务机构就成为未来三年天津金融发展的主力军。这给定位为金融信息服务中介的互联网金融企业提供了巨大的想象空间，并且三年后，社会融资规模超过5400亿元，全市存、贷款规模均超过3.3万亿元的目标，也给互金企业的快速发展提供了先决条件。此次发布的《计划》是国家在"十三五"规划中明确规范互联网金融发展后，天津市首次把互联网金融作为金改重点内容表述：培育和引进一批具有行业影响力的互联网公司，发展壮大网络支付、网络借贷、网络征信等互联网金融业态。与北上广相比，天津互联网金融发展较为缓慢，既没有出现行业翘楚，也未出现具有话语权的平台。从此次计划中可以看出市政府大力发展互联网金融的决心。互联网金融资产交易中心、股权众筹交易服务平台的设立，天津互联网金融环境也将大大改善。一个相对宽松、有序的金融环境，将有利于本土互联网金融企业快速发展，树立行业影响力。此次计划还要求健全完善地方金融监管联席会议制度，强化新型金融服务机构风险防范。严厉打击非法集资、非法证券期货活动等扰乱金融市场秩序行为。

在天津市政府整体出台政策以前，天津开发区已经走在前面，早在2014年，天津开发区就出台了《天津开发区推进互联网金融产业三年行动方案》(2014~2016)，按照"政府引导、市场运作、需求驱动、重点突破、促进转型"的思路，紧跟国内外互联网金融产业发展趋势，以发展的视野前瞻布局、发挥优势、集聚资源，以互联网金融产业基地为基础，以应用为先导、以产业为核心、以创新为动力，致力搭建互联网金融产业发展平台，形成项目、人才等要素聚集，构建互联网金融行业的先导区，实现现代服务业的可持续发展，增强天津开发区核心竞争力。以开发区现代服务业发展为基础，抢抓互联网金融发展的历史机遇，搭建互联网金融产业发展平台，完善相关基础设施建设。引进一批重点龙头企业，构建完整产业生态。探索制定法规和服务标准，构建成熟商业模式。力争在三年内，聚集互联网金融企业不少于 30 家，行业代表企业不少于 5 家，营业收入不低于 100 亿元，把互联网金融产业基地建设成为国内互联网金融创新和产业发展的核心区域之一。为实现发展目标，天津开发区向互联网金融领军人才提供开发区高级人才公寓，2 年内免交房租或给予每人每月 4000 元的房租补贴，并配合包括人才落户、专项奖励、子女教育、职称评定、社会保障手续办理等扶持政策。优惠政策方面，自开业年度起五年内，按照互联网金融企业的注册资金以及对开发区的实际财政贡献，给予不超过 200 万元的运营扶持。返补方面，对于互联网金融企业上缴的营业税和企业所得税开发区留成部分，自开业年度起两年内，给予其 100% 的金融创新奖励，之后三年给予 50% 的奖励。对其新购建的自用办公房产所缴纳的契税给予 100% 的扶持，房产税给予三年 100% 的扶持。

（三）发展亮点

从天津市政府的工作报告，到天津市金融局的表态，再到人民银行天津分行的表态，可以看到天津各部门形成了立体推动天津市互联网金融发展的良好生态。天津市金融局局长强调将以天津"金改 33 条"政策落地为契机，大力发展融资租赁、互联网金融等新型金融业态，不断发掘金融改革创新的潜力，努力将天津自贸区打造成为金融开放高地、创新高地和服务高地。

中国人民银行天津分行行长周振海介绍，《关于金融支持中国自由贸易试验区建设的实施意见》基本囊括了上海自贸区两批金改政策的全部内容，而且在此基础上，增加了京津冀、融资租赁等方面的天津特色政策支持。总体来说，既有以往没有的新政策，也有对现行政策限制的突破和放宽，政策支持力度很大，含金量很高。中国人民银行天津分行将在以下四个方面寻求重大创新突破：一是在扩大跨境人民币使用上实现新突破，将进一步拓宽区内主体开展跨境投融资的渠道、方式和业务范围，着力培育和支持开展跨境人民币结算平台交易；二是在深化外汇管理改革上实现新突破，特别是围绕稳步推进资本项目可兑换、推动外债宏观审慎管理、实施投融资贸易简政放权等方面，将推出一系列重大改革创新政策；三是在促进租赁业发展上实现新突破，将推出一些更加具体务实、可操作性强的金融支持政策，包括拓宽租赁企业投融资渠道、灵活资金运营、提升业务便利性等多个方面，更加突出天津的区域优势和政策优势；四是在支持京津冀协同发展上实现新突破，大力支持京津冀地区金融机构在自贸试验区开展跨区域金融协同创新与合作，进一步完善与京津冀协同发展相适应的金融产品与服务，不断增强金融服务区域实体经济发展能力。

2015 年 3 月 14 日，京津冀产业互联网金融高峰论坛在天津召开。来自天津市政府有关领导、中国电子商务协会有关领导、金融研究机构、行业协会、京津冀地区及国内具体有影响力知名商品现货交易平台高管、财经媒体、法律界、银行、期货公司、物流企业、互联网金融企业、电子商务企业等共计 180 余人参加本次论坛，共同研讨产业互联网金融模式下现货交易场所与互联网金融融合发展等热点话题。论坛的成功召开，为产业互联网金融概念的稳步推进提供了引导，为产业互联网金融概念与交易平台相结合提供了宝贵的建议，同时对打造首都经济圈、推进区域发展体制机制创新，实现京津冀协同发展这一重大战略提供了强有力的支持。

2015 年 7 月 7 日，天津自贸区内首家互联网金融平台——"添金融"与"添金投"正式宣告上线，该平台由天津股权交易所投资设立。其中，"添金融"为股权融资平台，企业可以在该平台获得形象展示、股权转让、股权众筹和产品众筹等服务；"添金投"为固定收益平台，在天交所挂牌的中小企业私募债券将在该平台进行销售。该负责人表示，"添金融"与"添金投"创新性采用 P2F2B 模式（个人—交易所及金融产品—企业），开创国内互联网金融领域先河。

（四）代表性企业

1. 添金融

添金融（www.tjrong.cn）为股权融资平台，企业可以在该平台获得自助申报、企业展示、股权融资、众筹融资等服务。目前，天交所新近设立的天津众创板内的挂牌企业已经在该平台进行展示，并受到了广大机构投资者和自然人投资人的广泛关注。

2. 添金投

添金投（www.tjtou.cn）为固定收益投融资平台，在天交所备案的私募债券、权益产品等固定收益产品在该平台销售。天交所固定收益产品业务将借助"添金投"平台提升企业融资效率，可以让更多投资人有机会分享高信用评级、充分保障、风险可控的投资机会。网站于 2015 年 7 月 7 日试运行，天津股权交易所励志将把"添金投"打造成为 I2F2B（投资者—交易所的金融产品—企业）综合金融服务平台。

3. 飞特金融

飞特金融 P2P 平台成立于 2015 年 1 月 24 日，隶属于天津大友世纪科技有限公司，公司坐落于天津市南开区海光寺金融街中心繁华地段，注册实缴资本 1000 万元。飞特金融的借款业务全部来自天津本地小微企业，致力于打造本土化的小额借款交易平台，平台的用户交互体验较好，是只做真实业务的纯中介型 P2P 平台。飞特金融高层拥有多年互联网和金融从业经验，始终贯彻精英团队理念，拥有一支由业界专业的风险控制、网络运营、互联网交互设计师精英组成的团队。飞特金融致力于简简单单、合法合规地把事情做好，做银行覆盖不到的小微企业领域，采用债权转让模式，先用创始人自己的钱完成线下放款，然后在线上做债权转让项目，让更多的投资人分享收益。飞特金融将传统的小微借款咨询服务与交易促成、信用风险评估与管理、信用数据整合服务等业务搬到线上运营，最大限度降低了审核成本的同时为投资人和天津本土小微企业提供中介平台，从而撮合交易便捷安全达成，实现自助式借贷致使客户企业双方实现利益共赢。

4. 爱银承

爱银承（www.iyincheng.com）是"深圳富瑞共同金融服务集团有限公司"所设立的互联网线上票据理财服务平台，公司注册资本 1 亿元。公司隶属于深圳富瑞共同金融服务集团有限公司。线下业务团队每日经手的票据拥有近亿元的规模。平台的主要业务为银行承兑汇票理财，主推"银票宝"票据理财产品，到期由承兑银行无条件支付投资者本金和利息。

5. 简单理财网

简单理财网由天津益阳煜赢网络科技有限公司创立，是天津市较早成立的互联网金融平台，于 2013 年 7 月成立，2014 年 3 月理财网站上线，2014 年被评为"中国互联网最具成长性企业"。目前注册用户超过 60 万人，已实现累计融资超过 10 亿元，发放收益超过 2000 万元。2015 年 2 月，简单理财网与前身为天津市科委和天津市财政局共同设立的第一只市政府引导性母基金——天津创业投资管理有限公司达成战略合作。2015 年 4 月 16 日，简单理财网与兴业银行全网首度合作，共建资金监管系统，提高资金交易安全性。2015 年 6 月，简单理财网获得由天津创业投资管理公司领投的数千万元融资。

第十章
2015 年长三角地区互联网金融发展概况

一、2015 年上海互联网金融发展概况

（一）综述

上海是我国重要的金融中心，也是全球最具影响力的科创中心之一，其互联网金融发展一直走在全国前列。我国第一家网贷平台——拍拍贷创立于上海，之后陆金所等重量级互联网金融平台也陆续成立。2015 年 8 月 6 日，上海市互联网金融行业协会正式成立，《上海互联网金融发展报告（2015）》同时发布，报告全面展示了上海互联网金融发展风貌。

总体来看，2015 年上海互联网金融发展机遇不断、创新不断。国际金融中心先行先试，包括海外融资、跨境融资租赁、跨境电商等在内的金融资源配置手段升级，金融业的服务领域、市场空间进一步拓展。另外，在政府环境、资本市场环境、人才环境、法制环境、基础设施环境等方面，上海都走在了全国前列。上海互联网发展速度快、发展水平高，五个产业区集聚在浦东、黄埔、长宁和嘉定，互联网人才基础好、法治环境规范、信息化水平高，这些优势都将在未来产生较强的集聚效应。

（二）鼓励政策

2015 年，上海市政府工作报告中指出：要进一步加强上海"四个中心"功能，出台促进资本市场、互联网金融、现代保险服务业、平台经济发展等一批政策措施，推动"沪港通"试点，同时支持"上海金"等创新产品推出。报告同时指出：要加快"四个中心"建设，积极配合国家金融管理部门，促进人民币跨境支付系统、保险交易所、全国性信托登记平台等功能性机构落地，推动 ETF 期权等金融产品创新，扩大私募、保险等领域的创新试点，支持互联网金融、并购金融等健康发展，健全金融风险监测和预警机制。这是连续第二年上海市政府工作报告中提到促进互联网金融行业发展。

一直以来，上海市政府高度重视互联网金融发展，致力于营造创新发展环境。2014 年 8 月 7 日，上海公布《关于促进本市互联网金融产业健康发展的若干意见》（以下简称《意见》）。在《意见》中，出现频率最高的两个词首先是"支持"，其次是"鼓励"。上海市政府以包容的态度支持互联网金融创新，切实转变观念、创新政府管理模式，打破思维定式，避免用传统产业发展的眼光看待互联网金融行业，深刻理解互联网金融的特点和发展规律，主动适应互联网金融的新业态、新模式，研究制定相应的监管措施和产业政策。上海市政府因势利导，明确工作重点，全力为互联网金融的发展营造良好的发展环境，包括营商环境、政策体系、监管红线等。支持有条件的企业发展互联网金融业务，拓宽企业融资渠道，促进互联网金融产业集聚发展。从人才、创新、信用、配套体系、法制环境等方面着手，营造适宜产业发展的环境；主动配合中央各监管部门，引导互联网金融企业明确经营"底线"、监管"红线"，支持行业自律，加强防控行业风险。一方面，上海市政府在市场准入、产业导向、财政扶持等方面出台了具体的扶持政策，引导互联网金融的健康发展；另一方面，在企业集聚、行业自律、信用体系建设，优化营商环境等方面采取了多种具体措施，促进互联网金融的健康发展。

《意见》明确提出，互联网金融的表现形式既包括以互联网为主要业务载体的第三方支付，金融产品销售与财富管理，金融资讯与金融门户，金融大数据采掘加工，网络融资与网络融资中介等新兴、新型金融业态；也包括持牌互联网金融机构，以及各类持牌金融机构设立的主要从事互联网金融相关业务的法人机构或功能性总部。《意见》指出，要把上海建成互联网金融产业发展的高地，进一步提升上海国际金融中心的影响力、辐射力、创新力和资源配置能力。在市场准入方面，上海鼓励有条件的企业发展互联网金融业务、申请有关业务许可或经营资质，允许主要从事互联网金融业务的企业在名称中使用"互联网金融"或"网络金融"字样，并在工商登记等环节提供便利。在产业导向方面，上海战略性新兴产业发展专项资金、服务业发展引导资金、高新技术成果转化专项资金等财政资金将对互联网金融领域的新兴业态和创新模式予以重点支持。支持有条件的互联网金融企业进行软件企业、高新技术企业、技术先进型服务企业等方面认定，按照规定享受相关财税优惠政策。上海还将加强互联网金融领域信用体系建设。支持互联网金融企业充分利用各类信用信息查询系统，规范信用信息的记录、查询和使用；支持信用服务机构建设互联网金融信用信息服务平台；支持上海市公共信用信息服务平台与互联网金融企业加强合作，促进公共信用信息、金融信用信息、社会信用信息互动共用。上海还将鼓励持牌金融机构与互联网金融企业在客户资金存管（监管）、渠道营销、风控外包等方面开展深度合作，构建互联网金融产业联盟，促进信息技术手段与金融业务的融合运用；支持设立、发展提供数据存储及备份、云计算共享、大数据挖掘、信息系统及数据中心外包、信息安全维护等基础服务的机构，支持建立互联网金融数据共享交换平台。

2015年8月6日，上海市互联网金融行业协会第一次会员大会暨成立大会在中国金融信息中心举行，会议表决通过由证通股份公司董事长万建华任首届会长。至此"创新、普惠、融合、规范"不仅是互联网金融的特点，也成为上海互联网金融行业协会今后发展的四个关键词。7月18日，中国人民银行发布《关于促进互联网金融健康发展的指导意见》，这也对互联网金融发展提出了一些新的政策。上海市互联网金融行业协会在此背景下应运而生，以促进会员单位实现共同利益为宗旨，履行行业自律、维权、协调和服务职能，引领会员单位遵守国家法律、法规和经济金融方针、政策，遵守社会道德风尚；维护上海互联网金融行业的健康发展，致力于为上海国际金融中心建设做出积极贡献。目前，协会已有会员单位150余家，其中既有银行、证券、保险、基金等行业的持牌金融机构，也有互联网支付、P2P个体网络借贷、网络小贷、股权众筹、互联网基金销售、金融资讯与征信服务等新型金融领域的相关企业。互联网金融一方面具有成本低、效率高、覆盖广、发展快的优势，另一方面管理弱、风险大，尤其是金融、信息和互联网的安全隐患，也一直被外界所关注。借助上海市互联网金融行业协会的平台将在互联网金融行业自律、信息交流共享、维护会员合法权益等方面发挥积极作用，鼓励金融创新的外部环境和发展普惠金融的内在动力，服务会员，优化产业发展环境，建立起诚信规范、共同成长的互联网生态圈，积累一些具有推广意义的互联网金融发展经验，更好地促进上海互联网金融行业健康发展。在成立大会上，上海市互联网金融行业协会发布了《上海互联网金融发展报告(2015)》，与上海金融信息行业协会共同发布了《上海个体网络借贷行业（P2P）平台信息披露指引》；上海市互联网金融行业协会会员单位还共同签署了《会员自律公约》。

（三）发展亮点

目前上海互联网金融业态门类相对齐全，第三方支付、网络融资中介、网上金融产品销售、金融咨询服务、信用信息服务等均有分布，并且发展水平较高。传统金融机构证券、保险、银行、基金等纷纷向互联网金融方面转型，同时众多互联网知名金融机构集聚上海，包括众安在线、中国银联、支付宝、平安陆金所、拍拍贷、点融网、东方财富、万得信息等。

2014年年底，上海市金融办、市经信委与浦东新区、黄浦区、长宁区、嘉定区政府共同签署了《共建上海互联网金融产业基地务实合作备忘录》，着力打造服务联盟，共同建设浦东新区新兴金融启航基地、黄浦"宏慧·盟智园"互联网金融产业园、长宁虹桥互联网金融财富天地、嘉定工业区互联网金融产业基地、张江互联网金融园5家市级互联网金融产业基地。目前，上海互联网金融业态门类相对齐全，第三方支付、网络融资中介、网上金融产品销售、金融资讯服务、信用信息服务等各类互联网金融业态在上海均有不同程度的发展；在沪银行、证券公司、保险公司、基金公司等持牌金融机构也纷纷向互联网金融、移动金融领域拓展并取得阶段性成效。上海互联网金融发展水平总体较高。在上海市、区两级政府的积极引导、推动下，国内首家持牌互联网金融机构众安在线保险公司已落户上海；阿里巴巴、百度、万达、光大、京东、唯品会、携程、盛大、网易等国内知名企业已纷纷将其互联网金融相关业务板块落户上海，或在上海设立网络小贷公司等互联网金融企业；银联、支付宝、快钱、汇付天下等主要第三方支付企业会集上海，上海占有国内第三方支付领域半数以上的业务量；平安陆金所、拍拍贷、点融网、青橘＆筹道股权、爱创业等国内知名的网络融资平台均创设在上海；东方财富、诺亚财富、好买基金等15家企业获第三方基金销售牌照并开展网上销售业务；万得信息、大智慧等国内领先的金融资讯企业集聚上海。

上海网络支付企业数量众多、业务种类齐全。随着国内金融开放、创新发展，网络支付已成为现代金融服务业的重要组成部分，开始形成行业高度集中与差异化优势并存的格局，同时也形成了以上海为中心的华东集聚的情况。集聚程度高、业务类型最全、细分市场优势明显，这是上海网络支付企业呈现出的特点。出现这种聚集的现象，主要是因为上海有良好的金融、电子商务配套产业环境、开放的氛围和一系列的政策支持，企业能够得到较大的区位优势助力。以浦东新区为例，根据《浦东新区促进金融业发展财政扶持办法》，网络支付企业将与银行、保险和券商等传统金融机构享受同样的财政补贴政策。事实上，上海本地的网络支付企业在市场份额上的确在不断靠前。艾瑞咨询发布的报告显示，总部在上海的汇付天下以6.5%的市场份额位列第三，快钱以6.0%的市场份额位列第四。在支付业务类型多元化已经成为主流发展趋势的时候，汇付天下又以"小微金融"为突破口取得新的增长点，实现连续多年的超高速成长。此外，快钱、通联、杉德等也都是行业中的知名企业。目前，上海网络支付企业整体呈现三足鼎立的局面。以银联商务为首的银联系网络支付公司，在交易规模上占有优势；以支付宝和财付通为首的拥有互联网巨头背景的网络支付公司，无论从交易规模、创新支付模式，还是从支付场景和基于支付数据的增值服务等方面，都对网络支付行业的发展产生较大影响；而以汇付天下、快钱为首的独立网络支付企业对整个行业的健康发展起到了良好的推动作用。由于上海网络支付企业众多，所以造就了竞争有活力、整合有空间的优势特点，各企业由于差异化竞争的需求覆盖了多种业务，涉及账户、便民服务、预付卡、金融等各个领域，并且每个领域均有行业典型代表。虽然申城目前在互联网领域并没有百度、阿里巴巴、腾讯等全领域覆盖企业，但是部分细分领域优势明显，国内网络支付领域6成的业务量聚集在上海。此外，上海作为金融大都市，有着丰富的银行、券商等资源，为上海发

展网络支付提供了天然的资源，网络支付更容易寻求到合作伙伴，形成信息的交互与合作，又进一步促进了大数据和信用体系的建设，构建良好的基础支撑，从而形成良性的支付生态圈。

（四）代表性企业

1. 陆金所

陆金所，全称上海陆家嘴国际金融资产交易市场股份有限公司，平安集团旗下成员，是中国最大的网络投融资平台之一，2011年9月在上海注册成立，注册资本金为8.37亿元，总部设在国际金融中心上海陆家嘴。陆金所旗下网络投融资平台于2012年3月正式上线运营，是中国平安集团打造的平台，结合全球金融发展与互联网技术创新，在健全的风险管控体系基础上，为中小企业及个人客户提供专业、可信赖的投融资服务，帮助他们实现财富增值。陆金所被美国最大的P2P研究机构LendAcademy评为"中国最重要的P2P公司"。网络投融资平台lufax于2012年3月正式上线运营，其最早推出的产品是"稳盈—安e"系列产品，该产品是陆金所为面向个人借款者和个人出借人推出的个人借贷中介服务，由中国平安旗下担保公司审核借款方并承担担保责任，陆金所提供中介服务。陆金所的上述项目模式实质就是外界关注度较高的P2P。陆金所董事长兼CEO计葵生在陆金所上线不久后表示，平安搭建一个公开的平台，首先满足个人与个人之间（P2P）的投融资需求，在年底前再开放二级市场交易。等到业务量达到一定的规模，再推动其他金融机构的产品都能放到平台上交易。现在陆金所lufax平台上已经有包括"稳盈—安e"、"稳盈—安业"、富盈人生、专享理财等不同类型的产品。

2015年3月，陆金所正式启动平台化战略，将独立于资产提供方和投资方，建立公开市场平台，提供金融资产交易服务，比如提供资产组合管理及推荐功能。未来陆金所平台上将聚合个人网络借贷（P2P）、非标的金融资产（如资管计划）和标准的金融产品（如基金、寿险等）三类产品。2015年7月以来，陆金所基金频道正式上线，数个月后，就已经上线2000余只公募基金，是目前可供投资者选择基金数量最多的平台之一，并成为首批上线中港互认基金的互联网金融平台。在风控方面，陆金所利用大数据实现投资者与投资产品精准匹配，全方位提供各类产品线。陆金所的借款人主要定位于急需资金周转的个体工商户。现在陆金所已经成为全球交易规模最大的线上金融资产交易平台，注册用户超2000 万，活跃用户超 500 万。2015 年累积总交易额突破 1.6 万亿元，合作金融机构达到 350 家。2016 年 1 月 18 日，陆金所发布消息称，其近期完成了 12.16 亿美元融资，估值达 185 亿美元。

2. 拍拍贷

拍拍贷成立于 2007 年 6 月，公司全称为"上海拍拍贷金融信息服务有限公司"，总部位于上海，是国内首家 P2P 纯信用无担保网络借贷平台，同时也是第一家由工商部门批准，获得"金融信息服务"资质的互联网金融平台。除普通散标投资项目外，还为用户提供拍活宝、彩虹计划两款理财产品，方便用户使用。拍拍贷现有员工逾 1000 人。与国内其他 P2P 平台相比，拍拍贷的最大特点在于采用纯线上模式运作，平台本身不参与借款，而是实施信息匹配、工具支持和服务等功能，借款人的借款利率在最高利率限制下，由自己设定，而这也是 P2P 网贷平台最原始的运作模式。给借款方和贷款方提供借贷平台，从中收取手续费用。借款人发布借款信息，多个出借人根据借款人提供的各项认证资料和其信用状况决定是否借出，网站仅充当交易平台。拍拍贷曾于 2012 年 11 月获得来自红杉资本的 2500 万美元 A 轮投资，2014 年 4 月完成 5000 万美元 B 轮融资，光速安振领投、红杉资本以及财富管理公司诺亚财富跟投。2015 年 3 月，拍拍贷确认完成 C 轮融资，君联资本领投，AIG 和周大福跟投，融资 4000 万美元。

2015 年 3 月 24 日，拍拍贷在北京正式发布其平台历经 8 年打造的核心风控系统"魔镜风控系统"。魔镜风控系统是目前行业内首个基于大数据的风控模型。其中大数据模型是拍拍贷历经 8 年、依托 600 万在线用户、积累近 40 亿条数据而成；而基于大数据模型，魔镜可以做到针对每一笔借款给出一个相应的风险评级，以反映对逾期率的预测。最后，系统再依据风险评级形成风险定价，来保证收益和风险相匹配。风险评级分为 A 到 F 六个等级，风险依次上升，例如 A 级的目标逾期率小于 0.5%，F 级则大于 8%。从 A 级到 F 级，风险越高，定价也越高。魔镜系统的核心是大数据，拍拍贷基于严格的 6 大环节风控流程，获取每个借款用户 2 千多个字段的信息，经过层层筛选，转化，加工，最终形成对每个借款标的的风险概率预测。在大数据建模环节上，除了传统的申请资料、信贷数据等审核资料外，魔镜还增添了多渠道、多维度的海量数据，来构建风险模型，其中包括用户的信用行为、网络黑名单、相关认证、网上行为数据、社交关系数据以及各类第三方渠道及维度。

5月4日，拍拍贷推出最新投资工具"快投"，基于魔镜评级筛选并组合低风险收益产品，帮助客户迅速实现一键分散投资。这是继彩虹计划之后，拍拍贷产品基于"大数据下的标的推送"的更进一步尝试，也是2015年拍拍贷产品战略推进的重要一步。11月14日，拍拍贷注册用户正式突破1000万元。12月18日，第四届金融界"领航中国"年度论坛在北京举行，拍拍贷因在个人小额信贷方面突出的业务能力和服务表现，荣获"杰出小额信贷服务平台奖"。根据拍拍贷的2015年度业绩报告，拍拍贷全年成交56.25亿元，较2014年同比增长339.11%；用户规模达1211万人，全年新增792万人；注册借款用户超过1070万人，在行业中借款人规模第一。

3. 点融网

点融网是中国领先的互联网金融公司，2012年由Lending Club的联合创始人、前技术总裁苏海德（Soul Htite）与上海知名律师、私募基金合伙人郭宇航共同创立，总部位于上海。目前，点融网在全国有28家分公司，有1800多名员工。点融网立志为中国市场提供最创新的金融技术解决方案，并专注于两大业务：互联网借贷平台和银行解决方案。互联网借贷平台帮助个人和企业在互联网上轻松获得贷款，通过点融网强大、简单、安全的平台基础设施，优质的借款人可以获得来自中国百万投资人的资金支持。点融网利用技术降低贷款的获客、运营、服务、贷后管理成本，从而可以提供更低利率的借款产品，以及更高收益的投资产品。银行解决方案专注于利用技术协助大型金融机构从传统运营模式改变为现代互联网金融驱动的业务模式。点融网的解决方案基于自身平台多年的运营科技和风险管理技术。点融网获得了资本市场和传统金融机构的认可与支持，已完成的几轮融资分别来自北极光创投、新鸿基集团、老虎全球基金、渣打直接投资有限公司、渤海租赁、中国互联网金融科技基金（由中民国际资本有限公司与广发投资联合发起成立的基金）及巨溢资本等。

4. 众安在线

众安在线，全称"众安在线财产保险股份有限公司"，2013年11月6日成立于上海，由蚂蚁金服、腾讯、中国平安等知名企业发起成立。作为中国首家互联网保险公司，众安在线以技术创新带动金融发展，完全通过互联网进行在线承保和理赔服务。2015 年 6 月，成立仅 17 个月的众安保险获得 57.75 亿元的 A 轮融资，新增摩根士丹利、中金、鼎晖投资、赛富基金、凯斯博 5 家财务投资机构，估值达到 500 亿元。

互联网保险领域，众安在线最初从电商场景切入业务，从退货运费险、保证金保险等创新型产品起步，如今已完成投资型产品、信保产品、健康险、车险、开放平台、航旅及商险等多个事业线的搭建，开发了步步保、糖小贝、摇一摇航空延误险、维小宝、极有家综合保障服务等 200 多款产品，并推出了国内首个 O2O 互联网车险品牌保骉车险。截至 2015 年 12 月 31 日，众安保险累计服务客户数量超过 3.69 亿人，保单数量超过 36.31 亿张，为客户提供的保险产品种类超过 200 种。

二、2015 年杭州互联网金融发展概况

（一）综述

继成为中国电子商务中心后，杭州正日益成为中国互联网金融中心。良好的创业气氛、互联网金融创业和融资的不断壮大，使杭州成了互联网金融发展的先锋地。杭州不仅诞生了"蚂蚁金服"这样的互联网金融大鳄，还产生了挖财、微贷网、鑫合汇、盈盈理财等一系列行业领先的互联网金融平台。

浙江活跃的民间借贷与阿里巴巴的流量优势两者相辅相成，催生了杭州活跃的互联网金融生态圈，互联网金融企业在杭州迅速发展。杭州已有各类互联网金融企业 200 多家，2015 年上半年，互联网金融累积交易量高达 394.86 亿元。加上政府政策的大力支持，杭州已具备了发展互联网金融的产业基础环境。

2015 年度，杭州市互联网金融产业获得了长足的发展。杭州市政府积极扶持互联网金融产业，批准西湖区西溪谷互联网金融集聚区挂牌，协助成立杭州市

互联网金融协会；除了西溪谷，杭州还有另外两处互联网金融集聚区——钱江新城及"华侨国际金融发展中心"、未来科技城及"梦想小镇"。2015年，这三大互联网金融集聚区都取得了不俗的成绩。

（二）鼓励政策

2015年杭州市政府工作报告指出，"以打造万亿级信息产业集群为目标，以智慧产业化和智慧应用为重点，实施信息经济'六大中心'建设和智慧应用三年行动计划，全力推进国际电子商务中心、全国云计算和大数据产业中心、物联网产业中心、互联网金融创新中心、智慧物流中心、数字内容产业中心和中国软件名城建设。加快发展新兴特色产业。对接省'七大产业'发展规划，加快电子商务、文化创意、云计算和大数据、信息、软件、物联网、环保、互联网金融、健康、旅游、时尚、生物医药、高端装备制造、新能源汽车等特色主导产业发展"。这是杭州市政府工作报告首次提及互联网金融。

7月，西湖区西溪谷互联网金融集聚区获杭州市政府批复挂牌。集聚区内互联网金融创新创业基地、互联网金融大厦等各项基础设施已完善，围绕互联网金融产业，集聚一批上下游相关产业企业发展。互联网金融小镇产业发展的重点主要包括：电商结算业务、小微贷款业务、类余额宝业务、网络债权融资、网络股权融资、互联网金融交易平台、互联网金融后台服务、网上自由贸易区和跨境电商金融业务。目前已集聚支付宝、蚂蚁金服、网商银行、网金所、芝麻信用、浙商创投、蘑菇街、福地创业园等互联网金融相关企业50余家，区域已形成以互联网金融产业为主导的产业体系。西溪谷互联网金融小镇是一个把创业者聚集起来的平台，在打造互联网金融行业集聚效应方面具有很强的区位优势。西溪谷互联网金融小镇有3.1平方千米，位于西湖区的中心位置，是杭州市主城区面向余杭、临安的门户，向西湖周边地区起着重要的辐射带动作用。此外，该区东接浙大玉泉校区，西承小和山高教园区，紧邻城西文教区，各类人才集聚且梯队较为健全。西溪谷互联网金融小镇建成后，将实现楼宇面积超过150万平方米，入驻税收上千万元的互联网企业总部100家以上，聚集互联网金融相关企业1000家以上。此外，政府始终致力于完善西溪谷区域路网、优化环境、健全配套设施，着力增强区位优势，欢迎更多的互联网金融企业在此落户。

9 月 13 日，杭州市互联网金融协会在西子湖畔宣布正式成立。首批加入协会的单位有 50 余家，成员覆盖了第三方支付、互联网理财、P2P 平台、技术服务平台等多类互联网服务模式，以及银行、证券、行业门户等各类金融服务机构。9 月 29 日，浙江互联网金融联盟在杭州正式成立。通过报名、调研、筛选、选拔等方式，两个组织目前共有百余家企业自愿加入，涵盖了银行、证券、保险、第三方支付、P2P、众筹等金融机构。

为了顺应互联网金融的发展潮流，引导互联网金融在国家政策和金融监管下健康发展，2015 年 11 月，"2015 中国（杭州）互联网金融博览会"在杭州举行。展会集中展示互联网金融创新服务与产品，将论坛、展示、接触、互动等多内容相互融合，搭建一个务实的互联网金融合作交流平台，让参展商更好地开拓市场，宣传品牌；让参观者实现从线上到线下快速深入了解互联网金融，让互联网金融服务大众创业创新，服务社会。

截至 2015 年年末，杭州的互联网金融政策框架已经初步形成，《关于推进互联网金融创新发展的指导意见》《互联网金融创新中心建设三年行动计划》逐一出台，《关于落实"推进互联网金融创新发展指导意见"的操作指引》也正在进一步制定中。

（三）发展亮点

杭州互联网金融创业气氛浓厚，总体水平居全国前列，并形成了"一超多强，遍地开花"的大好局面。"一超"，即蚂蚁金服；"多强"包括挖财、微贷网、鑫合汇、盈盈理财等，它们代表了互联网金融细分领域的融合发展。

自 2014 年 10 月正式成立集团以来，蚂蚁金服快速扩张自己的业务版图。芝麻信用公测、招财宝破千亿、余额宝规模超 6000 亿元、收入恒生电子、成立蚂蚁达客、开办网商银行……加上已有的支付宝和蚂蚁小贷，蚂蚁金服已经成为一个横跨支付、基金、保险、银行、征信、互联网理财、股权众筹、金融 IT 系统的互联网金融集团。特别是在第三方互联网支付领域，支付宝的业务份额在国内处于绝对领先地位，技术水平和客户体验均非常优秀。

坐落在华星路 96 号的互联网金融大厦现在已有"全国首座 IFC（国际金融中心）"的美誉，这是全国互联网金融的地标性建筑，聚集了一大批互联网金融的领军企业。学院路、万塘路、华星路，杭州西湖区三条紧挨着的马路，都不是很宽敞，画个圈，可能也就是个直径两千米的圆。但就是这个"圆"，让很多互联网金融创业者都想进入，因为这里有很多明星企业——蚂蚁金服、支付宝、挖财、爱学贷、钱庄理财、赢在投资……互联网金融大厦里的企业几乎每隔几天就会有一笔融资，爱学贷、拓道金服、投融普华等均已进行过大额融资。目前大厦里所有企业的总融资额，已引领整个杭州高端楼宇界。

（四）代表性企业

1. 蚂蚁金服

蚂蚁金服自 2014 年成立以来，已经拿下保险、证券、银行、基金等各大核心金融牌照，迅速成为全牌照的互联网金融公司。目前，蚂蚁金服的主要业务板块包括作为入口的支付业务，以余额宝、招财宝为代表的理财业务，以网商银行、蚂蚁小贷为支撑的融资业务，以芝麻信用为载体的征信业务，拓展海外市场的国际业务，处于底层但充分体现核心竞争力的技术和数据业务。

2015 年，蚂蚁金服在多个业务板块均取得了优异表现。支付业务方面，根据艾瑞咨询的统计，2015 年第三季度第三方互联网支付交易规模市场份额中，支付宝占比 47.6%，继续保持领先地位。2015 天猫"双十一"交易额达到 912.17 亿元，同比增长 59.7%。理财业务方面，招财宝的累计成交额在 2015 年 4 月突破 1000 亿元，7 月又突破 2000 亿元。融资业务方面，蚂蚁花呗"双十一"期间完成 6048 万笔交易，占支付宝整体交易的 8.5%，且有 60% 的用户从未使用信用卡。网商银行成立半年左右，已服务了 68 万家的农村小微企业。征信业务方面，芝麻信用在央行 1 月通知试点不到一个月即开始公测，在租车、租房、婚恋交友、代驾、签证等领域的应用场景不断增加。国际业务方面，自 2014 年以来，蚂蚁金服相继推出了支付宝海外退税、海外 O2O、海外交通卡、国际汇款、海外直购等业务，极大地拓展了支付宝在海外的应用场景。技术和数据业务方面，凭借强大的云计算能力，支付宝在 2015 年"双十一"期间平稳支撑起了 8.59 万笔/秒的交易峰值，已成为全球处理能力最强的支付平台。在众筹方面，2015 年 6 月 9 日，总部位于杭州的互联网金融服务企业蚂蚁金服从黄浦区工商局拿到了股权众筹的营业执照，编号为 001，成为上海首家获得股权众筹营业执照的公司。

2015 年，蚂蚁金服在输出金融解决方案、扩大金融生态圈方面也取得了显著进展。这种输出主要包括两部分：一种是对自己的子公司；另一种则是对外部的其他金融机构和创业公司。在内部输出上，蚂蚁金服旗下的保险、基金、证券、银行、股权融资、征信等各个子公司，几乎无一例外根植于蚂蚁金服的金融云。保险方面，蚂蚁金服把自身在应用场景、互联网技术、大数据、征信、风控能力等方面的优势输出给其参股或控股的众安保险、国泰产险。银行方面，蚂蚁金服旗下的三家银行都依赖于蚂蚁金服的金融解决方案。6 月 25 日，浙江网商银行正式开业，这家具有深刻互联网基因的银行，充分利用蚂蚁金服强大的风控和数据能力，实现了业务的较快发展。9 月，蚂蚁金服以 6.8 亿美元投资印度支付巨头 Paytm，10 月，获得印度央行发放的全印度第一张支付银行牌照的筹建许可。11 月底，蚂蚁金服宣布，联手韩国电信等 19 家公司共同发起设立的互联网银行——K Bank 已获得韩国政府批准筹建。在外部输出上，蚂蚁金服的战略是开放云计算、大数据和信用体系等底层平台，与各方合作伙伴一起，开拓互联网时代的金融新生态。9 月，蚂蚁金服正式宣布推出"互联网推进器"计划，表示将与金融机构加大合作，计划在 5 年内助力超过 1000 家金融机构向新金融转型升级。截至 2015 年 12 月，20 家财险公司已加入该计划，并在渠道、技术、数据等多方面展开合作。

7 月 3 日，蚂蚁金服对外宣布已完成 A 轮融资，引入了包括全国社保基金、国开金融、国内大型保险公司等在内的 8 家战略投资者。据报道，按照融资额以及占股比例倒推计算，蚂蚁金服的市场估值约在 450 亿~500 亿美元，能与小米和 Uber 比肩。

2. 挖财

挖财诞生于 2009 年 6 月，是国内最早的个人记账理财平台，专注于帮助用户实现个人资产管理的便利化、个人记账理财的移动化、个人财务数据管理的云端化。现有服务包括手机端和 Web 端，主要产品有"挖财记账理财"、"挖财信用卡管家"、"挖财钱管家"等 APP，以及国内最活跃的个人理财社区"挖财社区"。以记账作为资产管理的切入点，其首创的语音记账、拍照记账等功能现已成为记账行业的"标配"。2013 年，挖财与金融咨询分析企业信策数据合并，成为真正拥有"互联网+金融"基因的公司。同年，挖财在业内首先尝试推出互联网理财

服务，而后陆续发布了挖财宝、钱管家、信用卡管家、快贷、社区等产品。公开资料显示，挖财用户已超过 1 亿人，累计融资额共计 1.6 亿美元，目前已发展成为一家涵盖管钱、赚钱、借钱、社区等全方位资产管理服务的移动互联网金融平台。

坚持不断创新是企业生存和发展的根本。2015 年，挖财也在大胆创新，突破常规获得创新果实。2 月 9 日，挖财上线一款纯互联网信用信贷产品"快贷"，以独立 APP 形式出现，用户可以借用挖财的账户，也可以新注册为快贷用户。快贷主打"纯互联网信用"和"纯线上"，即申请、风控、授信和放贷均在线上完成，用户的信用数据都是来源于互联网。快贷基于大数据采集及其建立的借贷数据分析模型，向用户提供快速到账的小额贷款。8 月 26 日，挖财发布新的信用产品"信用保镖"，并宣布完成对信用卡社区"信用卡之窗"（简称"卡窗"）的全资收购，大概勾勒出了切入个人征信领域的设想。除此之外，挖财还大胆跨界，与咕咚达成战略合作，为用户提供个人管理服务。12 月 22 日，挖财与咕咚宣布达成战略合作，联合发布了《2015 财富运动报告》。报告显示，整体上拥有财富更多的人倾向于更多地运动。挖财网 CEO 李治国透露，挖财凭借着不断创新的精神，成功入选福布斯"2015 中国最快成长科技公司"，是榜单中唯一一家综合互联网金融服务平台。福布斯称，获奖公司都是中国成长最快的科技公司，同时也是时代的创业英雄。近些年来，挖财在沿着资产管家的方向上稳步发展。2015 年年底，挖财上线了资产账功能，为全资产管理打下基础。目前，挖财是国内第一家把流水账与资产账完美融合在一起的互联网金融服务公司，也是国内在自动资产配置方向上布局最完整、进展最快的资产管理平台。在个性化资产配置方面，挖财的做法是以成立 6 年来累积的大数据为基础，根据用户的记账数据、个人资产数据以及专业的风险偏好测试，通过大数据运算及专业理财顾问的介入，向用户推送个性化的资产配置建议，为用户提供实时、便捷、专业的资产配置服务，这也是挖财实现自动资产配置工具化的基础。在实现老百姓从记账到资产管理跨越的同时，挖财也着力促进社会闲置资金进入实体经济领域，支持实体经济的发展。

2015 年 7 月 15 日，挖财宣布完成 8000 万美元 B+轮融资，本轮融资由新天域资本、汇桥资本集团和光信资本等联合投资，前几轮投资方中金、宽带资本、

IDG、启明和鼎晖等跟投。再加上2014年年底中金和宽带资本的5000万美元融资，挖财在B轮融资额共计1.3亿美元。在此之前，挖财还于2013年9月获得IDG和鼎晖1300万美元投资，于2014年2月获得启明创投1500万美元投资。

3. 微贷网

微贷网是一家总部位于杭州、专注于汽车抵押贷款的P2P网贷平台。微贷网获得盛大资本领投的亿元融资，跟投方为汉鼎宇佑集团。微贷网上线于2011年7月，是国内较早的网贷平台之一，做动产抵押贷款，并且通过线下加盟的方式拓展服务网络。

2013年起"微贷网"启动了"五年百店"计划，试图在2017年前在全国开设100家线下网点。微贷网目前有"汽车抵押贷款"和"加盟模式"。微贷网除了基本的抵押登记和过户手续外，还为抵押车辆安装GPS，以随时监控车辆行踪。而在"加盟模式"上，微贷网的业务架构是：加盟商仅作为业务端口，进行业务开发；业务流程的操作和规范由总部派驻人员执行；风控和财务由总部输出。

微贷网的成交额在车贷平台中占据首位，2015年6月25日，"2015陆家嘴互联网+投融资峰会"在上海国际会议中心召开，会上发布了"中国互联网金融最佳商业模式评选"结果，微贷网作为互联网金融的一匹黑马，获得"最佳商业价值——垂直金融"称号。11月14日，微贷网在第六届中国国际投资理财博览会上获得"2015年度十佳互联网金融品牌"荣誉。

4. 鑫合汇

鑫合汇是面向个人投资的理财平台，于2013年12月2日上线。平台主打优质理财，提供理财产品，而且全天覆盖。鑫合汇截至目前累计成交额已达319亿元，所有投资产品均为融资担保机构全额本息担保标和实地调查认证标。

鑫合汇是以P2B为模式的新型互联网投融平台，为各类个人、机构及企业投资者提供安全、便捷、高收益的投资及理财产品，为企业及个人提供直接融资服务，为金融机构或类金融机构提供各类基于收益权转让和直接融资撮合服务。鑫合汇隶属于中新力合控股集团互联网金融板块，是中新力合控股集团旗下全资子公司。与集团公司旗下公司金融、微型金融、财富管理共同构成了未来开创中国"金融新世界"的四大板块。

作为中新力合服务于互联网金融的业务板块，鑫合汇使中新力合这家在浙江已颇具知名度的金融集团充满动力，同时借助母公司在中小微企业融资服务上有大数据采集与风险控制的经验和优势，实现资产端与财富端的精准匹配。其中，最具代表性的创新产品——"央企融"是鑫合汇与大型央企合作推出的供应链融资产品，也是国内首款与央企合作的互联网理财产品。借款人主要是央企的供应商，以央企开具的商业承兑汇票做质押，其安全性可以达到最高级别，9%的年化收益率，也高于其他同类产品。目前，鑫合汇自主研发构建了包含9大维度、111项指标、第3代信用表达体系在内的风控数据模型体系——鑫盾系统，除了贷前信息获取"云调查"APP、贷中风险监控和贷后管理的"UBSP移动工作平台"，以及以风控为核心的"云融资"服务平台这三大工具，集团内的征信品牌——"征信用"也已切入鑫合汇的风控体系，给鑫合汇的资产又加了一道安全盾牌，并保证信息被准确披露给用户，让投资者做到心中有数。

5. 盈盈理财

盈盈理财成立于2013年4月。是国内资深的从事基于互联网技术的金融信息撮合交易服务的平台。2013年7月，盈盈理财推出首个版本手机交易客户端，从货币基金等标准化产品切入培育用户，当年注册用户数超过两百万。2014年，盈盈理财针对中小企业融资现状推出P2B/P2P投融资服务模式，为大众投资者和急需资金的中小企业及个人，提供了一个安全、稳定、高流动性的网络投融资平台。盈盈理财合作伙伴包括经过评估和筛选的担保公司、小贷公司、第三方仓储监管公司、保险理财公司及第三方商业保理机构等各类金融和资产管理机构，为众多中小企业及个人提供了全新的融资渠道以及发展帮助。

2015年2月25日，盈盈理财正式获得互联网金融服务资质，成为浙江省内首家由政府部门核准工商登记注册的互联网金融信息技术公司。

第十一章
2015年珠三角地区互联网金融发展概况

一、2015年深圳互联网金融发展概况

（一）综述

深圳发展的三十多年里，出现了两个优势产业：一是互联网，二是金融业。腾讯、深交所、招商银行、平安集团、全国最多的风险投资等。无论是新兴的互联网产业，还是传统产业的互联网应用，深圳都独占鳌头。深圳互联网普及率位居全国第一，在全球也处于领先水平。深圳市互联网产业发展活跃、聚集效益优质，不仅培育出华为、中兴、腾讯等电子信息制造及互联网巨头，还吸引了百度、阿里巴巴等互联网企业入驻。在深圳10多个互联网产业园区，入驻的互联网企业超过1000家。

深圳市政府一直高度重视互联网金融的发展，努力为互联网金融的发展创造良好的产业基础和创新环境，力争把深圳打造成最适宜互联网金融创新发展的热土。从2008年起深圳就把互联网作为全市的战略性新兴产业。2014年2月，深圳市便率先制定颁布《关于支持互联网金融创新发展的指导意见》，成为国内首个市级政府发布实施的互联网金融专项政策。随后，深圳市金融办又联合福田、罗

湖和南山三大传统"金融强区",启动市区联动机制,共同推动建设"深圳互联网金融产业园区",吸引和培育一批互联网金融龙头企业、产业层次高端的金融配套服务机构以及与产业链相关的各类功能性金融业态,开始了深圳传统金融和创新金融良性互补、共同发展的新格局。

受益于得天独厚的政策环境,互联网金融企业在深圳得到了迅猛的发展,使深圳成为不折不扣的"互联网金融之都"。目前,深圳已经成为了国内互联网金融最活跃和最发达的城市之一。据不完全统计,截至 2015 年年底,深圳市互联网第三方交易规模突破 2.7 万亿元,将近全国交易规模的一半。P2P 融资平台迅速增加,贷款成交金额累计 300 亿元,每个月都在以 10% 的速度增长,基本业务均占全国的 1/3~1/4。代理销售理财产品的互联网金融也超过了 1000 亿元,成为银行理财类产品销售最踊跃的新渠道。

据深圳市金融办的最新数据显示,截至 2015 年年底,深圳市互联网金融企业超过 1200 家。其中,福田、罗湖和南山互联网金融产业园招商入驻工作进展顺利,入驻企业超过 150 家。据不完全统计,深圳市互联网第三方支付交易规模突破 3 万亿元,约占全国交易规模的一半;互联网非公开股权融资、互联网财富管理均稳居国内前三名;P2P 融资平台超过 600 家,数量居全国各省市第一位,贷款规模初步估算为 931 亿元,占全国贷款规模的 30%、占广东省贷款规模的 80% 以上,成为全国网贷"第一城"。以鹏金所、云筹、微众银行等为代表的互联网金融企业快速发展,政府层面提供开放创新的政策支持,深圳互联网金融繁荣发展,走在了全国的前列。

(二)鼓励政策

早在 2014 年 2 月,深圳市就出台了国内首个互联网金融发展专项政策——《关于支持促进互联网金融创新发展的指导意见》(以下简称《意见》),支持互联网企业依法发起设立或参股商业银行、证券等各类金融机构,同时也支持符合条件的各类机构,依法发起设立网络银行、网络保险、网络证券等新型网络金融机构。《意见》的出台标志着深圳将在更高层次、更广领域优化整合各界资源,加快构建完善互联网金融政策体系,力争至 2017 年,培育和发展一批在国内乃至国际市场上特色鲜明、竞争力较强的互联网金融企业,形成全国领先的互联网金融创新发展中心，提升深圳全国金融中心的引领、聚集和辐射功能。《意见》的出台对深圳市互联网金融产业快速、规范发展起到了重大的推动作用。

2015 年 3 月，深圳再次发布《深圳市 2015 年金融改革创新重点工作》，即"深圳 2015 金改"，提出引导建立互联网金融行业协会，推动制定 P2P、股权众筹自律公约和行业标准；重点加大对高新技术产业、战略性新兴产业和未来产业的信贷支持力度，大力发展普惠金融等。深圳市互联网金融协会也于 2015 年内成立。

1. 支持互联网企业发起设立金融类机构

在推动互联网和金融产业融合发展方面，《意见》提出促进传统金融依托互联网转型升级，鼓励金融机构利用互联网技术手段改变传统物理网点的营销模式和服务机制，全面提升服务广度和深度；同时，拓宽互联网企业进入金融领域的渠道；支持互联网企业依法发起设立或参股中小型商业银行、证券、基金等金融类机构；支持互联网企业通过发起设立、并购重组、增资扩股等方式控股或参股小额贷款、融资担保、融资租赁等准金融机构；借助新一代互联网、移动通信和大数据处理等技术手段，有效拓展资金融通、支付结算和信息中介等业务，加快构建互联网金融功能集聚区。

2. 发展互联网金融产业链联盟

在拓展互联网金融业务模式和融资渠道方面，《意见》提出支持商业银行等银行类机构与互联网金融企业的业务合作，探索开展第三方资金托管、质押融资贷款，搭建多层次支付结算平台等；鼓励更多符合条件的优质互联网金融企业上市融资，支持企业通过前海股权交易中心、金融资产交易所等平台发行新型债券品种。《意见》还提出支持互联网金融企业与金融机构、创业投资机构、产业投资基金深度合作，整合资源优势，结成互联网金融产业链联盟。

3. 落户最高奖励 2000 万元

《意见》规定，对于新设立或新迁入的互联网金融机构，可按银行一级分支机构，一次性享受 200 万元的落户奖励，而大型互联网新设或新迁入的互联网金融机构，最高则可享受 2000 万元的落户奖励。

对重大科技研发和商业模式创新的互联网金融项目，可申报产业发展专项资金，而符合深圳金融创新的相应产品、业务模式以及产业园区，可分别申报金融

创新奖、孵化器项目，并通过贷款贴息、科技保险、股权投资等方式，引导金融资源和社会资本加大对互联网金融的投入。

《意见》规定，除金融电商、非金融支付服务和金融配套机构外，新设立或新迁入的有独立法人资格的互联网金融企业，每年缴纳企业所得税达到 500 万元以上，按银行类金融机构一级分支机构享受政策，经监管部门批准设立的创新型网络金融机构及研发中心、电商、金融配套机构等，亦可享受深圳市相关政策。而对大型互联网企业在深圳新设或新迁入互联网金融企业的落户奖励，则更为丰富，规定资产规模、营业收入和流量等排名居前、具有全国重要影响力的互联网法人企业，在深圳新设或新迁入互联网金融企业，根据业务规模、客户流量、税收贡献等，经深圳市政府批准后，将按金融机构总部待遇享受相关政策。按照深圳市政府 2009 年出台的规定，在深圳新设立的金融机构总部，注册资本 10 亿元以上的，一次性奖励 2000 万元，注册资本 5 亿~10 亿元的，一次性奖励 1000 万元，5 亿元和 2 亿元以下的则分别奖励 800 万元、500 万元。

4. 成立深圳互联网金融协会

2015 年 7 月，深圳市互联网金融协会挂牌成立。深圳互联网金融协会是深圳最大的互联网金融的行业性组织，由深圳地区有代表性和影响力的金融机构、互联网企业、互联网金融企业以及相关配套服务机构组成的行业自律组织，代表会员单位为平安集团、招商银行、微众银行、工商银行深圳分行、建设银行深圳分行、财付通、合拍在线、红岭创投、投哪网、金斧子、众投邦、大家投、钱爸爸、海钜信达等，具备广泛的行业代表性。协会具有社会团体法人资格，指导单位为深圳市人民政府金融发展服务办公室、驻深一行三会监管部门。协会的宗旨是：为会员搭建公共服务平台，推动互联网金融行业创新、自律，服务实体经济，规范市场行为，加强交流合作，维护合法权益，推动互联网金融创新发展、健康发展。

5. 建立深圳互联网金融产业园区

深圳相继挂牌成立福田、罗湖和南山三大互联网金融产业园区，为互联网金融企业发展提供便利化通道，也将迎来越来越多的落户于此的互联网金融企业。三家园区规划总面积超过百万平方米，将集聚和培育一批互联网金融创新型企业，促进深圳互联网金融产业快速健康发展。

深圳（南山）互联网金融产业园将由政企合作共建，深圳市金融办、南山区政府与科技园集团合作，共建"互联网金融产业园"服务中心。园区计划引进100 家互联网金融公司入驻，3 年实现产值或规模达到 200 亿元。第一期面积为15200 平方米，提供创业孵化、中小企业加速、天使投资、VC 投资等服务。第二期将规划建设深圳市互联网金融创新大厦。

深圳（福田）互联网金融产业园区坐落在福田保税区，由腾邦集团承接产业园的规划、建设和运作，借助自有物业，通过重组产业、服务、资金、技术、人才等优势要素，斥资百亿打造，总规模达 70 万平方米。

深圳（罗湖）互联网金融产业园位于蔡屋围、水贝黄金珠宝产业集聚区、莲塘互联网产业基地等之间，将与周边产业园区形成产业互动、空间衔接的大产业格局，共同构筑罗湖互联网金融产业园。

（三）发展亮点

1. 深圳互联网金融发展概述

从 2013 年风起云涌开始，短短几年，腾讯等互联网巨头纷纷"跨界"切入金融领域；一大批民营"草根"互联网金融信用中介服务新兴机构"野蛮生根"迅速崛起。数字是最佳佐证。从无到有，深圳互联网金融领跑全国。截至 2015年年底，全市互联网金融企业超过 1200 家，其中大部分注册在前海。作为战略性支柱产业，如今的深圳金融业，已不再是传统意义的银行、证券、保险、基金那么简单。大量 PE、融资租赁、商业保理、互联网金融、小额贷款、要素交易平台等新兴金融业态正竞相出现，正显现出蓬勃的生命力，深圳再次成为新兴金融业态的首选之地。

2015 年是深圳互联网金融爆发式增长的一年，政府发布实施了支持金融业的专项政策，积极推动互联网金融快速发展。深圳第三方交易规模已突破 2.7 万亿元，占全国总额的近一半。P2P 融资平台有 4 倍增长，所有平台贷款成交金额累计 300 亿元，基本业务以每个月 10% 的速度增长。代理销售理财产品的互联网金融平台交易额也超过 1000 亿元，成为银行理财类产品销售最踊跃的新渠道。同时相继挂牌成立的福田、罗湖和南山三大互联网金融产业园区，作为便利化通道，迎来了越来越多的落户于此的互联网金融企业，包括已经组建队伍的前海微众银行。在深圳互联网金融火热发展的背景下，深圳金融办召集一批具有特色的标杆企业，组建深圳互联网金融协会，以期在同行业产生示范效果，首批发起单位有平安集团、投哪网、财付通、金斧子等 30 家业态各异的互联网金融企业。

2. 深圳互联网金融产业生态圈

2015 年深圳互联网金融产业蓬勃发展，细分市场中不断涌现龙头企业。深圳互联网金融企业数量众多，种类丰富。既有传统金融机构的互联网创新及电商化创新，如网上银行、网络保险、网上证券、互联网基金、手机银行、直销银行、电商平台等。也有第三方支付、P2P 网贷、互联网非公开股权融资、手机理财 APP、金融产品销售和财富管理综合服务等类型，几乎覆盖目前我国现有的所有互联网金融类企业类型。部分企业眼光独到、勇于开拓，切入细分市场，多个领域涌现出一批龙头民营企业，例如第三方支付平台——财付通，跨境支付平台——钱宝，P2P 网贷规模较大的红岭创投、投哪网，一站式综合理财服务平台金斧子，服务于农产品市场的海吉星，专注大学生消费市场的桔子理财，以罗湖水贝珠宝园为基础打造的珠宝贷等，个别企业的规模和业务量已经达到所在领域的国内领先位置，年成交金额达到百亿级甚至千亿级。

借助"互联网+"，银行业创新能力进一步加强。随着"互联网+"上升为国家战略，"互联网+金融"更加活跃，银行业实现了手段、模式、内容、渠道等多个方面创新，企业创新能力进一步加强。一方面，传统金融机构比如平安集团、招商银行、华夏银行前海分行等依托互联网加快营销渠道和经营模式的创新整合。特别是平安集团积极进行业务创新，旗下平安银行推出了"橙 e 网"、"行易通"、"口袋银行"、"橙子银行"等一系列互联网金融产品，实现了渠道和产品创新。目前"橙 e 网"注册用户有 30 多万人，"行易通"累计上线的合作机构，银证合作的机构超过 70 家，银银合作的客户有 350 多家，"口袋银行"用户 600 多万人，"橙子银行"累计客户 70 多万人，已经形成较大用户规模。另一方面，深圳积极推动互联网企业与传统金融融合，推进产业融合和创新发展，打造出国内首家互联网民营银行——深圳前海微众银行。该银行以"普惠金融"为概念，主要依托互联网渠道开展业务，不设实体网店，无须财产担保，通过人脸识别技术和大数据信用评级发放贷款，努力打造创新型、智能化、电子化的现代商业银行。

3. 深圳互联网金融子行业发展情况

深圳作为全国重要的金融城市，互联网第三方支付规模约占全国的50%，P2P网贷规模约占全国的30%。互联网理财产品销售规模、互联网非公开股权融资规模、互联网财富管理规模均稳居全国前三。截至2015年12月底，在深圳商事登记注册的金融公司已突破2295家。深圳第三方支付业务规模位居全国第二，互联网理财产品、互联网财富管理均居国内前三名。与此同时，深圳拥有P2P平台700余家，数量居全国第一，成交额居全国第二，贷款余额居全国第三。

（1）深圳第三方支付行业分析。

1）平台分布及简介

深圳主要的第三方支付公司包括：①深圳市财付通科技有限公司。深圳市财付通科技有限公司为腾讯旗下支付公司。②深圳市壹卡会科技服务有限公司。深圳市壹卡会科技服务有限公司成立于2006年6月，是一家专为企事业单位提供定点消费服务的专业服务机构、人民银行"非金融机构从事支付和结算"备案单位。③深圳市快付通金融网络科技服务有限公司。深圳市快付通金融网络科技服务有限公司作为人民银行直接领导下的国内首家金融电子结算中心，长期承担着国内支付结算系统的建设和运营维护，以及深圳同城及深港、深广间的跨行支付结算服务。④深圳银盛电子支付科技有限公司。2011年5月，深圳银盛电子支付科技有限公司获得央行《支付业务许可证》，是首批获得《支付业务许可证》的27家机构之一，是中国支付清算协会第一届理事单位，可在全国范围内开展互联网支付、移动电话支付、固定电话支付、银行卡收单业务。目前分公司遍及全国31个省市，服务200多个地市。业务涵盖软件研发、互联网金融、电信增值、电子商务、商旅服务等领域。⑤深圳市银联金融网络有限公司。深圳市银联金融网络有限公司，是银联商务旗下从事深圳地区银行卡收单的专业化服务公司。是全国首家通过ISO9001：2000版国际质量体系认证的银行卡专业化服务机构。

2）业务规模

截至2015年年底，深圳第三方支付交易规模已突破3万亿元的"天量"，占据全国"半壁江山"。

（2）深圳P2P网贷行业分析。P2P融资平台超过600家，数量居全国各省市第一位，贷款规模初步估算931亿元，占全国贷款规模的30%、占广东省贷款规

模的 80%以上，成为全国网贷"第一城"。

1）平台数量

截至 2015 年 12 月底，广东省正常运营的网贷平台有 476 家，占全国正常运营网贷平台的 18.34%，占比同比下降了 3.82%。综观全年，广东省正常运营的平台数量稳步增多，月均复合增长率为 2.97%。受年关影响，平台新增动力不足，12 月广东省平台数量首次出现下降。

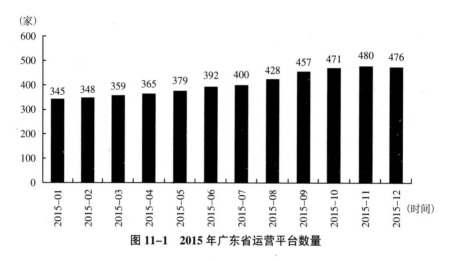

图 11-1　2015 年广东省运营平台数量

正常运营平台的地区分布上，地区集中度较高。深圳市素有"网贷第一城"之称，作为全国金融中心城市之一，具有较强的经济活力。此外，深圳市金融创新和互联网技术均走在全省前列，这一肥沃土壤培养了全省 76.26%的 P2P 网贷平台。

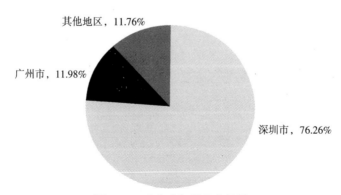

图 11-2　广东省问题平台数量

问题平台的分布上，深圳市因平台数量最多，问题平台数量也居全省首位。2015 年，深圳市爆出 109 家问题平台。2015 年 12 月，深圳市问题平台发生率为 3.71%，高于同期全省问题平台发生率 0.46%。

2) 网贷成交量和贷款余额

2015 年，广东省实现网贷成交量 3109.63 亿元，稳居全国各省市网贷成交量首位，相比 2014 年增长近 3 倍。2015 年，广东省对全国网贷行业成交量的贡献率较大，近 1/3 的网贷成交量是通过广东省的网贷平台完成的。

深圳市民间借贷活动较为活跃，广东省网贷成交量也主要是在深圳市完成的。2015 年，深圳市网贷成交量为 2201.54 亿元，占广东省网贷成交量的 70.80%。

2015 年 12 月底，广东省网贷的贷款余额为 872.26 亿元，占全国网贷余额的 19.85%，同比下降了 5.98%。综观全年，随着网贷成交量的攀升，贷款余额也稳步增长，月均复合增长率为 10.30%，与 2014 年水平相当。广东省网贷行业贷款余额主要集中在深圳市，贷款余额为 662.14 亿元，占全省的比例为 75.91%。

3) 综合收益率和平均借款期限

2015 年，广东省网贷综合收益率为 13.03%（按成交量加权计算），低于网贷行业总体综合收益率 26 个基点（1 个基点=0.01%），同比下降了 362 个基点。月份表现上，5 月受 518 理财节、12 月受年底平台加息影响，综合收益率环比提高，其余月份网贷综合收益率环比均有不同程度下降。综观全年，2015 年前 7 个月的综合收益率高于全年平均综合收益率，后 5 个月综合收益率低于全年平均综合收益率，整体上，广东省网贷综合收益率呈下降趋势。

2015 年，深圳市 P2P 网贷综合收益率总体呈下降趋势，按照成交量加权计算为 12.45%，低于广东省网贷行业 58 个基点。

2015 年广东省网贷的平均借款期限为 4.01 个月（按成交量加权计算），同比延长了近半个月（2014 年为 3.52 个月）。广东省平台数量众多，但是多数平台的借款期限短于 5 个月；加之银行系平台小企业 e 家成交量较大，而平均借款期限不足半月影响，广东省网贷行业的平均借款期限较短，短于行业平均水平 2.8 个月。综观全年，除 6 月平均借款期限突破 5 个月以外，其余月份的平均借款期限波动不大，基本在 4 个月上下浮动。

深圳市 2015 年 P2P 网贷行业的平均借款期限波动较小。按照成交量加权计算为 4.25 个月，长于广东省网贷行业 0.24 个月。

与 2014 年相似，广东省网贷平台的平均借款期限以短期为主，但半年以下的平台占比同比下降了 4.76%。2015 年广东省网贷平台中，占比最多的是 1~3 个月的网贷平台，占比为 48.53%；其次是 3~6 个月的网贷平台，占比为 34.87%，再次是 6~12 个月的网贷平台，占比为 8.61%。处于平均借款期限两端的平台数量较少，1 个月以下的平台仅占 5.26%，12 个月及以上的平台占比为 2.73%，主要是一些背景实力较强的平台，这些平台项目一般借款金额较大、借款期限较长。

（3）深圳互联网非公开股权融资行业分析。

深圳地区已经实际成为了整个华南地区的互联网非公开股权融资行业发展中心。报告显示，华南地区按实际融资额进行排名，排在前 10 名的互联网股权融资平台中，位于深圳的平台就占了 6 家。其中，主打新三板项目的众投邦融资额位居第一。

1）平台注重垂直细分，定位精准

随着京东、阿里巴巴等互联网巨头和金融巨头也进入互联网非公开股权融资行业，深圳大量互联网股权融资平台将面临挑战。这些平台必须向垂直领域、专业化和个性化服务方向发展。

深圳的平台因此加速分化：众投邦专注于新三板企业，投壶网专注于医疗大健康，博纳众筹专注于商业地产，而大家投则专注于影视项目等。36 氪股权投资副总裁欧阳浩分析，也只有专业细分才能应对互联网非公开股权融资的高风险。"只有专注垂直才能深刻了解行业，才能选出好的项目，才有这种风险把控能力。"

2）开创新型收费模式

目前，国内互联网股权融资平台主要采取佣金模式，即如果项目融资成功，平台会收取一定比例的成交费，通常是融资总额的 3%~10%。不过，这一模式存在缺点：一是增加了融资人的负担，融资人除了要给投资人股份和产品回报以外，还要给平台佣金。二是这种模式使部分平台与融资人的利益捆绑在一起，而不是与投资人的利益捆绑。平台可能为了促成项目的筹资成功，无视融资方项目的缺陷而过度包装，甚至欺骗投资人。目前，深圳的投壶网就做了创新，平台采用后端收费模式，即平台管理费收费对象为投资人，使得平台与投资人的投资收益绑定，保证投资人的利益。

（四）代表性企业

1. 微众银行

民营银行试点自 2013 年 9 月银监会相关办法出台开始，经历了两年多的筹备。在存款利率进一步放开伴随存款保险制度征求意见稿落地之后，在 2014 年，银监会一共批准包括前海微众银行、天津金城银行、温州民商银行、浙江网商银行和上海华瑞银行这 5 家民营银行筹建试点。

2014 年 12 月，深圳前海微众银行获得银监会开业批复，深圳前海微众银行则成为了国内首家民营银行，注册资本是 30 亿元，发起人为腾讯、百业源投资和立业集团，分别持股 30%、20% 和 20%，腾讯为大股东。

前海微众银行不仅作为民营银行，也是首个互联网银行，它既无营业网点，也无营业柜台，所有手续均在线上完成。2015 年 1 月 4 日，李克强在深圳前海微众银行敲下电脑回车键，卡车司机徐军就拿到了 3.5 万元贷款。这是微众银行作为国内首家开业的互联网民营银行完成的第一笔放贷业务。

微众银行主要有消费金融、财富管理和平台金融三大业务线，一年来三大业务线主要有以下进展。

（1）消费金融主要推广"微粒贷"，2015 年年末，微粒贷共开通白名单客户 2034 万人、贷款余额 74.95 亿元，年内累计 66 万人在线贷款 128.17 亿元（1 年内人均累计贷款约 2 万元、人均贷款余额约 1 万元），这一客户下沉深度与一些 P2P 公司相似（但微众银行在大数据方面可能具有优势，从而节省线下风控成本）。

（2）财富管理主要通过微众银行 APP，2015 年 8 月上线，主要从事代销业务，产品涵盖货币基金、保险、股票基金等，类似于东方财富将线上流量和客户资源通过代销方式变现，截至 2015 年 12 月末，微众银行 APP 客户数累计逾 32 万人，产品代销规模接近 150 亿元。

（3）平台金融主要与一些 O2O 生活服务品牌合作，将金融产品嵌入服务场景，目前该行合作的互联网平台包括：二手车电商平台"优信二手车"、家装平台"土巴兔"、生活消费平台"大众点评+美团"、物流平台"汇通天下"等。深圳银监局表示，该行已共为平台完成商户资金清算 94 万笔、总交易金额为 19 亿元，为近两万平台消费者提供小额贷款逾 2 亿元。

8 月 14 日，微众银行开启面向公众模式，用户可以通过手机端进行下载，只可以通过微信或者 QQ 号进行注册，通过填写用户实名、身份证号码、手机号、验证码后，绑定相关银行后，微众电子银行账户开立成功，用户将得到一个 19 位数字的微众卡号。

开通微众银行电子账户后，微众银行主要有两个界面：理财和转账。用户可以通过微众银行 APP 办理存款、理财等业务，以及在微众银行电子账户和已绑定的其他银行同名账户之间进行转账。现阶段，微众银行电子账户目前暂不支持刷卡消费、给他人转账的功能。

微众银行的理财功能包括：活期+、定期+和股票基金。其产品为微众银行代销或者直销合作金融机构的产品。微众银行的理财产品包含从低风险到高风险的产品，微众银行提供了用户的风险评估，以便用户正确认识到自身的风险承受能力，选择适合自己的产品。

微众银行转账功能：用户在注册微众银行的时候添加了相关银行卡，在转账界面可以继续添加银行卡，添加第二张卡开始便运用到它独特的人脸识别技术。

2. 财付通/微信支付

财付通（Tenpay）是腾讯公司于 2005 年 9 月正式推出的专业在线支付平台。腾讯有限公司于 2006 年 8 月 25 日成立了深圳市财付通科技有限公司，其核心业务是帮助在互联网上进行交易的双方完成支付和收款，业务范围覆盖 B2B、B2C 和 C2C 各领域。

2015 年，凭借日常高频使用的微信支付和下半年开始发力的 QQ 钱包，财付通在有效吸引市场支付需求存量的同时也创造了大量新的支付需求。截至 2015 年 9 月，微信支付和 QQ 钱包累计绑卡用户数已超过 2 亿。60%以上的微信活跃用户有微信支付能力。微信支付官方透露，每月使用微信转账的用户中有超过 60%使用 2 次或 2 次以上。微信支付线下门店接入总数超过 20 万家。从地域来看，用微信支付转账的用户广东最多，浙江、江苏、北京、山东紧随其后。

2015 年，腾讯马不停蹄地展开"圈地运动"，在场景消费中排兵布阵。从 2015 年开年的春晚摇红包，微信支付"体验式"营销的思路已经初现端倪；6 月，腾讯与中石油签署协议，在移动支付、互联网金融和 O2O 等业务展开合作；7 月，财付通宣布滴滴打车正式接入 QQ 钱包；8 月，微信支付与便利店展开"无现金日"活动；9 月，微信支付与华润万家联手推出智慧超市，此前其已与家乐福、大润发、永辉等超市巨头展开合作。至此，商超、便利店、餐饮、酒店、停车、打车等场景均出现微信支付的身影。

（1）支付场景不断丰富，已经覆盖 20 万家门店。零售、餐饮等高频消费行业成为用户习惯培养的重要切入点。从微信支付日、微信支付美食日到无现金日，微信支付团队集合实体门店商家，以体验带动消费回归线下，激活了传统线下实体商业。目前，全国接入微信支付的线下门店已超过 20 万家，覆盖了 30 多个行业。除了麦当劳、中石化、家乐福等知名品牌均已接入，微信支付还深入民生各个场景，缴税、水电煤、停车、一卡通等均在全国范围内加速落地。

（2）社交属性带动了微信支付的持续增长。每逢节日发微信红包已经逐渐成为用户习惯和文化现象。微信红包自 2014 年春节推出，收发量一直迅猛上涨，加速了微信支付迅速在全国普及。2014 年除夕夜红包收发总量为 0.16 亿次；2015 年除夕猛增到 10.1 亿次。此后微信红包不只在春节爆发，"520"红包收发总量达到 4 亿次，六一儿童节达到 5 亿次。8 月 20 日七夕全天，微信红包收发总量达 14.27 亿次，首次突破除夕 10 亿峰值。而中秋节，微信红包收发总量达 22 亿次，超过除夕两倍。

（3）极致开放推动生态式发展。面向服务商、商家实行开放的政策，让第三方、商家积极自主地参与到微信支付的生态构建中，是 2015 年微信支付在各行各业"井喷式"增长的重要助推因素。2015 年 9 月，微信支付正式宣布面向第三方服务商全面开放申请，助力开发者开拓亿级线下市场。经审核的微信支付服务商可以快速、无门槛地获得多项能力和权限，开发微信支付智慧行业解决方案。

3. 红岭创投

红岭创投为红岭创投电子商务股份有限公司旗下的互联网金融服务平台，于 2009 年 3 月正式上线运营。

截至 2015 年 12 月 31 日，平台总投资人达到 828602 人，投资人已赚取收益

26 亿元，待赚取收益 23.55 亿元，累计完成借款笔数 261.13 万笔，累计总成交额达到 1092.6 亿元。2015 年，平台新增投资人 487542 人，已赚取收益 21.5 亿元，完成借款笔数 209.88 万笔，总成交额达到 905.8 亿元。

2009 年业务开展之初，红岭当年成交额只有 900 万元，经过几年的快速发展，到 2014 年 9 月，累积成交额已经达到 100 亿元。2015 年更是呈几何级数增长，11 月累积成交额又再度超过千亿元。可以说，红岭在 2014~2015 年这一年多的时间里，实现了交易额从百亿元到千亿元的跨越。

不同于多数 P2P 平台，红岭创投的投资标的较大比例是大额项目，其模式被业内称为"大单模式"。大额项目对应的"快借标"利率较高，但以此为基础的"净值标"交易总金额更大。大单模式和本金垫付促进了平台的快速发展，不过也给风控带来了更多困难。2014 年 8 月，红岭爆出第一波大规模坏账，4 个逾期标的本金总额 1 亿元；2015 年 2 月，红岭再度爆出坏账 7000 万元。而 2015 年年底，红岭创投董事长周世平则主动在红岭创投官网论坛上主动曝光红岭坏账约 5 亿元。红岭创投以本金垫付赢得了投资人的信任，作为经营模式较为特别的网贷平台，其发展也持续受到各方关注。

4. 大家投

大家投公司创立于 2012 年 9 月，同年 12 月网站上线。大家投股权融资平台是天使投资与创业项目私募股权投融资对接平台，其项目主打小额快速融资，投资门槛相比其他平台更低，流程和服务也尽可能产品化。大家投自成立以来，就引领着互联网股权融资行业的多项创新，其开创了国内首个第三方资金银行托管账户"投付宝"，其倡导的"领投人+跟投人"机制目前已成为行业的主流模式。目前，该平台已帮助 44 个创业项目成功融资 4500 万元。

2014 年 7 月，大家投推出 V2.0"股权众筹"新规，创新性地在平台上引入荷兰式竞价法，其核心是：各投资人认筹相应金额，并单独向项目方提出估值报价，而其他人无法看到，创业者有权拒绝或接受。项目认筹满标后，项目融资方历次同意的最低估值为系统的最终估值。该竞价法则的引入改变了以前项目估值由创业者和投资经理在认筹前商定，而投资人没有议价权利的状况，使投资人在项目的估值定价中拥有更多的话语权，有效保护了投资者的利益。

5. 众投邦

众投邦股权融资平台于 2014 年 1 月正式上线，是专注于新三板 VC 项目的股权融资平台。该平台围绕新三板的互联网股权融资，建立了一个完善的从线上互联网产品到线下赛事活动，包括尽调底稿、Web 端、移动端、签约主投、明星投资经理、区域运营、母基金等一系列的股权投融资生态圈。据介绍，众投邦 2014 年完成的单笔项目融资额均在 1000 万元以上，成功的案例包括哈淘微分销平台、掌付通、华人天地等。

融资模式方面，众投邦主要通过"主投（GP）+ 跟投（LP）"的模式帮助企业进行股权融资。项目确定后，公司会选择颇具实力的专业机构作为主投方，主投方对单个项目主投最低额度为项目融资额度的 10%，最高额度为项目融资额度的 50%，专业机构包括创东方、广东省文化投资基金、东莞控股等；个人投资者作为项目的跟投方，一般选择与项目所处行业相关的私人企业主。在这种模式中，专业机构具有较强的谈判能力、把控能力、项目挖掘能力及专业背景，而个人投资者没有能力对项目调研、谈判，而且企业也不会与个人对接，通过这种"主投（GP）+ 跟投（LP）"的模式，既可以解决项目风险问题，也可以解决资金来源问题。

二、2015 年广州互联网金融发展概况

（一）综述

广州历史悠久，作为一个传统的商贸型城市，互联网思维的渗透相对深圳需要更多时间，再加之广州的互联网金融从业人员大多数是从传统金融业中走出来的，所以在发展路径和规模上亦相对稳健。

广东省网贷平台主要位于金融、IT 业较为发达的深圳市，目前深圳正常运营平台多达 300 多家，占全省的 82.80%；其次为广州，现有运营平台 58 家。根据《2015 年 P2P 网贷行业月度综合点评榜》，2015 年 3 月 P2P 网贷平台综合排名前

十五的企业中深圳有三家上榜，而广州仅有一家，在 2015 年 3 月 P2P 网贷平台前十五位的总成交量在 174.2 亿，深圳上榜的三家企业总成交量达到 92.38 亿，占比 53%，而广州仅占总量的 8.8%。

互联网金融的发展离不开配套政策的支持。2014 年 2 月，深圳出台国内首个互联网金融发展专项政策《关于支持促进互联网金融创新发展的指导意见》，2014 年相继出台一系列重大金融改革文件规范互联网金融行业，而广州也在2015 年 1 月正式出台《广州市推进互联网金融产业发展的实施意见》。

总体来看，2015 年是广州互联网金融快速发展的一年，这一年政府出台了《广州市关于推进互联网金融产业发展的实施意见》，积极推动互联网金融发展。全市已设立和引进第三方支付、P2P 网贷、互联网非公开股权融资等各类互联网金融企业超过 100 家，广州民间金融街、天河 CBD、广州中小微企业金融服务区、海珠万胜广场被选定为广州市互联网金融产业基地。以 PPmoney 为代表的互联网金融企业保持稳定快速发展，在保持行业龙头地位的同时，大批富有竞争力的平台不断涌现，形成互联网金融产业蓬勃发展、不断赶超的大好局面。

（二）鼓励政策

2015 年 1 月，广州市政府审议通过《广州市推进互联网金融产业发展的实施意见》（以下简称《实施意见》）。力争在三年内建成 3~5 个各具特色的互联网金融产业基地，同时还将探索建设广州金融大数据系统。

1. 筹建 3~5 个金融基地

广州将力争在三年内建成 3~5 个各具特色的互联网金融产业基地，集聚一批实力雄厚的互联网金融龙头企业，打造若干个品牌卓越的互联网金融服务平台，将广州建设成为互联网金融业态丰富、运行稳健、创新活跃、服务高效、环境优良，在全国具有重要地位和广泛影响力的互联网金融中心城市。

在此之前，广州已经确定了广州民间金融街、天河中央商务区、广州中小微企业金融服务区 3 个互联网金融产业基地启动建设。

2. 一次性奖励最高 1000 万元

广州市将对互联网金融产业发展给予专门的扶持政策，支持互联网金融企业注册登记，对互联网金融企业给予一次性落户奖励及业务补贴，大力培养引进互联网金融人才，支持互联网金融企业多渠道融资。

《实施意见》明确，对法人机构在广州注册、规模大、经营规范、行业影响力强的互联网金融企业给予一次性落户奖励，奖励金额根据企业的利润总额有所不同，一次性奖励的力度为100万~1000万元。此外，市政府在互联网金融人才引进、业务开展等方面也给予补贴。

对比之前的《广州市支持互联网金融创新发展试行办法（征求意见稿）》，新的《实施意见》中，在互联网金融发展上提出了更明确具体的发展方向。其中包括对于互联网金融各细分行业如发展第三方支付机构、网贷平台、股权融资平台等给出了具体的目标，并将具体的工作分解到相关职能部门。如其中对于目前各路资本创业热情较大的P2P行业，要求支持P2P网贷机构加强信息披露，接受市场和投资者的监督。引导P2P网贷机构采取由第三方托管资金、设立风险保障金以及引入第三方担保、基金担保、保险担保主体等措施，健全风险控制体系，规范稳健运营。《实施意见》还指出"支持广州地区的企业集团或金融控股集团发起设立P2P网贷机构，利用集团资源优势做大做强，完善集团产业链条"。

3. 将建金融大数据系统

对于金融大数据系统建设，广州将依托政府公共信息平台，整合广州地区大型商业公司、电商企业、银行、小额贷款公司、融资性担保公司、各类要素交易平台、电信、大型社交网站的用户交易记录、支付记录等数据信息，探索建设广州金融大数据系统，为互联网金融发展提供强大的后台支撑。

对于互联网金融暴露出来的风险问题，广州将建设互联网金融安全运行区，强化互联网金融外部监管，加强互联网金融行业自律，完善互联网金融企业内部风险防控机制。

4. 成立广州互联网金融协会

2015年4月，广州互联网金融协会正式揭牌成立，成为广东地区继深圳互联网金融协会之后的第二家市级互联网金融协会。该协会是民间自发成立，政府主管部门给予指导，目的是通过建立广州互联网金融生态圈，使各种互联网金融业态相互促进，推动行业发展。协会成员覆盖了P2P平台、众筹平台、第三方支付和互联网小贷公司等典型互联网金融企业，还包括银行、证券及保险等传统金融机构。此外，广州股权交易中心、广州仲裁委员会、行业门户网站、评级机构

等也囊括在内。其中，传统金融机构会员包括：广发银行、平安银行广州分行、平安保险广东分公司、民生银行广州分行、浦发银行广州分行和众安保险等。

5. 建立广州互联网金融产业园区

2015 年 3 月，广州首个互联网金融产业园区在广州开发区正式挂牌成立，产业园区具有三大特色：政企联合打造、产业增值专属、规模效应下低成本运营。首批签约入驻产业园区的企业有新联在线、合泽财富、壹宝贷、365 金融、全国 500 强企业以及广物典当集团等。目前广州已有 4 家互联网金融产业基地，其中，越秀依托广州民间金融街、天河依托天河中央商务区、增城依托广州中小微企业金融服务区在 2014 年获广州市政府授予的"广州市互联网金融产业基地"牌匾。海珠区依托万盛广场建设产业基地于 2015 年 6 月获广州市政府授予的"广州市互联网金融产业基地"牌匾。

（三）发展亮点

2015 年是广州互联网金融快速扩张的一年，政府出台了《广州市关于推进互联网金融产业发展的实施意见》，积极推动互联网金融发展。全市已设立和引进第三方支付、P2P 网贷、互联网非公开股权融资等各类互联网金融企业超过 100 家，广州民间金融街、天河 CBD、广州中小微企业金融服务区、海珠万胜广场被选定为广州市互联网金融产业基地。

截至 2015 年末，广州共有 58 家网贷平台正常运营，以民营企业居多，占 89%，上市公司系与国资系较少。2015 年，广州市 P2P 网贷平台全年累计成交额达 745.24 亿元，保持较快增长，平台业务主要集中在中小企业贷款、债权流转、车贷、个人信用贷、票据贷等。2015 年，广州市 P2P 网贷平台全年平均加权综合收益率 8.43%，相比广东省整体水平低 4.60 个百分点，利率水平更趋理性。项目标的融资金额 0~10 万元的占比近 80%，小额分散。截至 2015 年末，广州有 6 家互联网支付企业，在全国 270 家的体量中占 2.22%，其中成功开创电子商务网银支付先河的银联商务位居全国前十。2015 年广州 9 家非公开股权融资平台为 62 人项目成功融资 4 亿元，规模尚小，但发展迅速、潜力巨大。

PPmoney 是广州互联网金融代表性企业，自 2012 年成立以来，经过数年发展积累，已经成为广州网贷行业的龙头老大。此外，还有礼德财富、恒信易贷、民贷天下、广州 e 贷等平台，随着近年来的快速发展，也成为广州互联网金融生态圈中不可忽视的力量。

（四）代表性企业

1. PPmoney

PPmoney 理财平台成立于 2012 年 12 月 12 日，注册资本 3000 万元。其创始人为陈宝国等三人。致力于发展符合我国国情的 O2O 模式，平台项目来自有融资需求的中小微企业、小贷公司、典当行等，通过线下尽职调查，挑选出优质项目，由专业的金融团队设计成不同类型的理财产品，推荐给平台客户，并引入第三方担保机构为客户提供资金安全保障。

"安稳盈"系列产品为 PPmoney 理财平台面向投资者推出的固定收益产品，系与交易所（包括深圳联合产权交易所、前海股权交易中心、广州金融资产交易中心、广东金融高新区股权交易中心、北部湾产权交易所、赣南产权交易所、重庆金融资产交易所等）以及信托、资管、基金公司等联合推出的以小贷公司信贷资产为基础的投资产品。

2015 年 12 月 12 日，"12.12 互联网金融节"广州启动，PPmoney 宣布已登陆新三板并完成融资。国内知名并购基金安赐资本成为 PPmoney 的投资人之一。

2015 年是互联网金融合规化建设加速推进的一年，PPmoney 在资金存管、去担保化、网站双证备案（ICP 证、EDI 证兼具）、信息披露、数据安全、互联网化程度等多个方面积极进行合规化建设，高度契合监管细则的指导精神。

2015 年，PPmoney 取得了持续稳定的发展成果。PPmoney 进一步巩固了行业地位。公司累计成交额先后突破 100 亿元、200 亿元、300 亿元关口，投资者回报接近 5.8 亿元。目前拥有近 600 万注册用户的 PPmoney 已经在国内登陆资本市场并完成融资，为今后的发展夯实了基础。

2. 广州 e 贷

广州 e 贷正式上线于 2014 年 8 月，目前由广州易贷金融信息服务股份有限公司运营。据公开可查询信息显示，广州 e 贷的注册资本为 1.2 亿元，入股股东包含广州当地多家大型实体企业和金融投资集团。2015 年，深交所上市公司广州达意隆包装机械股份有限公司以增资方式入股，出资 1200 万元，持总股比例

为 10%，至此，广州 e 贷正式步入上市公司系平台。2015 年 4 月，平台当选为广州互联网金融协会第一届会长单位。

广州 e 贷提供六类投资理财产品，除了房 e 贷属于担保信用贷之外，商 e 贷、农 e 贷、铺 e 贷、票 e 贷和车 e 贷都是以抵质押为主，产品类型较为多样。投资期限主要集中于 36 个月，伴随少量 12 个月以下标的，期限相对较长。但平台提供债权转让功能，且不收取费用（特殊活动规定除外），可较好地满足投资人的流动性需求。

广州 e 贷的标的都附有标的信息，包括借款人基本信息、抵押物、借款描述、风控流程以及证照信息等。借款标的有部分借款资料图片展示和文字描述，有些标的也展示他项权证这类比较有参考性的资料，整体而言，广州 e 贷债权项目的透明度较好。

平台的运营报告显示，2015 年广州 e 贷累计成交金额为 8.85 亿元，总待收本息为 3.22 亿元。

3. VChello 微投网

VChello 微投网是专业的 O2O 模式股权融资平台，初创即获得青年天使会及广东天使会多位知名天使联合投资。VChello 专注于天使期的 TMT 领域，针对的领域主要有三个：一是泛娱乐类项目，如手游、动漫、社交、影视、新媒体等；二是 O2O 模式项目，如衣食住行、吃喝玩乐等；三是大数据、智能硬件、机器人等。平台采取"领投 + 跟投"的模式撮合投资，匹配最佳资源，并提供专业的投前、投中、投后系列综合服务，通过线上线下活动，为创业者对接优质投资人，为天使和 VC 挖掘潜力项目，协助创投双方进行深入沟通，实现快速融资。

VChello 微投网自 2014 年 2 月成立，4 月上线以来，截至 2015 年 11 月 30 日，平台累计成功项目 50 多个、实际融资额 30485 万元，间接促成项目融资近 10 亿元。申请入驻 VChello 的创业项目超过 1000 个，目前通过审核的项目数有 200 多个，审核通过项目的概率约为 11%。

目前申请入驻平台的投资人将近 1000 人，但是出于对投资人风险承受能力的考虑，VChello 要求投资人年薪在 30 万元以上，个人资产有 300 万元，目前通过审核的投资人将近 300 多位。而对于互联网股权融资中最关键的角色——领投人，VChello 提出进一步的要求，即必须是专业投资机构出来的，至少投过十个项目，有过成功的投资案例，单个项目的投资额要超过10%等。因为领投人要帮助项目做尽职调查，跟进投中投后的服务，代表其他投资人进驻董事会进行财务监督、项目跟进、资源整合。

2015年3月，VChello微投网北京分部成立，同期VChello微投网与中国青年天使会战略合作签约。4月，VChello与万科云合作成立VChelloX众筹孵化器，联合投资CCIC文创孵化器（CCIC文创孵化器为VChello与新希望集团董事长陈春花、7天董事长郑南雁、高榕资本高翔、IDGVC联盟、易到用车周航等国内10多位知名投资人及互联网CEO联合创办）；联合60多位互联网业内创始人共同投资位于建中路软件园内的贝塔咖啡。与车库咖啡、you+公寓、Girlup美女创业工场等孵化器深度合作。同月，广东金融高新区股权交易中心与VChello微投网签署战略合作协议。双方在广东省金融办的指导下探索建设"互联网众筹交易中心"，未来将在项目资源、投资人资源以及政府对接资源方面展开深度合作，推动众筹权益的登记托管和流转交易，以此汇聚金融投资资源，为各类创业创新项目、个人、企业提供综合金融服务和孵化加速。

4. 天使客

天使客（AngelClub）是一个主打"精品路线"的股权融资平台，由知名天使投资人、德迅投资创始人、腾讯创始人之一的曾李青先生，经纬创投创始人张颖先生以及架桥资本共同投资成立。天使客于2014年5月正式上线，专注TMT领域天使阶段到Pre-A阶段的股权融资。

天使客作为嫁接投资人和创业者的一座桥梁，一方面帮助优质创业项目寻获投资；另一方面采用"领投+跟投"模式、限制最低2万元起投的准入门槛，在分担投资人风险的同时一定程度上保障投资人权益。天使客目前已上线并合投项目的创业团队有腾讯系、华为系、Facebook系等，其中上线4天即被超额认筹的项目——"腾米跑跑"已获得君联资本千万级别的Pre-A轮投资。

2015年7月28日，天使客股权融资平台公布了其2015年上半年的"众筹指数"。该平台认证投资人总数已超过2.3万人，付费用户超过2200人。共上线40个项目，其中29个项目已成功筹资，成交额超过2亿元。

天使客用户数量呈现指数级增长，从0到5000人，天使客用了近7个月的时间；从5000人到10000人，天使客用了5个月的时间；而从10000人到20000

人，天使客仅用了不到 1 个月的时间。付费用户相较 2014 年年底翻了近 3 倍，已超过 3000 人次。

上线融资项目除了原有的天使阶段项目外，还增加了新三板融资项目以及 B 轮、C 轮等后端项目。在成功融资的项目中，已有多个天使阶段项目获得了下一轮投资，5 个新三板融资项目即将挂牌，其中腾米跑跑获君联资本下一轮投资、百味联盟获险峰华兴下一轮投资，更有拟挂牌新三板项目 MagicWiFi 获得腾讯众创空间入股，还有多个获得下一轮和被收购的项目暂未公开披露。

从 2015 年第二季度开始，天使客上线了众多明星级融资项目，如红杉投资中国版 WeWork 创富港（即将挂牌新三板）、达晨投资国内钨电极龙头威勒科技（即将挂牌新三板）、广发信德投资国内最大厂园 FreeWiFi 运营商 MagicWiFi（即将挂牌新三板）、经纬中国和联创策源投资国内最大同志社区赞客（B 轮融资）等。

政 策 篇

第十二章
2015 年我国互联网金融政策概要

一、概述

作为新生事物，互联网金融的发展对促进金融包容具有重要意义，为"大众创业、万众创新"打开了大门，在满足小微企业、中低收入阶层投融资需求，提升金融服务质量和效率，引导民间金融走向规范化，以及扩大金融业对内对外开放等方面可以发挥独特功能和作用。但因其多年处于监管缺失的发展环境下，行业发展缺乏规则、缺失监管、客户资金安全存在隐患、从业机构内控制度不健全，加大了经营风险、信用体系和金融消费者保护机制不健全、从业机构的信息安全水平有待提高等问题和风险隐患也暴露出来。

2015 年，规范发展互联网金融成为各方共识，关于互联网金融的监管政策无论从密度还是力度上，都达到历史之最。政策出发点可以概括为鼓励创新、防范风险、趋利避害、健康发展。政府工作报告和"十三五"规划建议都提及互联网金融，央行等十部委发布的《关于促进互联网金融健康发展的指导意见》则成为互联网金融行业的"基本法"。就具体业态而言，互联网保险和互联网支付的监管规定出台，互联网股权众筹的业务边界得到明确，网络借贷的监管办法也于年末公开征求意见。

总之，2015 年是见证互联网金融获得认可和规范的关键一年。互联网金融将走出"野蛮生长"阶段，更加回归于理性。与此同时，系列监管政策也预示了互联网金融在 2016 年的发展和走向。

二、国家互联网金融相关政策摘编及解读

（一）中国人民银行《关于做好个人征信业务准备工作的通知》

时间：1 月 5 日

政策摘要：《关于做好个人征信业务准备工作的通知》要求芝麻信用管理有限公司、腾讯征信有限公司、深圳前海征信中心股份有限公司、鹏元征信有限公司、中诚信征信有限公司、中智诚征信有限公司、拉卡拉信用管理有限公司、北京华道征信有限公司 8 家机构做好个人征信业务的准备工作，准备时间为 6 个月。

【解读】

互联网金融在本质上还是金融。既然是金融，安全和信用无疑就是其生命线。但是传统的金融风控体系无法满足金融互联网化的新业态，相对于央行征信服务，民营征信数据采集源更广，数据采集从线下转移到线上，个人线上生活痕迹更容易被记录，个人征信也将渗透到生活的方方面面，而不仅仅是局限于互联网金融。

不过民营征信"开闸"也存在着一些问题：8 家民营企业中，既有手握居民水、电、煤气、固话、宽带等缴费业务数据的拉卡拉，也有集社交、购物大成者的腾讯、阿里巴巴，哪些数据会被用于个人民营征信业务中，是否应该由法律来界定；8 家民营征信企业个人征信数据目前还是主要来自各自的数据平台，但 8 家企业的业务侧重点不一，其个人征信报告的客观性如何体现；这 8 家民营企业中，部分企业的模式是既做基础数据，又出个人评级报告；部分企业之间存有多种业务交叉点，属于竞争关系，这种情况下，如何防止篡改个人数据等不正当竞争行为的出现。诸如此类的问题还有很多，民营征信"开闸"的同时，相关规定

应该跟上，监管也不能落下。

（二）十二届全国人大三次会议《政府工作报告》

时间：3 月 5 日

政策摘要：李克强总理代表国务院在十二届全国人大三次会议上作《政府工作报告》。《政府工作报告》中，李克强总理两次提到"互联网金融"，并表述为"异军突起"，要求促进"互联网金融健康发展"。

【解读】

互联网金融首次写入《政府工作报告》且被定位在"金融创新"，标志着互联网金融进入决策层视野，也标志着互联网金融将正式进入中国经济金融发展序列，并有望得到名正言顺的市场定位和决策层重视。

互联网金融得到正名和重视后，一方面，将迎来新的发展机遇，继续促进实体经济发展，让更多小微企业、草根用户享受到便捷的金融服务，这也符合《政府工作报告》中提出的"让金融成为一池活水，更好地浇灌小微企业、'三农'等实体经济之树"的大方向。另一方面，为了保证互联网金融快速且向着正确的方向发展，有关监管措施将会很快出台。所以，如何在对互联网金融的严格监管之下为其保留足够的发展空间是监管部门需要注意的问题。

（三）《国务院办公厅关于发展众创空间推进大众创新创业的指导意见》（国办发〔2015〕9 号）

时间：3 月 11 日

政策摘要：《国务院办公厅关于发展众创空间推进大众创新创业的指导意见》指出，要发挥多层次资本市场作用，为创新型企业提供综合金融服务。开展互联网股权众筹融资试点，增强众筹对大众创新创业的服务能力。规范和发展服务小微企业的区域性股权市场，促进科技初创企业融资，完善创业投资、天使投资退出和流转机制。鼓励银行业金融机构新设或改造部分分（支）行，作为从事科技型中小企业金融服务的专业或特色分（支）行，提供科技融资担保、知识产权质押、股权质押等方式的金融服务。

【解读】

资料显示，目前国内中小企业中 85% 为民营企业，80% 以上存在融资难问题。融资难使得企业难以获得满足其长远发展所需的资金，因此如何融资已经成为企业领导者思索的核心问题。基于此，《国务院办公厅关于发展众创空间推进大众创新创业的指导意见》将完善创业投融资机制作为重点任务提出，而互联网金融无疑是目前解决这一问题的最好方法。

互联网金融作为一种新兴的金融创新，在满足小微企业融资、增加百姓投资渠道、降低金融交易成本、实现普惠金融等方面具有显著优点。通过互联网金融这一平台，更多小微企业可以大大缩减融资需要的时间和成本，再加上科技融资担保、知识产权质押、股权质押等方式的金融服务，其拥有的科技和知识将会更快地转变成生产力，从而助力于"大众创业、万众创新"。

(四)《国务院关于进一步做好新形势下就业创业工作的意见》(国发〔2015〕23 号)

时间：5 月 1 日

政策摘要：《国务院关于进一步做好新形势下就业创业工作的意见》肯定了互联网金融拓宽创业投融资渠道的积极作用，鼓励开展股权众筹融资试点，推动多渠道股权融资，积极探索和规范发展互联网金融，发展新型金融机构和融资服务机构，促进大众创业。

【解读】

随着我国经济发展进入新常态，就业总量压力依然存在，结构性矛盾更加凸显。基于此，"大众创业、万众创新"必须成为带动就业的新引擎，而互联网金融以其对"大众创业、万众创新"的强大助力，也将成为拉动就业的有力一员。此次《国务院关于进一步做好新形势下就业创业工作的意见》为创业创新创造了有利条件，互联网金融也将因此迎来新的发展机遇。

(五)《国务院批转发展改革委关于 2015 年深化经济体制改革重点工作意见的通知》(国发〔2015〕26 号)

时间：5 月 18 日

政策摘要：《国务院批转发展改革委关于 2015 年深化经济体制改革重点工作意见的通知》指出，要主动适应和引领经济发展新常态、推动有利于稳增长保就业增效益的改革措施及早出台加快落地、多管齐下改革投融资体制，研究制定深化投融资体制改革的决定，健全多层次资本市场，促进资源优化配置，推动解决融资难、融资贵问题，出台促进互联网金融健康发展的指导意见，制定推进普惠金融发展规划。

【解读】

互联网金融可以为创业创新提供强大的助力、促进就业、集结民间的闲散资金，为小微企业提供简单低成本的融资方式、推进普惠金融发展规划的实施，这些优势在《国务院批转发展改革委关于 2015 年深化经济体制改革重点工作意见的通知》中得到了充分体现，日后也必然会被充分利用于中国深化经济体制改革的过程中。

（六）《国务院关于大力推进大众创业万众创新若干政策措施的意见》（国发〔2015〕32 号）

时间：6 月 11 日

政策摘要：《国务院关于大力推进大众创业万众创新若干政策措施的意见》指出，要搞活金融市场，实现便捷融资，即丰富创业融资新模式，支持互联网金融发展，引导和鼓励众筹融资平台规范发展，开展公开、小额股权众筹融资试点，加强风险控制和规范管理，丰富完善创业担保贷款政策。支持保险资金参与创业创新，发展相互保险等新业务，完善知识产权估值、质押和流转体系，依法合规推动知识产权质押融资、专利许可费收益权证券化、专利保险等服务常态化、规模化发展，支持知识产权金融发展。

【解读】

此次《国务院关于大力推进大众创业万众创新若干政策措施的意见》关于"大众创业、万众创新"主要提出三点，即通过推进"大众创业、万众创新"培育和催生经济社会发展新动力、扩大就业，实现富民以及激发全社会的创新潜能和创业活力，由这三点可见"大众创业、万众创新"在新形势下的重要地位。

互联网金融作为一种新型金融，对"大众创业、万众创新"有巨大助力，若

与保险金和知识产权相结合，将会加快知识向生产力转变的过程，使资金、知识、生产力形成有利循环，从而活跃金融市场，激发创新潜力，带动就业。

（七）《国务院关于积极推进"互联网+"行动的指导意见》（国发〔2015〕40 号）

时间：7 月 4 日

政策摘要：《国务院关于积极推进"互联网+"行动的指导意见》提出了"互联网+"普惠金融，即促进互联网金融健康发展，全面提升互联网金融服务能力和普惠水平，鼓励互联网与银行、证券、保险、基金的融合创新，为大众提供丰富、安全、便捷的金融产品和服务，更好地满足不同层次实体经济的投融资需求，培育一批具有行业影响力的互联网金融创新型企业（人民银行、银监会、证监会、保监会、发展改革委、工业和信息化部、网信办等负责）。具体措施有：①探索推进互联网金融云服务平台建设。②鼓励金融机构利用互联网拓宽服务覆盖面。③积极拓展互联网金融服务创新的深度和广度。

【解读】

互联网金融拥有传统金融所不具备的诸多优势，是对传统金融的很好补充，但是传统金融发展成熟、业务覆盖广、信用体系完善、安全性高这些优势也正是互联网金融亟须解决的问题。所以，互联网金融与传统金融的结合是对双方发展都有利的选择，各金融机构结合互联网，提供更广泛、更便捷的金融服务；互联网企业结合金融机构提供更安全、更全面的金融产品和服务，更好地满足中小微企业、创新型企业和个人的投融资需求，普惠金融也将更好地实现。

（八）《关于促进互联网金融健康发展的指导意见》（银发〔2015〕221 号）

时间：7 月 18 日

政策摘要：《关于促进互联网金融健康发展的指导意见》分为如下三部分。

1. 鼓励创新，支持互联网金融稳步发展

①积极鼓励互联网金融平台、产品和服务创新，激发市场活力。②鼓励从业机构相互合作，实现优势互补。支持银行业金融机构、证券、基金、信托、消费

金融、期货机构、保险公司与互联网企业开展合作。③拓宽从业机构融资渠道，改善融资环境。支持社会资本发起设立互联网金融产业投资基金，推动从业机构与创业投资机构、产业投资基金深度合作。鼓励符合条件的优质从业机构在主板、创业板等境内资本市场上市融资。鼓励银行业金融机构按照支持小微企业发展的各项金融政策，对处于初创期的从业机构予以支持。针对互联网企业特点，创新金融产品和服务。④坚持简政放权，提供优质服务，即各金融监管部门、工商行政管理部门、电信主管部门、国家互联网信息管理部门要积极支持金融机构开展互联网金融业务并对互联网金融进行管理和监管。⑤落实和完善有关财税政策。对于符合我国现行对中小企业特别是小微企业税收政策条件的业务规模较小、处于初创期的从业机构，可按规定享受税收优惠政策。⑥推动信用基础设施建设，培育互联网金融配套服务体系。即鼓励从业机构依法建立信用信息共享平台，允许有条件的从业机构依法申请征信业务许可，支持具备资质的信用中介组织开展互联网企业信用评级，鼓励会计、审计、法律、咨询等中介服务机构为互联网企业提供相关专业服务。

2. 分类指导，明确互联网金融监管责任

《关于促进互联网金融健康发展的指导意见》指出，互联网金融监管应遵循"依法监管、适度监管、分类监管、协同监管、创新监管"的原则，科学合理界定各业态的业务边界及准入条件，落实监管责任，明确风险底线，保护合法经营，坚决打击违法和违规行为。

《关于促进互联网金融健康发展的指导意见》对互联网支付、网络借贷、股权众筹融资、互联网基金销售、互联网保险、互联网信托和互联网消费金融 7 种互联网金融业态的基本业务规则、从业机构和监管部门做了详细的规定。

3. 健全制度，规范互联网金融市场秩序

《关于促进互联网金融健康发展的指导意见》指出，发展互联网金融要以市场为导向，遵循服务实体经济、服从宏观调控和维护金融稳定的总体目标，切实保障消费者合法权益，维护公平竞争的市场秩序。要细化管理制度，为互联网金融健康发展营造良好环境。

《关于促进互联网金融健康发展的指导意见》在互联网行业管理、客户资金第三方存管制度、信息披露、风险提示和合格投资者制度、消费者权益保护、网

络与信息安全、反洗钱和防范金融犯罪、监管协调与数据统计监测以及加强互联网金融行业自律方面，规定了相关组织、个人以及从业机构应当遵守的事项并且将监管的责任落实到了具体的部门和机构。

【解读】

《关于促进互联网金融健康发展的指导意见》重要性空前，被看作是互联网金融行业的"基本法"。

首先，此次《关于促进互联网金融健康发展的指导意见》的发布一方面为互联网金融机构设定了一份规范性文件，圈定了互联网金融的范围，明确了各种要监管的业态和监管机构的责任分工。另一方面为传统金融机构结合互联网金融明确了边界。

其次，互联网金融的发展为"大众创业、万众创新"打开了大门，在满足小微企业、中低收入阶层投融资需求，提升金融服务质量和效率等方面可以发挥独特功能与作用，并且互联网金融领域本身也是一个创新创业的领域，蕴含着大量的创新创业机会，所以落实互联网金融创新，也是适应和进入新常态，真正落实创新驱动战略的一个非常重要的举措。

再次，在全民理财、全民投资的时代，《关于促进互联网金融健康发展的指导意见》可以为投资者提供一个识别的标准，例如何识别这些平台是否规范，投资是否安全可靠等，有利于通过互联网实现普惠金融。

最后，问题依然存在：现有的监管方式是把互联网金融放入原有的监管体系中去，但是由于互联网的跨界性，跨界监管各个部门的协调联动能否跟上，是监管的一个重要问题；《关于促进互联网金融健康发展的指导意见》中对现有互联网金融业态的规范是否会阻止它们的发展和创新；《关于促进互联网金融健康发展的指导意见》对许多最新出现的形态并没有做出规范，最新形态的发展方向还需要进一步观察。

《关于促进互联网金融健康发展的指导意见》发布之后，中国人民银行将与各有关部门一道，加强组织领导和分工协作，抓紧制定配套监管规则，确保各项政策措施落实到位；组建中国互联网金融协会，强化行业自律管理；密切关注互联网金融业务发展及相关风险，对监管政策进行跟踪评估，不断总结监管经验，适时提出调整建议。为了将意见办法有效地贯彻到互联网金融企业，推动行业的健康成长，各个部门应该进一步去调研相关的业态和模式，并且尽快出台细则实施文件。

（九）《非银行支付机构网络支付业务管理办法（征求意见稿）》

时间：7 月 31 日

政策摘要：《非银行支付机构网络支付业务管理办法（征求意见稿）》提出，支付机构不得为金融机构，以及从事信贷、融资、理财、担保、货币兑换等金融业务的其他机构开立支付账户，支付机构为客户开立支付账户的，应当对客户实行实名制管理。除了综合类支付账户余额付款交易年累计不超过 20 万元，消费类支付账户这一数字不超过 10 万元之外，《非银行支付机构网络支付业务管理办法（征求意见稿）》还提出了更多的额度限制。对于第三方支付机构来说，虽然不能继续为网络借贷等互联网金融企业开立支付账户，但仍可为其提供支付通道服务，把业务重点放到提供支付通道服务上，将付款人的款项划转至网络借贷等企业的银行结算账户。

【解读】

《非银行支付机构网络支付业务管理办法（征求意见稿）》对于第三方互联网支付的认证要求、支付限额、业务范围做了较为明确的规定，特别是对于消费账户的限额和综合理财账户的限制，被业内人士称为"史上最严"。出于安全性考虑出台政策无可厚非，但是由于目前政府机构对数据开放得并不多，不少地区的社保等信息并未联网，工商、税务等基础信息建设不完善，只有由公安机关提供的身份证验证和商业银行提供的银行卡验证比较成熟，所以拓展验证渠道并不轻松，较为严格的验证要求可能会使第三方支付机构承担不少费用。此外，消费者选择使用第三方支付平台，主要是因为其便捷性，但是较为严格的验证要求，让消费者觉得烦琐；加强网贷公司尽快与银行进行存管合作，从用户充值的角度来看，也可能产生一些负面影响。

（十）《最高人民法院关于审理民间借贷案件适用法律若干问题的规定》（法释〔2015〕18 号）

时间：8 月 6 日

政策摘要：《最高人民法院关于审理民间借贷案件适用法律若干问题的规定》设定了民间借贷利率的三个区间。第一个是司法保护区，年利率24%以下的民间借贷法院予以司法保护。第二个是自然债务区，即年利率为24%~36%，这个区间作为一个自然债务，如果要提起诉讼要求法院保护，法院不会保护，但是当事人愿意自动履行，法院也不反对。第三个是无效区，年利率超过36%的民间借贷，超过部分法院将认定无效。

按照《最高人民法院关于审理民间借贷案件适用法律若干问题的规定》中的条款内容，借贷双方通过P2P网贷平台形成借贷关系，网络贷款平台的提供者仅提供媒介服务，则不承担担保责任，这被视为P2P行业未来去担保化的重要开端。如果P2P网贷平台的提供者通过网页、广告或者其他媒介明示或者有其他证据证明其为借贷提供担保，根据出借人的请求，人民法院可以判决P2P网贷平台的提供者承担担保责任。

【解读】

《最高人民法院关于审理民间借贷案件适用法律若干问题的规定》首先定义了民间借贷，并对民间借贷存在的一些问题做出了说明和认定，肯定了P2P的合法地位，并明确了P2P的信息中介性，防止部分平台提供超出规定的金融服务，也避免了在发生纠纷时无法可循。对P2P个人借贷行业来说，《最高人民法院关于审理民间借贷案件适用法律若干问题的规定》发布之后，行业将进入整合阶段，行业竞争的加剧，大量实力较弱的企业逐步被淘汰整合，行业集中度将进一步提高。对于投筹资者来说，定义和规定越明确，进行金融活动时就越安全。

（十一）《关于对通过互联网开展股权融资活动的机构进行专项检查的通知》（证监办发〔2015〕44号）

时间：8月7日

政策摘要：《关于对通过互联网开展股权融资活动的机构进行专项检查的通知》依据7月18日央行等十部委的《关于促进互联网金融健康发展的指导意见》的规定，进一步详细界定了股权众筹的概念。《关于对通过互联网开展股权融资活动的机构进行专项检查的通知》指出"股权众筹融资主要是指通过互联网形式进行公开小额股权融资的活动，具体而言，是指创新创业者或小微企业通过股权众筹融资中介机构互联网平台（互联网网站或其他类似的电子媒介）公开募集股本的活动"。即规定"股权众筹"特指"公募股权众筹"，而现有"私募股权众筹"将用"私募股权融资"代替，并规定单个项目可参与的投资者上限为 200 人。

【解读】

此次证监会下发的《关于对通过互联网开展股权融资活动的机构进行专项检查的通知》是《关于促进互联网金融健康发展的指导意见》针对互联网金融确立分业监管制度以来，证监会首次发声。对于这次证监会发布的《关于对通过互联网开展股权融资活动的机构进行专项检查的通知》来说，国家鼓励互联网金融发展的大政方针没有变，在"大众创业、万众创新"的大背景下，未来的股权众筹承担着打破小微企业融资难、融资贵的困局的重要使命，国家对此寄予厚望。《关于对通过互联网开展股权融资活动的机构进行专项检查的通知》的出台出发点在于纠正市场上违法、违规的行为，避免股权众筹行业出现 P2P 行业"野蛮发展"后风险不断的情况，为互联网金融特别是股权众筹的健康发展营造有序的市场环境。所以《关于促进互联网金融健康发展的指导意见》规定市场的秩序，对股权众筹的发展是一个利好的消息。

（十二）《关于调整〈场外证券业务备案管理办法〉个别条款的通知》（中证协发〔2015〕170 号）

时间：8 月 10 日

政策摘要：根据中国证监会《关于对通过互联网开展股权融资活动的机构进行专项检查的通知》（证监办发〔2015〕44 号）精神，现将《场外证券业务备案管理办法》第二条第（十）项"私募股权众筹"修改为"互联网非公开股权融资"。

【解读】

修改后的《场外证券业务备案管理办法》为股权众筹作了一个新的定义，"股权众筹"的概念即指公募股权众筹，而当下普遍定义的私募股权众筹将被冠以"互联网非公开股权融资"的新名称。由此看来，股权众筹的门槛将被显著提高。而当下普遍存在的互联网非公开股权融资则不在《关于对通过互联网开展股权融资活动的机构进行专项检查的通知》监管范围之内，这意味着只要互联网非公开

股权融资平台严守非法集资和非法发行证券两条红线，将迎来行业利好，只是不宜再冠以股权众筹的名义而已。

（十三）国务院《关于加快构建大众创业万众创新支撑平台的指导意见》（国发〔2015〕53号）

时间：9月26日

政策摘要：《关于加快构建大众创业万众创新支撑平台的指导意见》是对大力推进"大众创业、万众创新"和推动实施"互联网+"行动的具体部署，是加快推动"众创、众包、众扶、众筹"等新模式、新业态发展的系统性指导文件。

《关于加快构建大众创业万众创新支撑平台的指导意见》强调，要稳健发展众筹，拓展创业创新融资。积极开展实物众筹。积极发挥实物众筹的资金筹集、创意展示、价值发现、市场接受度检验等功能，帮助将创新创意付诸实践，提供快速、便捷、普惠化服务。稳步推进股权众筹。充分发挥股权众筹作为传统股权融资方式有益补充的作用，增强金融服务小微企业和创业创新者的能力。稳步推进股权众筹融资试点，鼓励小微企业和创业者通过股权众筹融资方式募集早期股本。对投资者实行分类管理，切实保护投资者合法权益，防范金融风险。规范发展网络借贷。鼓励互联网企业依法合规设立网络借贷平台，为投融资双方提供借贷信息交互、撮合、资信评估等服务。积极运用互联网技术优势构建风险控制体系，缓解信息不对称，防范风险。加快信用体系建设。引导"四众"平台企业建立实名认证制度和信用评价机制，健全相关主体信用记录，鼓励发展第三方信用评价服务。建立"四众"平台企业的信用评价机制，公开评价结果，保障用户的知情权。

【解读】

《关于加快构建大众创业万众创新支撑平台的指导意见》是落实党中央、国务院关于"互联网+"行动和"大众创业、万众创新"的政策性文件，是推进"四众"发展的顶层设计文件。其中以众筹促融资，完善信用体系建设等内容体现出互联网金融在"大众创业、万众创新"中的重要地位。但是以目前的状况来看，我国信用体系建设相对滞后，对互联网金融的监管和对互联网金融创新的需要时有冲突，"四众"发展将面临更大的市场认知、培育和监管方面的挑战。

（十四）《互联网保险业务监管暂行办法》（保监发〔2015〕69 号）

时间：7 月 22 日

政策摘要：中国保监会已印发关于《互联网保险业务监管暂行办法》（以下简称《暂行办法》）的通知，《互联网保险业务监管暂行办法》的发布，标志着我国互联网保险业务监管制度正式出台，同时，这也被认为是《关于促进互联网金融健康发展的指导意见》发布后的首个行业配套文件。《暂行办法》对互联网保险这一新兴事物进行了定义，明确了互联网保险业务是指保险机构依托互联网和移动通信等技术，通过自营网络平台、第三方网络平台等订立保险合同，提供保险服务的业务。《暂行办法》规定对不能保证异地经营售后理赔服务、导致出现较多投诉的保险机构，监管部门将及时采取监管措施，停止其相关险种的经营，保障互联网保险业务经营的稳定健康发展；强化了经营主体履行信息披露和告知义务的内容与方式，着力解决互联网自主交易中可能存在的信息不透明、信息不对称等问题，以最大限度保护消费者的知情权和选择权；坚持"放开前端、管住后端"的监管思路，通过明确列明禁止性行为，建立行业禁止合作清单等方式，强化了保险机构和第三方网络平台的市场退出管理，充分发挥优胜劣汰的市场调节机制，督促保险机构及相关第三方网络平台依法合规经营。

【解读】

随着信息技术的快速发展与广泛普及，互联网及移动互联网已成为保险机构销售和服务的新兴渠道。近年来，我国互联网保险呈现加速发展态势，为保险业注入了活力，但也存在销售行为触及监管边界、服务体系滞后和风险管控不足等风险与问题。《暂行办法》坚持发展与规范并重，支持和鼓励互联网保险创新的同时，开展适度监管，促进互联网保险业务健康发展。值得注意的是，《暂行办法》未提出单独报备"互联网专用产品"要求，这也说明互联网保险没有改变保险的根本属性，互联网保险业务监管应与传统保险业务监管具有一致性。所以，《暂行办法》结合互联网保险自主交易的特点，坚持保护消费者合法权益这一基本原则，强化信息披露、客户服务，重点保护保险消费者的知情权、选择权以及个人信息安全等。同时强化市场退出管理，以此为互联网保险业务的发展营造良好的市场环境。

（十五）国家知识产权局等五部委《关于进一步加强知识产权运用和保护助力创新创业的意见》（国知发管字〔2015〕56号）

时间：10月12日

政策摘要：《关于进一步加强知识产权运用和保护助力创新创业的意见》提出，支持互联网知识产权金融发展，鼓励金融机构为创新创业者提供知识产权资产证券化、专利保险等新型金融产品和服务。

【解读】

在传统融资方式下，资金供给者在决定是否投资或提供贷款时，依据的是资金需求者的整体资信能力，我国很多科技型中小企业的实际情况就是自身拥有大量的专利等知识产权，但由于其自身风险性高，整体资信能力较低且缺少实物资产，所以难以通过传统融资方式筹集到发展所需的资金，严重制约了其将高新技术转化为现实生产力的能力。但是通过互联网金融，可以充分发挥知识产权的杠杆融资作用，降低综合融资成本，为科技型中小企业开辟一条低成本的直接融资途径。互联网金融在促进高新技术转化方面具有适合中国国情的优势，能够极大地助力自主创新能力的提高。

（十六）《中共中央关于制定国民经济和社会发展第十三个五年规划的建议》

时间：11月3日

政策摘要：互联网金融首次纳入中央五年规划。在《中共中央关于制定国民经济和社会发展第十三个五年规划的建议》的第三节"坚持创新发展，着力提高发展质量和效益"的第六条"构建发展新体制"中的具体表述为：规范发展互联网金融。加快金融体制改革，提高金融服务实体经济效率。健全商业性金融、开发性金融、政策性金融、合作性金融分工合理、相互补充的金融机构体系。

【解读】

互联网金融被纳入最具指导意义的五年规划，代表互联网金融在过去的发展受到认可，行业整体地位进一步得到提升，也说明互联网金融在未来将会受到更加正规和严格的规范与监管，所以如何在监管之下确保互联网金融的创新能力将会是一个挑战。

（十七）国务院《关于积极发挥新消费引领作用　加快培育形成新供给新动力的指导意见》（国发〔2015〕66号）

时间：11月23日

政策摘要：《关于积极发挥新消费引领作用　加快培育形成新供给新动力的指导意见》提出要加强助推新兴领域发展的制度保障。加快推进适应新产业、新业态发展需要的制度建设，在新兴领域避免出台事前干预性或限制性政策，建立企业从设立到退出全过程的规范化管理制度以及适应从业人员就业灵活、企业运营服务虚拟化等特点的管理服务方式，最大限度地简化审批程序，为新兴业态发展创造宽松环境。

提高信贷支持创新的灵活性和便利性。鼓励商业银行发展创新型非抵押类贷款模式，发展融资担保机构。规范发展多层次资本市场，支持实体经济转型升级。支持互联网金融创新发展，强化普惠金融服务，打造集消费、理财、融资、投资等业务于一体的金融服务平台。支持发展消费信贷，鼓励符合条件的市场主体成立消费金融公司，将消费金融公司试点范围推广至全国。

【解读】

互联网的快速发展使中国百姓的消费习惯发生了巨大改变，互联网消费金融也成为近两年的热点话题。《关于积极发挥新消费引领作用　加快培育形成新供给新动力的指导意见》中提出的加快完善信用体系、强化基础设施网络支撑、扩展农村消费市场等措施，不但有利于解决互联网金融面临的征信来源缺乏、信息不对称不统一等问题，而且为互联网消费金融的发展提供了诸多有利条件。互联网金融和消费的有效结合，扩大了消费金融服务覆盖的用户群体及消费场景，国内消费金融发展空间巨大。

（十八）《网络借贷信息中介机构业务活动管理暂行办法（征求意见稿）》

时间：12月28日

政策摘要：明确网贷监管体制机制及各相关主体责任，提出不得吸收公众存款、不得归集资金设立资金池、不得自身为出借人提供任何形式的担保等 12 项禁止性行为。确定网贷行业监管总体原则：一是以市场自律为主，行政监管为辅，发挥好网贷市场主体自治、行业自律、社会监督的作用，激发市场活力。二是以行为监管为主，机构监管为辅。监管重点在于业务基本规则的制定完善，而非机构和业务的准入审批，监管部门应着力加强事中事后监管，以保护相关当事人合法权益。另外，《网络借贷信息中介机构业务活动管理暂行办法（征求意见稿）》特别做出了 18 个月过渡期的安排，在过渡期内通过网贷机构规范自身行为、行业自查自纠、清理整顿等净化市场，促进行业逐步走向健康可持续发展轨道。

【解读】

《网络借贷信息中介机构业务活动管理暂行办法（征求意见稿）》将网络借贷信息中介机构定义为专门从事网络借贷信息中介业务活动的金融信息中介企业，从备案管理、业务规则与风险管理、出借人与借款人保护、信息披露、监督管理、法律责任六个方面采取"负面清单"的方式对网络借贷信息中介平台不能进行的事项进行了详细规定。对于投资者而言，监管细则的出台则意味着行业进入规范发展时代，利于投资者甄别平台合理投资，投资者的资金安全将得到更有力的保障。对网络借贷信息中介机构来说，行业的发展方向被指明之后，会有一部分不合规的平台面临倒闭，有利于改善行业环境，使网络借贷更加安全。

（十九）《非银行支付机构网络支付业务管理办法》（中国人民银行公告〔2015〕第 43 号）

时间：12 月 28 日

政策摘要：《非银行支付机构网络支付业务管理办法》定义了支付机构、支付账户、网络支付业务和收款人特定专属设备，提出支付机构应当遵循主要服务电子商务发展和为社会提供小额、快捷、便民小微支付服务的宗旨，基于客户的银行账户或者按照本办法规定为客户开立支付账户提供网络支付服务。支付机构基于银行卡为客户提供网络支付服务的，应当执行银行卡业务相关监管规定和银行卡行业规范。支付机构对特约商户的拓展与管理、业务与风险管理应当执行《银行卡收单业务管理办法》[中国人民银行公告〔2013〕第 9 号公布] 等相关规定。

支付机构网络支付服务涉及跨境人民币结算和外汇支付的，应当执行中国人民银行、国家外汇管理局相关规定。支付机构应当依法维护当事人合法权益，遵守反洗钱和反恐怖融资相关规定，履行反洗钱和反恐怖融资义务。支付机构依照中国人民银行有关规定接受分类评价，并执行相应的分类监管措施。

【解读】

《非银行支付机构网络支付业务管理办法》按照统筹科学把握"鼓励创新、方便群众和金融安全"的原则，坚持支付账户实名制、平衡支付业务安全与效率、保护消费者权益和推动支付创新的监管思路，在实名认证、快捷支付、账户分类、支付机构评级等方面都做出了具体规定，表明了央行对电商行业、第三方支付存在的市场意义的重视。我国正处于消费快速增长阶段，消费金融发展空间巨大，从各方面制定监管措施并不影响支付机构为金融从业机构提供网络支付服务，还将进一步支持互联网金融的健康发展。

三、各主要地区互联网金融相关政策摘编及解读

（一）京津冀地区

1.《北京市人民政府关于大力推进大众创业　万众创新的实施意见》（京政发〔2015〕49号）

时间：10月21日

政策摘要：《北京市人民政府关于大力推进大众创业　万众创新的实施意见》指出，要充分发挥市场在资源配置中的决定性作用和更好发挥政府作用，不断强化中关村国家自主创新示范区的示范引领作用和核心载体功能，着力打造中关村股权众筹中心。以"优化创新创业生态"为主线，着力营造创新创业氛围，着力培育创新创业形态，着力完善创新创业布局，着力释放创新创业活力，积极构建有利于"大众创业、万众创新"的政策制度环境和公共服务体系，努力打造引领全国、辐射周边的创新发展战略高地和具有全球影响力的高端创新中心，为建设

国际一流的和谐宜居之都提供有力支撑。

【解读】

《北京市人民政府关于大力推进大众创业　万众创新的实施意见》是北京市响应国家政策，结合自身特点后发布的，其中提到的"不断强化中关村国家自主创新示范区的示范引领作用和核心载体功能，着力打造中关村股权众筹中心"充分利用了本地的优势，而"努力打造引领全国、辐射周边的创新发展战略高地和具有全球影响力的高端创新中心"也是北京作为首都应该发挥的作用。

2.《天津市金融改革创新三年行动计划》

时间：11月13日

政策摘要：《天津市金融改革创新三年行动计划》指出，要积极发展互联网金融。支持传统金融机构依托互联网技术积极开发新产品和新服务，实现传统金融业务与服务转型升级。培育和引进一批具有行业影响力的互联网公司，发展壮大网络支付、网络借贷、网络征信等互联网金融业态。积极争取设立互联网保险公司。支持股权众筹平台与股权交易市场对接。加快研究出台支持互联网金融发展的政策措施，加快成立互联网金融协会。

（二）长三角地区

1.《浙江省促进互联网金融持续健康发展暂行办法》（浙金融办〔2015〕8号）

时间：2月4日

政策摘要：《浙江省促进互联网金融持续健康发展暂行办法》明确互联网金融以服务实体经济为本，走新型专业化金融服务模式之路。该办法强调互联网金融应严守法律底线，并对第三方支付机构、P2P网络借贷平台、股权众筹融资平台、金融产品网络销售平台分别提出了明确应遵守的主要规则，并强调互联网金融应有效保障信息科技安全。

2. 上海市人民政府办公厅《关于促进金融服务创新　支持上海科技创新中心建设的实施意见》（沪府办〔2015〕76号）

时间：8月21日

政策摘要：《关于促进金融服务创新支持上海科技创新　中心建设的实施意见》提出强化互联网金融的创新支持功能，鼓励持牌金融机构依托互联网技术，实现传统金融业务与服务转型升级，积极开发基于互联网技术的新产品和新服务。允许符合规定的科技金融创新企业接入相关支付清算系统。引导、支持相关机构依法合规在沪开展股权众筹业务，支持各类股权众筹融资平台创新业务模式、拓展业务领域，推动符合条件的科技创新企业通过股权众筹融资平台募集资金。规范市场秩序，引导互联网金融健康发展，支持互联网金融企业组建行业协会等自律组织，推进互联网金融行业信息披露工作。加强部门联动，完善上海互联网金融领域监管协调与风险预警防范机制。

3.《江苏省人民政府关于促进互联网金融健康发展的意见》（苏政发〔2015〕142 号）

时间：11 月 9 日

政策摘要：《江苏省人民政府关于促进互联网金融健康发展的意见》提出要大力发展新型金融组织和新兴金融业态，促进我省互联网金融持续健康发展，鼓励金融业务互联网化，支持网络借贷平台规范健康发展，支持众筹规范创新发展，支持互联网行业与金融跨界融合创新，大力发展互联网金融配套产业。

（三）珠三角地区

《广州市人民政府办公厅关于推进互联网金融产业发展的实施意见》（穗府办〔2015〕3 号）

时间：1 月 30 日

政策摘要：《广州市人民政府办公厅关于推进互联网金融产业发展的实施意见》表示广州将力争在 3 年内建成 3~5 个各具特色的互联网金融产业基地，集聚一批实力雄厚的互联网金融龙头企业，打造若干个品牌卓越的互联网金融服务平台。

（四）其他地区

1.《南宁市促进互联网金融产业健康发展若干意见》（南府办〔2015〕44 号）

时间：6 月 19 日

政策摘要：打造具有地方特色的互联网私募股权融资平台。

2.《福建省互联网经济优秀人才创业启动支持暂行办法》（闽人社发〔2015〕4号）

时间：8月5日

政策摘要：《福建省互联网经济优秀人才创业启动支持暂行办法》指出，为支持互联网经济优秀人才在闽创业，推动和引导我省互联网经济形成"大众创业、万众创新"的生动局面，推进互联网经济加速发展，有关企业部门要及时通知本地区互联网经济优秀创业人才，积极组织开展申报工作。

3.山东省金融办《关于开展互联网私募股权融资试点的意见》

时间：8月20日

政策摘要：《关于开展互联网私募股权融资试点的意见》对互联网私募股权融资平台、融资者及投资者等参与主体提出明确要求，明确了平台设立条件与业务规范，规定了融资者的行为与责任要求，并提出打造富有行业特色的专业化互联网私募股权融资平台，建立由省金融办牵头，省有关部门组成的互联网私募股权融资试点工作协调机制。

4.山西省政府办公厅《关于加快我省多层次资本市场发展的实施意见》

时间：10月15日

政策摘要：支持以区域股权交易市场、众筹融资平台等金融要素的企业股改，建设多层次资本市场。

大事记篇

第十三章
2015 年我国互联网金融大事记

1月

1月5日，央行首次放开个人征信系统的准入门槛，允许商业机构介入，其中8家机构成为首批涉足个人征信领域的民间机构。

1月22日，北京P2P平台里外贷对外宣布，由于借款人未能归还款项并失联，平台已无力继续垫付，此次事件是当时P2P行业涉及金额最大的一次兑付危机。

1月27日，国内首例互联网保险欺诈案宣判，被华泰财险起诉的"职业骗保师"因虚假购物投保并申请运费险理赔，以保险诈骗罪被判处有期徒刑6年半，这是互联网保险领域取得的首个反欺诈成果。

2月

2月10日，民生银行携多家P2P平台，推出资金托管系统，系统运行后，投资人在平台上的资金交易通道将全部切换至民生银行。

2月10日，中证互联网金融指数正式发布，该指数是从第三方支付，P2P，众筹，小贷，互联网基金、券商、银行、保险、征信、金融信息服务以及其他相关公司中选取代表性的100只股票作为样本股。

3 月

3 月 5 日，李克强总理在政府工作报告中两次提到"互联网金融"，并表述为"异军突起"，要求促进互联网金融健康发展。这是互联网金融再次被写入政府工作报告。

3 月 23 日，中国工商银行发布"e–ICBC"，成为国内首家发布互联网金融品牌的商业银行。

3 月 31 日，京东股权融资平台"东家"上线，正式拉开了我国网络巨头进军互联网非公开股权融资行业的序幕。

4 月

4 月 2 日，拍拍贷正式公布成功完成 C 轮融资，成为行业首个完成 C 轮融资的 P2P 平台。

4 月 13 日，腾讯开发人脸识别技术，将与微众银行对金融、证券等业务进行人脸识别的应用尝试。

4 月 16 日，蚂蚁花呗正式上线，全面支持支付宝 APP 操作，是首个实现手机管理的个人网购信贷产品。

5 月

5 月 1 日，国务院印发《国务院关于进一步做好新形势下就业创业工作的意见》，《意见》指出应积极探索和规范发展互联网金融，促进大众创业。

5 月 28 日，浙江网商银行被批准开业，该网商银行将以互联网为平台面向小微企业和网络消费者开展金融服务。

5 月 29 日，WiFi 万能钥匙在筹道股权融资平台上线，20 天内筹资成功并创下单个项目参与人数最多的纪录。

6 月

6 月 16 日，互联网投资理财平台陆金所透露其注册用户突破 1000 万人。

6 月 16 日，创业生态服务平台 36 氪宣布旗下股权融资平台正式上线，并将与蚂蚁金服达成全面战略合作。

6 月 16 日，中融信托旗下的互联网金融平台中融金服宣布正式上线，对满足信托存量客户的流动性需求做出尝试。

6 月 30 日，国内首批公募股权众筹试点平台确定，京东金融的"东家"、平安集团的前海普惠众筹、蚂蚁金服的"蚂蚁达客"三家平台对接中国证券登记结算公司系统，这标志着非上市公司股票可以进行公开交易。

7 月

7 月 8 日，支付宝发布了最新的 9.0 版本，打通包括消费、生活、金融理财、沟通等多个领域的真实生活场景，被视为支付宝 12 年来最具革命性变化的版本。

7 月 18 日，央行十部委发布《关于促进互联网金融健康发展的指导意见》，确立了互联网金融主要业态的监管职责分工，落实了监管责任，明确了业务边界，为我国互联网金融的健康发展奠定了坚实基础，标志着中国互联网金融告别"野蛮生长"时代，进入规范发展阶段。

7 月 23 日，保监会印发《互联网保险监管暂行办法》，对互联网保险发展的经营主体、经营范围、门槛给予明确规定，引导互联网保险的健康发展。

8 月

8 月 18 日，蚂蚁金服推出一站式移动理财平台——蚂蚁聚宝。

8 月 24 日，中国人民银行经审批后依法注销许可证号为 Z2006633000011 的浙江易士企业管理服务有限公司《支付业务许可证》，这是全国首例《支付业务许可证》的注销事件。

8 月 27 日，京东金融联合中信银行开发出的白条联名卡上市，该卡可以在线上线下同步使用，享受线上线下双重优惠。

9 月

9 月 8 日，中信信托联合百度推出的互联网消费众筹平台正式上线。

9 月 15 日，全国首例"股权众筹案"在北京市海淀区法院宣判，互联网非公开股权融资平台人人投胜诉。该案的结果体现了对创新业态较为包容的态度，

是互联网股权融资发展史上具有标志性的事件。

9月25日，团贷网联合其股东九鼎投资、久奕投资完成了对融金所的战略控股，为P2P行业的发展路径做出了一次示范。

10月

10月13日，人人贷发布全新理财品牌，并正式启用全新域名WE.com，宣布人人贷将由单一的P2P平台向多元化、全方位的财富管理平台发展。

10月14日，互联网股权融资平台天使客宣布"积木旅行"项目的天使轮投资者全部完成退出。41位投资者共获得了5倍的投资回报，为互联网股权融资的退出开了先河。

10月28日，"京东白条资产证券化"如期挂牌，并引起资本市场广泛关注。这是我国资本市场第一个基于互联网消费金融资产的资产证券化项目。

11月

11月3日，"十三五"规划建议发布，提出"规范发展互联网金融"。这意味着互联网金融将首次被纳入国家五年规划。

11月18日，泰康在线财产保险股份有限公司在武汉挂牌成立，由泰康人寿和泰康资产管理公司共同发起设立，是首家由国内大型保险公司发起设立的互联网保险公司。

11月18日，百度正式公布百度钱包的常年返现计划，消费者通过百度钱包的每一笔消费，均可以立即得到1%起的现金返还，这在国内的第三方支付平台中尚属首例。

11月25日，苹果公司与中国银联达成初步协议，苹果将利用银联的POS机网络将Apple Pay移动支付服务引入中国。

12月

12月8日，公安部对"e租宝"潜逃的主要高管实施抓捕。e租宝事件是近年来涉及人数和金额最大的P2P风险事件。

12月18日，中国证监会联合中国人民银行发布了《货币市场基金监督管理办法》，该办法奠定了中国货币基金健康发展的基础，将促进互联网基金的规范健康发展。

12 月 18 日，宜信旗下 P2P 公司——宜人贷在纽交所上市，成为中国 P2P 平台独立海外上市第一股。

12 月 28 日，中国人民银行正式下发了《非银行支付机构网络支付业务管理办法》，对网络支付的账户分类与监管及法律责任等进行了明确的规范。

12 月 28 日，银监会发布《网络借贷信息中介机构业务活动管理暂行办法（征求意见稿）》。

后　记

　　近几年来，互联网金融快速发展，引起社会各方面的关注，但对互联网金融进行较为全面、系统整理的文献还较为缺乏。为此，中国互联网金融研究院于2015年下半年将编写《互联网金融年鉴》纳入计划，并开始了部分资料的整理工作。2016年1月，撰写工作正式启动，在编写人员的努力下，于3月底完成初稿。在此基础上，征求了部分专家和相关从业人员的意见，结合最新资料对稿件做了完善。经过几轮修改编辑，形成最终书稿。

　　本年鉴由宋玲主编，博文、陈文为执行主编，李建华、王征为副主编。各章节撰写分工如下：第一章由王征撰写，第二章由赵茜、童甘撰写，第三章由贾智舒、刘怡撰写，第四章由陈东、刘建奇撰写，第五章由侯义茹、栾大鑫撰写，第六章由纪元、龚丽撰写，第七章由王征、顾莹莹撰写，第八章由姚天颐、王文杰撰写，第九章由朱英伦撰写，第十章由朱英伦、侯义茹、纪元撰写，第十一章由陈东、张泽华撰写，第十二章由夏梦圆、孟祥岩撰写，第十三章由贾智舒撰写。

　　年鉴的顺利出版与各方面的配合协作是分不开的。在本年鉴出版之际，我们谨向所有关心、支持年鉴编写工作的有关机构与个人表示衷心的感谢！